JULIETTE GRÉCO

DU MÊME AUTEUR

Cora Vaucaire, Lettres du monde, 1978.
Silvia Monfort, Éditions Favre, 1988.
Marie-José Nat, Éditions Visual Graphic, 1994.
De Juliette à Gréco, avec Bruno Blanckeman, Éditions Christophe de Bartillat, 1995.
Petula Clark, une baladine, Éditions Didier Carpentier, 2007.
Juliette Gréco, «Merci!», Éditions Didier Carpentier, 2009.
Silvia Monfort, vivre debout, Éditions Didier Carpentier, 2011.
Francis Huster, passeur de rêves, Éditions Didier Carpentier, 2014.

FRANÇOISE PIAZZA

JULIETTE GRÉCO

Entrer dans la lumière

l'Archipel

Notre catalogue est consultable à l'adresse suivante :
www.editionsarchipel.com

Éditions de l'Archipel
34, rue des Bourdonnais
75001 Paris

ISBN 978-2-8098-2775-0

À Julie-Amour

« Juliette Gréco, c'est LA femme fatale : une fée et un destin. »

Amélie Nothomb

« Un lys noir éclairé par la lumière des Mots. »

Anne Delbée

Juliette chérie,

Je n'avais pas encore vingt ans en 1968.

Le joli mois de mai avait ouvert à une jeunesse en folie les portes d'un monde nouveau et toi, en ce dimanche d'octobre, tu as reconnu, en la très jeune fille que j'étais, celle qui t'avait écrit à Bobino quelques jours auparavant. Tu m'as dit simplement : « Bonjour, j'ai reçu votre lettre. » Des années plus tard, tu en souriais encore : « Tu ressemblais à ta lettre. » À l'ombre du rideau rouge, tu as déchiré dans un pan de ciel étoilé les souffrances adolescentes, m'offrant, à ton cœur défendant, les bribes d'un possible bonheur de vivre. Une rose s'est ouverte. La beauté à fleur de cœur.

Je t'ai retrouvée au fil des années, hivers de neige au coin d'un feu frileux, printemps de source claire, étés de rire et de soleil, automnes roux quand les feuilles craquaient sous nos pas, saison pour toujours doux reflet de nos premiers mots échangés. Je n'ai rien oublié de nos rendez-vous à Verderonne, rien oublié des soirs de Ramatuelle, à l'heure où la mer et le ciel se rejoignent à l'horizon ensanglanté.

Tu auras, jusqu'au dernier balbutiement, tenu les promesses du premier instant. Enfant, tu avais la fragilité d'un cristal de Bohême, tu te réfugiais dans le silence bleu des chapelles. Cierges, encens, archanges et roses blanches. Tu avais épousé le silence. Les choses n'ont pas vraiment changé. Dans leurs flacons de cristal, les bougies diffusent une lumière dorée. Les fleurs immaculées s'offrent de temps à autre de jolies teintes pastel, une parure d'un doux rose poudré. Le temps passe et les dates s'évaporent en un joyeux désordre. Mais celles et ceux que tu as aimés dorment sous tes paupières. Un jour, ils ne sont plus là. Tu le comprends quand tu ne peux plus leur téléphoner. Tu as le cœur qui saigne, mais tu sais taire tes plus noirs chagrins.

La vraie vie se love en toi quand tu entres dans la lumière. Des enfants te découvrent, certains parfois t'écoutaient déjà dans le ventre de leur mère, d'autres fredonnent « Jolie môme » sous les arbres du printemps. Certains soirs, dans des loges de fortune, des inconnus pleurent sur ton épaule, tu passes ta main dans leurs cheveux, ils effleurent à peine la soie de ta robe noire.

Pour les faire sourire, tu leur dis que tu ressembles à une serpillière qui a essuyé l'aéroport, toujours ton sens de la formule ! Tu mets du temps à revenir, tu es ailleurs, heureuse, chavirée, ravagée, bouleversée, bouleversante. Il t'arrive d'avoir dans la gorge plus de larmes que de musique et, quand les gens se lèvent, tu entres dans la mer…

La farandole n'en finit pas, des visages déferlent dans les plis des rideaux rouges de tous les théâtres du monde.

Ce qu'il y a dans ces pages du livre de ta vie ? Il y a tes amis et tes chansons, ta légendaire robe noire, ton rire d'enfant, tes larmes secrètes, tes jours de soleil, tes bains de lune, tes amours fragiles, amours enfuies, amours de papier, amours de fumée, amours que le temps a emportées, François, Boris, Françoise, Gérard, Laurence et tous les autres. Il y a celles et ceux qui te protègent au fil des jours et veillent sur toi, en filigrane il y a Julie-Amour, ta petite-fille tant aimée, à laquelle je dédie ces pages, et tous ceux dont la vie est devenue plus belle, simplement parce que, un jour, ils ont eu la chance de t'avoir rencontrée.

La Saisonneraie, 30 septembre 2019.

La vie chagrin

1927. *Heurtebise,* le bateau de Jean Cocteau, ne quitte presque plus la rade de Villefranche-sur-Mer : le poète pleure Raymond Radiguet, fusillé par les soldats de Dieu le 12 décembre 1923. Au balcon de sa chambre de l'hôtel Welcome, il ne quitte pas des yeux la Méditerranée, « son cobalt, ses saphirs, ses turquoises ». À Paris, les Pitoëff jouent *Orphée,* et tentent en vain de rallumer au fond de ses yeux le soleil qui chavire. La Ville lumière s'enfièvre chaque soir pour une très jeune danseuse venue tout droit du Missouri et que l'on surnomme déjà « la Vénus d'ébène » : Joséphine Baker. Sous le ciel des États-Unis, une toute jeune femme native du Kansas est devenue la *jazz baby* des années folles : Louise Brooks. Symbole de paix et de fraternité, un oiseau géant abolit l'océan. Quand ses ailes se déploient, elles relient la France à l'Amérique, et quand le *Spirit of St. Louis* s'immobilise au bout de la piste, dans un nuage de poussière, le jeune Charles Lindbergh en descend, tout auréolé du prestige des jeunes dieux du ciel.

Le 6 février, salle Gaveau, un petit virtuose de dix ans prend son envol sur le violon des sortilèges. Quand le rideau tombe, il revient au bord des étangs de Ville-d'Avray, il y retrouve un jeune prince de sept ans, très beau, très doué lui aussi, auquel il dit l'ivresse des rappels et des bravos. L'enfant l'écoute, attentif, émerveillé. Lui aussi inscrira son nom en lettres d'or au fronton de ce siècle. L'enfant prodige, c'est Yehudi Menuhin. Dans quelques mois, le 25 novembre, il jouera le triple concerto de Beethoven à Carnegie Hall, avec le New York Symphony Orchestra. Son jeune ami, dont la mère, musicienne, joue Erik Satie, Claude Debussy ou Maurice Ravel à la harpe et au piano, se prénomme Boris, en hommage à *Boris Godounov,* de Moussorgski, et son père est Paul Vian, que la crise de 1929 privera d'une grande partie de sa fortune. Le petit garçon choisira bientôt, comme petite sœur pour la vie, l'enfant qui voit le jour au 2 de la rue Doria, dans le quartier des Arceaux, à Montpellier, petite flamme qui s'allume, fragile déjà, en ce 7 février : Juliette Gréco, seconde fille de Juliette Lafeychine et Gérald Gréco, après Charlotte, née en 1924. Malvenue, dira-t-elle, pour n'être pas un garçon. « On m'a retournée. Ce n'était que moi. »

Dans certaines chansons de Jacques Brel, les enfants rient à n'en savoir que faire, les enfants s'endorment de l'or sous les paupières… Juliette ne leur ressemble pas. Des trois premières années passées dans sa ville natale, elle se souvient seulement du marchand de glaces des jardins du Peyrou, et des arbres centenaires qui se déployaient autour d'elle, esquissant un décor de conte de fées. L'amour n'est pas au rendez-vous. La tendresse non plus. « Tu es l'enfant d'un viol. Tu es une enfant trouvée, lui répète sa mère. Je t'ai achetée à des romanichels.» «Je l'aimais. Elle aimait les roses. Comme je vous ai attendue, ma mère! C'est le temps, l'espace d'un cri, d'un hurlement muet. Brisé[1].» Seule source de réconfort: sa sœur Charlotte, son aînée de trois ans. Leur père, Louis Gérald Gréco, policier corse qu'elle décrit comme «un très bel homme aux yeux d'or», a la haute main sur la police des jeux de la ville, en cette fin des années 1920, et c'est ainsi que Juliette a vu le jour en ce lieu qui ne sera qu'une halte vite oubliée. Un jour, par hasard, j'ai trouvé deux photos de ce père absent: «Je n'en veux pas. Trop de chagrin. Trop de douleur.» Et voilà que Juliette me raconte cet après-midi sur la plage, où elle est entrée dans l'eau sans savoir nager. Elle a quatre ans, cinq peut-être, elle ne sait plus. Le commissaire de police ne veut pas risquer d'abîmer ses superbes chaussures toutes neuves. Un estivant se chargera bien de secourir l'enfant. «J'en ai gardé très longtemps une peur terrible de l'eau.» Un autre jour, la portière arrière de la voiture qu'il conduit s'ouvre inopinément et sa fille glisse sur le sol. Il met un certain temps avant de s'apercevoir qu'elle n'est plus là.

Juliette ne verra qu'une quinzaine de fois Gérald Gréco, qui a trente ans de plus que sa femme. Mariés en 1922, son père et sa mère divorceront dix ans plus tard. Elle évoquera très rarement son souvenir: «Les rares fois où je l'ai vu, il me regardait fixement et il disait: "Tu ressembles à ma mère, tu es une vraie femme corse!" Il était très beau, il avait des yeux jaunes de tigre, superbes, dont a hérité ma sœur. Il était probablement très intéressant, mais il ne m'a pas laissé le loisir de le savoir.»

---

1. Juliette Gréco, *Jujube,* Stock, 1982.

Elle dit aussi de lui qu'« il a des habitudes de berger corse, sale et fume son jambon, boit le vin de sa vigne et a, suspendu dans sa cuisine, toujours chargé, le fusil de son grand-père. C'est le portrait que brosse de son père – retiré à Grasse – une chanteuse déjà célèbre, Juliette Gréco, venue prendre des vacances dans la région. Elle est descendue aux "Sablettes", à Miomo. En prenant tranquillement un verre place Saint-Nicolas, elle explique ses origines corses : "Mon père est de Belgodère, ma grand-mère d'Oletta." Elle accepte de devenir membre bienfaiteur de la Roue d'or bastiaise, un club cycliste dont Gino Zei et Neri illustrent les couleurs. Puis elle regagne Paris, détendue et heureuse. Est-elle jamais revenue, depuis 1962, dans ce pays qui est aussi le sien[1] ? »

Quand leurs parents se séparent, les deux fillettes vont vivre chez leurs grands-parents à Talence, banlieue chic de Bordeaux, dans une maison immense et sombre. « Notre mère nous a posées là, comme des oiseaux, et elle est partie. » Des images lui reviennent certains soirs, l'abricotier du jardin, la grande armoire ancienne avec ses cent paires de draps brodés, les violettes de Parme de sa grand-mère, la cuisine, domaine interdit, réservé aux domestiques : on ne parle pas à ces gens-là !

Je verrai toujours Juliette aux fourneaux, cuisinant gaiement pour des amis de passage, rieuse toujours, devisant avec sa gouvernante, Julia, lui parlant comme à une sœur. Elle l'évoque ainsi dans *Jujube* : « Par la porte d'entrée, est venue un jour se présenter une femme. Depuis, elle remplit la maison de rires et de chansons. Elle voit la poésie de chaque instant à l'aide de ses yeux retroussés

1. Paul Silvani, *L'Île d'à côté*, Éditions Autres Temps, 1998.

vers le haut de ses tempes et ne rate jamais l'aspect comique d'une situation. Ses malheurs restent secrets. Jamais elle n'explique pourquoi la flamme de ses yeux noirs s'éteint. Elle a l'amour de l'autre et le prouve. Elle voit l'invisible et lui sourit, debout, face à une vie qui à tout autre pourrait sembler insupportable. Elle travaille avec et pour Jujube, émaillant ses activités diverses de discours tenus aux oiseaux, chats et chiens, qui ont l'air de comprendre parfaitement la langue espagnole. Droite et fière, Julia se consume pour le plus grand profit de son prochain. Et pour certains, leur plus grand bonheur[1]. »

Julia, que j'adorais, m'a raconté un peu de son parcours, remontant dans un éclat de rire les années enfuies : « Dans une autre vie, je travaillais dans une usine. Je fabriquais des imperméables pour les soldats. C'était il y a… longtemps ! Et puis un jour, en 1967, l'usine a fermé. Je connaissais une jeune femme qui travaillait chez Charlotte Aillaud, la sœur de Juliette Gréco, et j'ai su qu'elle cherchait quelqu'un pour s'occuper de la maison, rue de Verneuil. J'y suis allée et je ne suis jamais repartie. Le premier jour, il faut te dire que je traînais un peu les pieds : cette femme aux longs cheveux, toute vêtue de noir, me faisait un peu peur et je me disais que je serais aussi bien dans mon lit, mais bon, il faut bien travailler ! Et j'ai tout de suite compris que cette femme était un amour. Ma Juliette à moi est rieuse, elle est drôle ! La femme célèbre qu'elle était, je n'y pensais pas. Elle travaillait ailleurs, je travaillais pour elle. Quand elle était là, c'était encore mieux, elle me faisait

1. Juliette Gréco, *Jujube*, *op. cit.*

tellement rire ! À table, je ne sais pas pourquoi, j'oubliais toujours de mettre sa serviette, celle des autres, non, mais j'oubliais toujours la sienne. Elle me disait : "Julia, vous voulez me punir ?" Elle a été très patiente avec moi, je n'avais jamais travaillé pour personne, je ne savais rien faire ! Quand j'allais la voir au théâtre, je bombais le torse, j'avais tout d'un coup deux centimètres de plus ! J'étais très fière d'elle et je disais à l'inconnu assis à côté de moi : "C'est ma patronne !" Je ne sais pas si j'aurais aimé toutes ses chansons chantées par une autre, mais je les aimais parce que c'était elle ! Quand je m'occupais de la maison, je chantonnais tout le temps, juste un air, un refrain. Quand je rentrais chez moi, je chantais toujours "Un petit poisson, un petit oiseau s'aimaient d'amour tendre…" Emilio soupirait : "Oh là là ! Elle n'a pas d'autres chansons ?" Juliette m'a donné le goût des jolies choses. Elle m'a offert un imperméable, des capes, des chapeaux signés Dior, Sonia Rykiel ou Yves Saint Laurent. Je n'en revenais pas ! J'ai tout gardé dans mon armoire. Comme je suis un peu plus ronde, je ne peux plus mettre les vêtements, mais comme mon cerveau commence à se ratatiner, je peux toujours mettre les chapeaux[1] ! »

À Talence, au temps de son enfance, Juliette, rebelle, se faufile dans la cuisine et brave toutes les interdictions. Le jour de sa communion solennelle, elle perd son aumônière, son chapelet et sa montre. Elle s'en fout. Juste avant la cérémonie, simplement parce que ça l'amuse et que ça risque de faire scandale, elle chipe

1. Propos recueillis par l'auteur, 12 décembre 2008.

un peu de la traditionnelle pièce montée que l'on doit partager à l'issue de la cérémonie. Et je me demande à présent si c'est de ce jour-là qu'elle tient son goût immodéré des choux à la crème, elle qui mange si peu et n'a jamais faim !

L'enfant mutique a une héroïne : la Britannique Florence Nightingale, issue de la haute société qui, en 1853, à trente-quatre ans, renonce à son poste d'infirmière chef à l'hôpital de King's College, à Londres, pour partir en mission humanitaire durant la sanglante guerre de Crimée. Soigner les autres, tenter de les guérir, devenir médecin… Juliette se réfugie sur les genoux de son grand-père, le seul à respecter ses silences, et reste des heures dans son bureau, où l'odeur de cuir des livres anciens l'ensorcelle. Ce grand-père, Compagnon du tour de France, est architecte. Bénévolement, il dispense des cours pour montrer aux autres comment on traite la pierre, comment on choisit les matériaux. Il allume une chandelle : quand elle s'éteint, c'est le signe que le cours est fini. C'est un être poétique, rassurant, tendre, positif et généreux. Auprès de lui, la petite fille se sent protégée, à l'abri de tout.

« Et votre grand-mère ? » lui demanda un jour Catherine Ceylac. « C'était une peste. Elle était ravissante, elle était une vraie femme, dorlotée, chouchoutée, couverte d'amour par mon grand-père. J'étais peut-être jalouse… J'aimais mon grand-père d'une manière absolue[1]. » À propos de cette aïeule, Juliette confie à Sophie Agacinski et Michael Delmar : « Le premier mari de ma grand-mère s'appelait Guillaume Gaubrie. C'était un révolutionnaire chic, très aventureux

1. *Thé ou Café*, France 2, 8 février 2004.

et assez fortuné. Il a rapporté des îles des oiseaux bariolés, dont il a fait une volière où ma grand-mère pouvait marcher. Elle chaussait du 34-35, les boucles de ses chaussures étaient presque aussi grandes que ses pieds ! Après son mariage, ils sont allés en voyage de noces à Paris et ont dîné chez Marguery. Là, il a consommé des moules infectées et il est mort empoisonné. Ensuite est arrivé mon grand-père, l'architecte aux grands pieds[1]. »

Le seul à comprendre à demi-mot l'enfant silencieuse et sauvage, hormis cet aïeul aimé d'une manière exclusive, totale, absolue, c'est son ours en peluche. Tout blanc. Tout doux. Dépositaire de ses secrets d'enfant. Oursine mille fois recousu et lové contre son cœur quand, punie, l'enfant était reléguée dans l'escalier de la cave. Oursine que sa mère jeta un jour, parce qu'il était vieux et usé. « J'ai beaucoup pleuré, elle n'a rien compris à mon chagrin… »

Oursine s'est multiplié à l'infini depuis qu'un soir, dans les pays de l'Est où elle donnait son tour de chant, Juliette reçut d'une adolescente de seize ans, très jolie, très pure, le plus beau des cadeaux : « Voilà. C'est mon ours. Je vous le donne parce que c'est la chose à laquelle je tiens le plus. » « Je l'ai appelé l'Ambassadeur. » Des ours en peluche par dizaines ont alors essaimé dans la jolie maison de Verderonne, ils veillent sur elle. Il y a même un ours divin qui chante, le croirez-vous ? la victoire d'Obama. Une petite ourse est venue du Missouri. Elle s'appelle Billie Holiday et a fait la route jusqu'à

1. Juliette Gréco, *Saint-Germain-des-Prés.* Avec la collaboration de Sophie Agacinski et Michael Delmar, Éditions Michel Lafon, 2006.

elle, un ruban de soie rouge accroché à son oreille. Certains habitent à plusieurs dans un carton à chapeaux, un autre, posé sur le canapé de Juliette, veille sur elle – ce n'est pas toujours le même ! D'autres encore ont préféré le soleil de Ramatuelle, ou plutôt la pénombre de sa chambre immaculée. Certains soirs, par deux, par trois, par dix, il en est qui rejoignent sa loge d'artiste, sagement assis devant le miroir où, patiemment, elle se dessine un autre visage. L'ours cadeau de la jeune fille de seize ans ne l'a jamais quittée : il a plusieurs fois fait le tour du monde.

À France Roche, qui lui demanda un jour si elle avait réalisé ses rêves d'enfant, confiés à Oursine et d'autant plus tangibles qu'ils avaient été murmurés dans le noir, Juliette répondit : « Ce que la vie m'a donné est au-delà de ces espérances. La vie m'a donné des bonheurs fous, des amours, des amitiés peut-être plus fortes encore et que j'appelle mes amours debout, tout ce qui rend la vie plus douce. Je n'ai jamais réussi rien d'autre que ce cercle d'amour. Je m'en vais dans le monde entier et il y a des gens qui ont l'air de m'aimer. »

Juliette a huit ans quand sa vie vole en éclats avec la mort brutale de son grand-père. Elle ne reverra plus celui qui, patiemment, l'avait préparée à son absence, effleurant les traces brunes qui couvrent ses mains, et que l'on appelle des « fleurs de cimetière » : « Tu vois, quand ces taches se seront rejointes, je retournerai à la terre dont je suis sorti. » On l'oblige à embrasser cet homme tant aimé que la vie a déjà déserté. Comment peut-on faire une chose pareille à un enfant ? ne cessera-t-elle plus de s'interroger.

Elle se réfugie dans les chapelles, les églises, effluves d'encens et roses blanches. Pour toujours traumatisée. Sa grand-mère aimait son mari à la folie. Quand il est mort, son esprit est parti avec lui, elle a sombré dans la déraison. Elle ne peut plus rester seule. Les domestiques font leurs valises. La maison de Talence est vendue.

C'est l'arrivée à Paris par le train de nuit, l'installation dans un appartement au 95 rue de Seine, pour la mère une liaison avec l'historien d'art Élie Faure et, pour les enfants, un bref passage dans un pensionnat religieux des beaux quartiers, uniforme et béret. Nouveau refuge pour Juliette : la danse classique avec la classe de Léo Statz, les cours particuliers de danse acrobatique, le concours d'entrée à l'Opéra de Paris, Juliette petit rat, dans la classe rose de Mlle Cesbron, à l'automne 1938. Et, l'été suivant dans le Périgord, la liberté à bicyclette sur les chemins de campagne, l'éphémère rencontre d'un vannier gitan. Il est sourd et muet, il vit dans une roulotte, elle le regarde tresser des paniers d'osier, ils se parlent avec les yeux et un trouble lui vient, qui pourrait bien ressembler à un sentiment amoureux.

Mélilot – c'est le surnom de la mère des petites filles – partage désormais la vie d'Antoinette Soulas. Elles achètent ensemble La Marcaudie, une maison sise à Monsac, entre Lalinde et Bergerac. Ce sera « la maison des mères ». On éloigne Juliette. Dans le pensionnat où elle se retrouve prisonnière, elle passe son temps à la chapelle, rêve d'être l'épouse chaste d'un Christ qui la fascine, découvre malgré elle le trouble avec les caresses interdites d'une religieuse, claque la porte quand on l'accuse injustement d'un vol et entre bientôt en sixième au collège de Bergerac.

Sa rencontre avec Hélène Duc va bouleverser sa vie.

Hélène ou les lendemains qui chantent

Juliette enfant, je l'aurais adorée, comme j'ai aimé à perdre la raison, lorsque j'avais vingt ans, une Juliette de vingt-deux ans mon aînée, et qui a fait de moi celle que je suis devenue. Elle a été pour moi la ligne de partage des eaux, une rencontre miraculeuse devenue une amitié sans faille au long des décennies qui suivirent. Au fil de nos conversations, dans sa thébaïde de la rue Bonaparte, fenêtres ouvertes sur la place Saint-Sulpice, mon amie Hélène Duc, que j'aimais tendrement, a bien voulu pour moi remonter le temps et me raconter Juliette au temps de sa rébellion précoce, quelque part, sur les chemins de Dordogne.

Bien avant que la France ne la découvre au côté de Jean Piat dans le personnage haut en couleur de Mahaut d'Artois des *Rois maudits,* que Claude Barma adapte en 1972 de l'ouvrage homonyme de Maurice Druon, bien avant qu'une nouvelle génération ne craque pour la fantasque grand-mère de Tanguy dans le film d'Étienne Chatilliez, Hélène Duc, dans le sillage de sa mère institutrice, est, à dix-neuf ans, professeur de français au collège Jules-Ferry de Bergerac, sa ville natale. Le bruit des bottes n'a pas encore déferlé sur ce joli coin de France où la rivière, paresseuse, secoue entre ses roseaux sa longue chevelure mouillée. Sa première entrée en scène, c'est une entrée en classe. Dans *Entre cour et jardin,* elle évoque ce moment éphémère de sa vie : « J'enseignais aux classes de sixième et de troisième le français, le latin, l'histoire et la géographie. À peu près nulle en histoire, j'étais obligée d'apprendre mes cours avant de les dispenser. J'avais dans ma classe de sixième une petite fille fort intelligente, Mlle Salomon. Elle disparut en cours d'année pour tenter de gagner l'Angleterre avec ses parents, et nous restâmes sans nouvelles de cette élève exceptionnelle et de sa famille. Après la guerre, une de ses condisciples me dit qu'elle avait appris sa mort dans un camp[1]. » Une autre petite fille retient son attention : Juliette. « Noir sur du marbre. Un volcan. Un torrent. »

« Je la revois, assise au fond de la classe. Des cheveux noirs. Des yeux noirs. Un monde noir. Au cours de récitation, elle levait la main : je veux bien. Elle est restée dans cette classe de sixième de septembre 1940 à juin 1941. Je suis allée trois fois à La Marcaudie à vélo, avec le professeur de gymnastique. La mère de Juliette cachait des résistants dans les bois, elle craignait l'avenir : "Je peux être prise par les Allemands d'un jour à l'autre, prenez alors la petite chez vous, mon notaire de Bordeaux en assumera la charge financière." L'image que je garde de La Marcaudie est celle d'une lampe qui brûlait en permanence sous le portrait d'Élie Faure, dont elle avait été l'amie[2]. » Hélène est intarissable quand elle parle de Juliette.

---

1. Hélène Duc, *Entre cour et jardin,* Éditions Pascal, 2005.
2. Propos recueillis par l'auteur, novembre 2008.

Pas un dîner ne s'achève sans qu'elle en évoque le souvenir. Dans les bistrots parisiens où, chaque samedi, nous dînons après une matinée au théâtre, nous parlons de « Toutoute ». De jolis points d'interrogation s'allument dans les yeux de nos voisins de table, nous partageons un secret, nous sommes seules à savoir qui se cache derrière cet insolite surnom.

Il y a quelques années, quand elle passait encore ses étés à Bergerac, Hélène a voulu revoir la « maison des mères ». Il lui était soudain nécessaire de revenir en arrière. Un couple d'Anglais charmants lui a ouvert la porte et elle leur a parlé de l'enfant d'autrefois, qui chapardait le sucre et le chocolat la nuit dans la cuisine, sauta à cru un jour sur le cheval qui d'habitude tirait la carriole – les gendarmes la retrouvèrent à l'aube, endormie entre les bottes de foin. « As-tu photographié la maison ? », a demandé Juliette. Mais Hélène n'avait pas emporté son appareil. Un peu plus tard, j'y suis allée à mon tour. La demeure n'avait pas changé de nom. Ses hôtes n'étaient pas là, mais aucune barrière ne barrait l'accès à La Marcaudie. Les volets étaient fermés, je me suis assise sur la terrasse, j'ai regardé longtemps le soir tomber sur les collines, rêvé à l'enfant indomptable et sauvage. J'ai pris quelques photos et je les ai données à Juliette.

Dans la chambre d'Hélène, il est interdit de toucher à un bouquet de renoncules que Juliette lui a envoyé, il y a longtemps déjà, pour l'un de ses anniversaires, et qui a séché dans un vase de Gallé. Son regard aux reflets de glacier se pose sur des photographies de Juliette à tous les âges de sa vie. Dès qu'elle le peut, elle va l'écouter et c'est merveille de la voir guetter, comme un enfant impatient, l'instant où le rideau va se lever. La dernière fois, c'était au théâtre de Longjumeau. À peine le récital avait-il commencé que l'émotion a submergé Hélène : « J'ai eu si peur de mourir avant de l'avoir revue ! »

Hélène raconte aussi la mère de Juliette : « Mélilot (le miel et le lotus) cachait des résistants dans les bois de sa propriété. Son vrai nom était Gréco-Gaubry et on pouvait certes l'imaginer ceinte des lauriers d'un chef de guerre romain. Je l'admirais sans la craindre, bien qu'elle fût autoritaire, mais avec tant d'intelligence et d'à-propos qu'on était séduit par sa clairvoyance et son humour, traits qu'elle avait transmis à ses deux filles[1]. » Comme elle, Hélène est une résistante de la première heure. Tandis que Mélilot abrite à La Marcaudie des hôtes de passage, juifs qui fuient vers l'Espagne ou résistants qui rallient la France libre, elle cache des juifs dans la maison de sa mère, Jeanne, à Bergerac.

Mais la passion du théâtre depuis toujours la dévore et Hélène quitte bientôt les préaux du collège pour incarner, dans un costume de Christian Bérard, l'Héléna du *Songe d'une nuit d'été* à la Comédie de Provence. La comédie féerique de Shakespeare était le cadeau de la comtesse Pastré à son fils pour ses dix-huit ans : « La comtesse, mécène, accueillait dans sa splendide propriété de Montredon, à l'extrême sud de Marseille, tous les artistes de la zone libre, soit qu'ils eussent l'intention d'y rester, soit qu'ils n'y fussent qu'en transit sur le chemin des États-Unis. Ce songe restera à jamais dans la mémoire de ceux qui l'ont vu. Manuel Rosenthal dirigeait un orchestre de musiciens

1. Hélène Duc, *op. cit.*

juifs que les lois de Vichy avaient privés de leur travail. Le songe se déroulait tantôt dans les gradins de la clairière au fond du parc, tantôt au sommet des pins, ce qui permettait d'avoir simultanément une apparition de Puck, au premier plan, et d'un autre semblable, le Puck dansant, à vingt ou trente mètres de là. Svetlana Pitoëff jouait Hermia. J'arrivais à cheval, cheveux au vent, dans une tenue magnifique ! Edmonde Charles-Roux était l'une des fées. Cette soirée m'a laissé un lumineux souvenir[1]. »

Dans la foulée du *Songe*, Hélène s'installe à Paris avec son jeune amoureux, Paul Lavygne, au 20 rue Servandoni, non loin des jardins du Luxembourg : « L'endroit était beau, ma chambre donnait sur les tours de Saint-Sulpice. » C'est dans l'immeuble où, en septembre 1791, Olympe de Gouges a rédigé la *Déclaration des droits de la femme et de la citoyenne*, à présent une pension de famille tenue par Mme Morin-Pilière, qui ne s'entoure là que d'intellectuels et d'artistes, que la jeune comédienne recueille bientôt l'enfant solitaire de Bergerac.

Le 8 septembre 1943, quelques jours avant la rentrée des classes – Juliette doit entrer en seconde et Charlotte retourner à l'université de Montpellier, où elle suit de brillantes études littéraires –, en rentrant à La Marcaudie, les deux sœurs découvrent l'inimaginable : les portes des armoires sont ouvertes, les papiers de famille éparpillés sur le sol, dans un désordre indescriptible. Une voisine vient leur dire que Mélilot a été arrêtée.

1. *Ibid.*

On ne saura jamais qui l'a dénoncée. Au siège de la Gestapo, à Périgueux, elles tentent en vain d'avoir des nouvelles de leur mère. Dans le train qui les conduit à Paris, elles s'efforcent de calmer leur angoisse à la vue d'un inconnu au visage peu avenant, qui semble s'acharner à ne pas perdre leur trace.

Qui mieux que Juliette pourrait raconter ce qu'il advint d'elles à leur arrivée dans la capitale? « Durant nos quatre premiers jours à Paris, l'homme continue de nous suivre. Le cinquième jour, j'ai rendez-vous avec Charlotte pour prendre une orangeade au Pampam, un café de la place de la Madeleine. Je l'aperçois traversant la rue pour me rejoindre, lorsqu'une Citroën noire pile juste devant elle. Trois hommes descendent en trombe et la précipitent dans la voiture. Je me mets à hurler, cours vers le véhicule et tambourine à la vitre avec une telle violence qu'ils finissent par m'embarquer aussi. Direction le siège de la Gestapo, situé avenue Foch, dans un hôtel particulier qui appartenait aux Rothschild. Je sais que Charlotte va être interrogée et qu'elle a dans son sac des papiers compromettants. Il faut absolument que je tente quelque chose pour la sauver. Au moment de sortir de la voiture, le type sur les genoux duquel je suis assise me pousse vers ma sœur. J'en profite pour subtiliser son sac, qui se trouve à ses pieds, et l'échanger contre le mien. Au moins, on ne trouvera rien sur elle!

On emmène Charlotte à l'interrogatoire. Moi, on me colle dans un petit bureau où une femme tape à la machine. Je lui dis que j'ai mal au ventre et lui demande la permission d'aller aux toilettes. Permission accordée, accompagnée d'un garde.

Dans les toilettes, j'enfonce au fond de la cuvette les fameux papiers de ma sœur puis je tire la chasse d'eau.

Je sors de là radieuse, satisfaite de mon travail. Me voici interrogée à mon tour. On me demande ma carte d'identité. Le type qui m'interroge me dit : "Vous ne vous appelez pas Gréco mais Grecovitch, et vous êtes juive." Je lui fiche une claque, que je vais payer cher. Ma sœur sera torturée avec une grande violence. Moi aussi, avec une grande brutalité.

Mais, bizarrement, aujourd'hui encore, cette gifle fait partie des grands bonheurs de ma vie. J'éprouvais un tel sentiment de colère que je n'avais pas peur. Au petit matin, Charlotte et moi nous retrouvons dans un fourgon cellulaire en direction de la prison de Fresnes. Je partage la cellule 324 avec trois prostituées. Ma sœur est dans la 326. Nous ignorons tout du sort qui a été réservé à notre mère.

Nous apprendrons plus tard que, enfermée d'abord dans un cachot, elle a été emmenée huit jours de suite au peloton d'exécution et mise en joue pour la faire parler. Elle n'a jamais dit un mot. On finit par me libérer, parce que je suis très jeune et pas juive. Ma sœur est déportée à Ravensbrück où elle se retrouve dans le même block que Simone Veil, Geneviève de Gaulle et, par le plus grand des hasards, notre mère[1] ! »

Juliette a seize ans, une robe bleu marine, une veste assortie, des chaussures en raphia, une carte d'identité et, dans le double fond de son sac, un ticket de métro de première classe et un jeton de téléphone. Assise sur un banc de l'avenue Foch, déserte de tout véhicule, devant le siège de la Gestapo, elle se sent bien seule. « J'ai appelé Hélène, j'ai couru chez elle, elle m'a ouvert les bras. » « La petite est arrivée à

1. Juliette Gréco, *Jujube*, *op. cit.*

l'automne 1943, écrit Hélène Duc… On l'a adoptée, on l'a installée dans une petite chambre. Elle était le chouchou. Elle aimait prendre le thé dans les tasses de porcelaine de Nicole Fourcade, qui n'avait pas encore épousé Gérard Philipe[1]. »

« Un soir, on a emmené Juliette dans le grenier. On avait besoin de sa chambre qu'on a donnée à un géant très doux, recherché par la Gestapo et que la Résistance avait baptisé "Patrice". Quand les sept millions parachutés par Londres sont arrivés sous formes de liasses impressionnantes à la pension Servandoni, c'est sous le matelas de Juliette qu'on les a cachés. On ne lui a pas dit, c'était encore une enfant. Quand je pense que nous n'avions même pas un franc cinquante pour aller manger des frites chez Imbert, rue Casimir-Delavigne[2] ! » Quand on demandera à Juliette, des années plus tard, si Hélène a joué le rôle d'une seconde mère, elle aura cette réponse lapidaire, qui claque comme un coup de fouet : « C'est *ma* mère ! L'autre n'a fait que me mettre au monde une première fois. Elle m'a empêchée de mourir. Regardée, considérée, construite. C'est Hélène qui a fait ce que je suis. »

1943, année douloureuse : le 9 avril, Harry Baur s'est éteint, victime des mauvais traitements infligés par la Gestapo, responsable aussi de la torture et de la

1. Nicole Fourcade est l'épouse du sinologue François Fourcade, qu'elle rejoindra en 1946 à Nankin où il était conseiller culturel auprès de l'ambassade de France. Après leur divorce, elle épousera le comédien Gérard Philipe le 29 octobre 1951 et se nommera dorénavant Anne Philipe.
2. Hélène Duc, *op. cit.*

mort de Jean Moulin, survenue le 8 juillet. En août, au cimetière du Montparnasse, Cocteau et Picasso pleurent leur ami, le peintre lituanien Chaïm Soutine. 1943, année courage : interceptée dans le métro alors qu'elle cache des documents prouvant son appartenance au réseau de résistance dirigé par Sinclair (Maurice Clavel), une des très jeunes actrices des *Anges du péché* de Robert Bresson, Silvia Monfort, ne doit son salut qu'aux longs plis de la robe de religieuse dans lesquels ils sont dissimulés. « Je tourne un film », dit-elle simplement avant de refermer sa mallette.

Le magazine *Vogue,* auquel collabore Man Ray avec ses photographies, résiste à sa façon en se voulant le reflet d'une élégante manière de vivre. Le paquebot *Île-de-France,* dernier né de la Compagnie transatlantique, gagne New York en six jours, et même les enfants s'habillent pour le dîner donné dans la salle à manger aux piliers de marbre blanc, éclairée par la douce lumière tamisée de 112 appliques signées Lalique. « Ce que l'œil tenait hier pour fin, léger, délicat, apparaît maintenant comme tout à fait suranné et rococo », peut-on lire dans la presse féminine, « le pied doit être posé sur un socle de liège ou de bois ». Juliette, quant à elle, loin de ces frivoles considérations, n'a que ses chaussures de raphia, qui rendent l'âme un soir de pluie où Hélène l'a emmenée chez Alice Sapritch : « Elle m'a offert une paire de chaussures, un peu grandes peut-être, mais j'ai bourré leur extrémité avec du papier journal. Merci, Alice. »

Rue Servandoni, Bernard Quentin, le jeune artiste qui partage sa chambre – « il peignait pendant que je dormais » –, lui donne un chandail noir et un pantalon, noir aussi, dont elle retrousse les revers. Sans le savoir et sur fond de misère, ils viennent d'inventer une mode qui fleurira bientôt à Saint-Germain-des-Prés. Œil de biche et noir couleur de lumière, la chrysalide n'est pas encore devenue papillon. « Je me souviens de Gérard Philipe, qui montait comme un archange les marches de l'escalier, de Maurice Risch qui fabriquait des masques, d'une dame qui soignait les lépreux, et d'un futur dentiste qui recevait des colis de Bretagne. Je chipais la clé de sa chambre, je coupais du saucisson et je le partageais avec les autres[1]. » Sur la place Saint-Sulpice, Juliette chante à pleine voix « Over the Rainbow ». Pourquoi, Juliette ? « Parce que les chansons américaines étaient interdites et que cette chanson de Judy Garland était un hymne à la liberté ! D'ailleurs, un jour, je l'enregistrerai ! » Ce qu'elle fera en 2003, sur le disque *Le Temps d'une chanson*.

En 1943, le rêve de Juliette, c'est le théâtre : « Ça m'allait bien, la tragédie, j'avais la voix, peut-être, et un petit air crétois, œil de chèvre sur le côté… » Hélène l'envoie chez Solange Sicard, comédienne qui, après une vingtaine d'années à la Comédie-Française, a ouvert un cours. Juliette y assiste, silencieuse encore, silencieuse toujours. Elle tente le concours d'entrée au conservatoire, mais n'est pas admise. Sur le dossier du jury, Béatrix Dussane note : « Jeune chiot de trois mois. À suivre. » Le 27 novembre, pour la première fois, dans *Le Soulier de satin* de Paul Claudel, en collant vert, elle figure l'une des multiples vagues anonymes dessinant une mer déchaînée, tandis qu'un

1. Juliette Gréco, *Jujube, op. cit.*

navire de carton vogue vers les Tropiques. La mise en scène est signée Jean-Louis Barrault, Marie Bell est Doña Prouhèze, Madeleine Renaud Doña Musique, Pierre Dux l'Annoncier. Près de Juliette, une autre vague a le visage d'un jeune Italien qui a fui le régime de Mussolini : Serge Reggiani. En ce soir de générale, le public debout ovationne Paul Claudel qui revient saluer, les larmes aux yeux, après un dixième rappel. Quelques semaines plus tôt, sa sœur Camille, sculpteur de génie encore méconnue dans les années 1940, est morte à l'asile de Montfavet, dans le Vaucluse, après trente années d'enfermement. Claudel ne s'est pas déplacé.

Juliette mange des cornichons, des œufs durs et des sandwiches à la moutarde. Elle se réchauffe au poêle qui ronronne rue Servandoni. Un marionnettiste hongrois qui loge là, Frédéric O'Brady, veut l'entendre chanter. La première mélodie qu'elle fredonne, tandis qu'il se met au piano, c'est « Mon amant de Saint-Jean », créée l'année précédente par Lucienne Delyle et dédiée par Émile Carrara à sa fiancée Suzanne, pour marquer leur promesse de mariage échangée à La Bonne idée, une auberge du village de Saint-Jean-aux-Bois, tout près du château de Pierrefonds. Hélène l'affirme : « C'était une voix naturelle, Juliette chantait comme on respire, comme souffle le vent… » Et voilà Hélène qui chantonne pour moi, chez Lise et Sylvie, dans ce bistrot du quartier de la Bastille où nous avons pris nos quartiers d'hiver : « Elle qui l'aimait tant / Elle le trouvait le plus beau de Saint Jean / Elle restait grisée / Sans volonté sous ses baisers… »

On se retourne sur l'étrange beauté de Juliette. En témoignent ces quelques lignes écrites bien des années plus tard dans *France-Soir* par Jacqueline Cartier : « Elle ne chantait pas encore. Elle ne s'appelait pas Gréco, mais Juliette, il lui suffisait d'entrer dans une cave qui ne s'appelait pas encore Le Tabou, moulée dans un sweater et un pantalon noir, pour que tous la regardent, fascinés. Elle n'avait rien fait que paraître, avec ses longs cheveux raides, plus efficaces que des accroche-cœur. Un conte oriental parle d'un pauvre qui finit pacha en partant à l'aventure avec un "talent" en poche. Gréco n'avait pas un sou, mais elle avait le talent et les poètes qui sont myopes voient bien ces choses-là, ils ont vu cette fille aux longs cheveux que la facilité aurait pu pétrifier là, comme une cariatide de cave[1]. » Les pièces du puzzle ne vont pas tarder à s'assembler, dessinant une destinée à nulle autre pareille. Certaines ont un nom de lieu, d'autres la forme d'un visage. Qu'importe si l'on bouscule la chronologie, l'essentiel reste dans la magie des rencontres, les hasards, s'ils existent, qui tissent en se croisant un fabuleux destin.

« Je garde toujours l'espoir qu'un jour je retrouverai ma mère et ma sœur. » Chaque jour, Juliette se rend comme tant d'autres à l'hôtel Lutetia, boulevard Raspail. Le 27 janvier 1945, l'Armée rouge a pénétré à Auschwitz-Birkenau, le plus important des camps d'extermination nazis, et peu à peu les autres camps ont été libérés. Les premiers convois de rescapés arrivent

1. Jacqueline Cartier, *France-Soir*, novembre 1973.

en avril, sous les marronniers en fleurs du boulevard Raspail, dans un Paris qui goûte à sa liberté retrouvée.

« En souquenille rayée de larges bandes bleues et grises, ils vont à petits pas hésitants de vieillards », peut-on lire sous la plume de Féline[1]. Juliette raconte : « Le miracle se produit. Ce sont elles, elles sont là ! Mais ce sont deux mortes-vivantes que je retrouve, et cette horrible odeur de la mort qui émane de leur corps. Je sens soudain un papillon sur mon épaule : c'est la main transparente de ma sœur. À sa sortie du camp, maman parlera volontiers, voyant de temps à autre ses ex-consœurs de douleur. Charlotte, elle, s'est tue à jamais[2]. » Le Lutetia restera pour Juliette un port d'attache quand elle viendra à Paris, un lieu symbole de bonheur et de malheur, de vie et de mort, mais le lieu béni du retour de Charlotte.

Pour *La Traversée du miroir,* que présente Patrick Poivre d'Arvor, elle évoque la libération du camp, telle qu'on la lui a racontée : « Les Américains avançaient. De l'autre côté, il y avait la frontière polonaise. Autour du camp, des lance-flammes. Beaucoup de Polonaises se trouvaient là. Les mecs de ces femmes – leur père, leur frère, leurs hommes – étaient dans un creux de la colline. Ils ont mis leurs uniformes, ils ont pris leurs chevaux et ils sont descendus, ils ramassaient leurs femmes, les mettaient sur les chevaux et repartaient. La surprise des Allemands qui gardaient le camp a été telle qu'ils n'ont pas eu le temps d'exterminer ces gens, de mettre en marche les lance-flammes. Restaient des espèces de choses qui ressemblaient vaguement à des

1. Association Histoire à la une, *Libres,* 1945.
2. Juliette Gréco, *Jujube, op. cit.*

êtres humains, dont faisaient partie ma mère et ma sœur[1]. » À Pascale Clark, Juliette dira : « Je ne sais pas si j'aurais eu le courage de ma mère qu'on a descendue huit jours de suite au peloton d'exécution, "En joue !" pas "Feu !", et qu'on a reconduite dans sa cellule où elle avait de l'eau jusqu'à la taille, et où elle ne pouvait ni s'asseoir, ni se coucher. »

« C'est si troublant de savoir que dans les camps des gens rampaient sous des corps entassés parce qu'il y avait de l'herbe à manger… Cette absence totale d'humanité est d'autant plus inquiétante que l'on peut craindre aujourd'hui une résurgence du cauchemar… C'est vrai, moi qui n'ai peur de rien, sauf des moustiques et des serpents, en ce moment c'est vrai, j'ai peur. Si je n'avais qu'un vœu à formuler, ce serait de se regarder, de s'entendre, de s'écouter[2]… »

C'est la seconde mort de l'enfant-chagrin : alors qu'elle tend les bras vers Mélilot, celle-ci passe son chemin et l'écarte : « Où est Antoinette ? » « Elle ne veut que la personne qu'elle aime. Elle ne pense qu'à elle. Pas un mot pour la petite idiote. Jujube commence à mourir. Elle enfonce ses ongles dans la paume de sa main droite. Ce qui aurait pu renaître est à cet instant tué pour la seconde fois. Enterré seul. » C'est, dira-t-elle, « la mort de l'enfant ».

Juliette gardera dès lors une inquiétude éternelle. « Mais je n'en ai jamais voulu à ma mère qui était une

---

1. *La Traversée du miroir*, « Juliette Gréco-Thomas Dutronc », France 5, 26 avril 2009.
2. Entretien avec Pascale Clark, France Inter, 7 mai 2015.

femme magnifique, une héroïne, une femme respectable, indépendante, rebelle, très en avance sur son temps. Je l'aimais. Elle ne m'aimait pas. On n'est pas obligé d'aimer son enfant. »

Saint-Germain des légendes

« Je porte Saint-Germain en moi comme le plus beau des enfants. »

Robert Doisneau avait déjà immortalisé les glaneurs de charbon, les enfants des manèges, les marchandes de quatre-saisons et les mariées glissant sur le pavé des cours, les bateleurs, les bistrots, les musiciens des rues, quand, en 1947, à Saint-Germain-des-Prés, il prend de Juliette Gréco une photographie qui s'ancre dans la mémoire collective : « Juliette est à demi accroupie et tient un teckel. Il fait beau, le soleil éclaire l'église, la moitié gauche du visage de la jeune femme, le poitrail de l'effronté petit animal qui, les yeux plissés et les oreilles basses, bâille à l'objectif sans égard aucun pour la postérité. Juliette, imperturbable, le regarde. Elle a de légers cernes – sort-elle d'un sommeil que l'animal, fidèle et compatissant, lui garderait ? Quelques mèches en épis, quelques épis de désordre dans ses cheveux longs, deux, trois boucles qui se rebiffent et virent au vent, et c'est la vie qui s'obstine à bouger, à défaire toute mise en pli, toute mise en deuil de la situation par la photographie.

Au premier plan, visible et pataud sur ses courtes pattes, le chien balourd ; en arrière-fond, élancée, empreinte d'élégance à ses arcades séculaires, la tour de l'église Saint-Germain dévorée de lumière, effacée, omise, comme un repentir de l'histoire. La vraie vie est là, en cette femme habillée un peu à la garçonne, en pantalon et pardessus noir assez rude, assez rêche – la garde-robe d'un copain un peu moins fauché que Juliette et qui prête, l'ami, l'habit.

Déjà, le noir et le blanc : vêtements enténébrés, comme le sera la robe de scène un peu plus tard et, comme le sien le sera, maquillage blanc du ciel. Déjà une silhouette, un corps, une beauté de l'ordre de l'étrange, en léger décalage avec le lieu qu'elle relègue, qu'elle met à distance, dont elle fait un décor, une place où se mettre en scène, où se mettre en vie, où insinuer sa présence. Symptomatiquement, Juliette, qui est encadrée par un drapeau tricolore à sa droite et l'église à sa gauche, leur tourne le dos, n'a d'yeux que pour le chien iconoclaste – la jambe de la jeune femme et la patte du chien répètent d'ailleurs un mouvement identique, celui d'un équilibre précaire, d'un départ imminent. Gréco est à cette image ; si elle est indissociable de l'Histoire, elle en est l'enfant, pas la prisonnière[1]. »

Sur les cendres de la guerre, une nouvelle génération va éclore dans ce quartier de Paris que Juliette connaît bien pour y avoir vécu enfant : « De l'immense balcon de l'appartement d'Élie Faure, je regardais les oiseaux

1. Bruno Blanckeman et Françoise Piazza, *De Juliette à Gréco*, Éditions Christian de Bartillat, 1995.

et les enfants qui jouaient dans le jardin de la petite église de Saint-Germain-des-Prés... Mais ce fut une autre naissance, une naissance à un monde merveilleux qui est celui des gens intelligents. C'est curieux de vivre la peinture en même temps que les peintres, de vivre la littérature en même temps que ceux qui écrivent... Je porte Saint-Germain en moi comme le plus beau des enfants[1]. »

Bien des années plus tard, Juliette dira ignorer la nostalgie : « Je suis porteuse de la mémoire de ceux que j'ai connus, de leurs vies, des réponses qu'ils m'ont données aux questions que parfois je n'osais pas leur poser. Tout cela est à moi, ça m'appartient, c'est ma force. J'aurai donné, je l'espère, tout ce que j'ai reçu avant de disparaître. » Des heures entières, à la terrasse de La Rhumerie, elle écoute parler Albert Camus. Lecteur chez Gallimard, il poursuit la nuit, dans sa petite chambre de la rue de la Chaise, l'écriture de *La Peste,* commencée quelques mois auparavant à Oran. Comme lui, elle aime les parfums et les fleurs, la terre nourricière et la mer sans cesse recommencée, qui restera toujours son ultime refuge aux heures de noir chagrin. Parfois Marlon Brando la ramène sur sa vieille mobylette jusqu'à sa petite chambre de l'hôtel Bisson, quai des Grands-Augustins, avant d'aller rejoindre Eartha Kitt, enfant de Caroline du Sud venue à Paris pour y être chanteuse de cabaret, merveilleux petit tanagra noir dont il est tombé éperdument amoureux.

1. Juliette Gréco, *Jujube*, *op. cit.*

Au Deux-Magots, Simone de Beauvoir et Jean-Paul Sartre travaillent côte à côte. La romancière impressionne Juliette, qui l'appellera toujours « Madame », secouera ses longs cheveux et poursuivra sa route lorsqu'elle se montrera parfois un peu trop directive : « Elle était sérieuse, Simone de Beauvoir ! Ce n'était pas Bécassine aux bains de mer », dira-t-elle un jour, avec ce sens de la formule qui m'a toujours fait tellement rire. Le légendaire café propose toujours son « chocolat à l'ancienne », mais j'ai le souvenir d'une Juliette qui, les soirs d'hiver, lui préféra de loin le cocktail préféré de Gainsbourg, le Bloody Mary, ainsi nommé paraît-il en hommage à Marie Tudor, la « reine sanglante », à moins que ce ne soit un clin d'œil à Mary Jane Read, qui mourut à la Jamaïque en 1721 après avoir mené l'existence houleuse et chaotique d'une des deux femmes pirates les plus célèbres de l'Histoire...

Souvent, les deux écrivains s'installent au café voisin, le Flore, seul bistrot de Paris à s'être procuré du charbon. Sartre habite tout près, chez sa mère, rue Bonaparte, et il vient se chauffer en ce premier étage qui prend des allures de salle de classe. Il écrit là, dès 8 heures du matin, sur un petit guéridon qui deviendra historique. L'incessant labeur des deux philosophes n'est interrompu que par un frugal déjeuner. À l'Auvergnat qui a racheté l'établissement en 1939, Sartre dédicacera l'une de ses œuvres théâtrales, *Les Mouches* : « À Monsieur Boubal, cet ouvrage qui fut écrit sous ses yeux durant l'hiver 1941-1942 par un "pilier" du Flore. Amicalement. J.-P. Sartre. » Souvent, le très jeune Mouloudji travaille à leurs côtés : il écrit son premier roman, *Enrico,* bientôt couronné par le prix de la Pléiade.

Plus tard, Juliette croisera au Flore Serge Reggiani et la très jeune Simone Signoret – « Tu ne peux pas savoir comme elle était belle ! Bien plus belle encore qu'à l'époque de *Casque d'or* ! » Elle rencontrera souvent Daniel Gélin, séducteur dans l'âme : « Il m'a échappé, celui-là, je me demande bien pourquoi ! » Un peu plus tard, elle traversera la rue et s'attablera à la brasserie Lipp, dans le décor de céramique que Léon-Paul Fargue avait dessiné quand elle s'appelait encore La Brasserie des bords du Rhin, au temps où Léonard et Pétronille Lipp s'installèrent au 151, boulevard Saint-Germain.

Au Bar vert, ancienne boucherie située 10, rue Jacob, entre la rue Bonaparte et la rue de Seine, Jacques Prévert s'attable chaque après-midi devant un café au lait. Il vient de publier *Paroles.* Durant l'année 1946, Juliette y retrouve chaque soir ses amis : Yvan Audouard, journaliste à *Paris-Presse* et *Paris-Jour,* auteur de *Liqueurs fortes* et de *Recherche de Paul Valéry,* le jeune Marc Doelnitz qui a fait ses premiers pas au cinéma dans *Les Inconnus dans la maison* d'Henri Decoin et *Falbalas* de Jacques Becker, Anne-Marie Cazalis, figure légendaire du quartier, dont Boris Vian dira : « Paul Guth la voit en mésange, et il lie astucieusement la qualification naturaliste des mésanges grandes ou noires, mais toujours charbonnières, au goût d'Anne-Marie pour les caves. Moi, elle me fait plutôt penser à une chèvre rousse : elle en a le rire, l'expression malicieuse et un peu butée, mais toujours diabolique, et même la barbiche qu'elle remplace par une longue patte fine toujours posée sur sa moue[1]. »

---

1. Boris Vian, *Manuel de Saint-Germain-des-Prés,* Éditions du Scorpion, 1951.

Quand Bernard Lucas, rédacteur en chef de la revue *Arts et Lettres,* auteur du *Journal d'un déserteur,* prend en mains les destinées du lieu, on y rencontre de temps à autre Antonin Artaud, Roger Blin, Raymond Queneau ou encore Roger Vailland. Mais le Bar vert ferme ses portes à minuit, trop tôt pour les noctambules qui vont bientôt se trouver un autre refuge : Le Tabou, 33 rue Dauphine. Poutres apparentes et comptoir en bois.

C'est l'automne. Juliette a dix-neuf ans. Elle fait partie des habitués du lieu. Un soir, son manteau glisse sur la rampe de l'escalier du Tabou. En bas des marches, une porte grillagée, une cave dont les murs humides sont couverts de masques nègres avec, à la place des yeux, de petites ampoules de couleur. Et si l'on en faisait un lieu où converser jusqu'au lever du jour ? Ce lieu mythique, ouvert le 11 avril 1947, « tables de bois et tabourets très inconfortables, bancs le long des deux murs, bar près de l'entrée avec un minuscule vestiaire, scène à l'autre bout, en forme de paillote couverte d'un toit de roseaux[1] », verra Juliette, qui ne chante pas encore, devenir le symbole de cette génération de l'immédiat après-guerre qui renaît des cendres de la tourmente, avec une formidable envie de vivre et d'être libre. Les choses vont aller très vite.

La légende de Saint-Germain-des-Prés commence dans un petit bureau de la rue de Cléry. Marcel Haedrich, patron du journal *Samedi-Soir,* a convoqué le jeune Jacques Robert pour lui confier un reportage

---

1. Bertrand Dicale, *Gréco, les vies d'une chanteuse*, JC Lattès, 2001.

sur le quartier. On met à la une, le 3 mai, un jeune homme très beau et, à ses côtés, une jeune fille aux longs cheveux sombres, qui tient à la main une bougie : Roger Vadim et Juliette Gréco. Un reportage évoque la vie des « troglodytes » de Saint-Germain-des-Prés. La presse mondiale relaie l'article et Jean-Louis Bory s'en amuse : « On ne peut nier que, malgré l'indéniable foisonnement culturel, il y avait là un côté zoo de Vincennes. De même qu'on va voir l'orang-outan, on venait voir Sartre avec l'espoir qu'il se gratterait le derrière avec Simone de Beauvoir, exactement comme sur le rocher des singes ! »

Au Tabou viennent bientôt les frères Vian – Lélio, vingt-huit ans, à la guitare, Alain, vingt-cinq ans, à la batterie, et Boris, vingt-six ans, à la trompette, ou plutôt à la trompinette. En 1947, Boris publie *L'Écume des jours,* dédié à sa femme Michèle, et *L'Automne à Pékin* (l'année précédente, son roman *J'irai cracher sur vos tombes,* publié sous le pseudonyme de Vernon Sullivan, a déclenché un scandale sans précédent). Boisson unique : le coca-rhum, en ce lieu mythique où l'on évolue, selon Boris, dans « un brouillard de cigarette quasi londonien ».

Dans l'émission *La Marche du siècle,* Juliette évoque pour Jean-Marie Cavada le souvenir de Vian : « Boris était très beau. D'une beauté très étrange, une beauté archangélique. Il avait un teint avec des reflets un peu verdâtres, comme une opaline et des yeux extraordinairement profonds. Il avait un charme fou. Il était d'un autre monde. Il m'a rendu la parole – ce n'est peut-être pas agréable pour tout le monde ! Il m'a prise à l'intérieur de son bras et il m'a dit : "Pourquoi tu ne parles pas ?" Je ne voulais parler avec personne. Il m'a emmenée chez lui un soir. Il a parlé longtemps. Et je suis retournée chez lui quand j'en avais envie, je remontais à pied jusqu'à la cité Véron. Il attendait qu'il fasse noir. C'était très astucieux et très tendre. Et un jour je me suis aperçue que je répondais à ses questions. J'avais en lui une confiance totale. Il était le plus beau, le plus merveilleux, le plus extraordinaire psychologue ou psychiatre qu'on puisse rêver, parce qu'il était mon frère. Mes amours verticales[1]. »

Vian, de son côté, voit ainsi Juliette : « Pour l'effet maximum, à considérer de profil, les mains aux hanches, la tête tournée vers vous. Prévoir des soigneurs pour vous recueillir. » Elle ironise : « J'avais des yeux de Crétoise, et des cheveux comme Napoléon au pont d'Arcole ! »

1949. Juliette chante pour la première fois devant une caméra, celle de Jacques Baratier pour *Désordre,* évocation de Saint-Germain-des-Prés. La caméra immortalise les jolis minois de Blanchette Brunoy, Sophie Desmarets et Odile Versois, et filme, entre autres, Roger Pierre, Orson Welles, Boris Vian et Jean Genet. On y entrevoit aussi Annabel, dont la silhouette hante le quartier, chemise d'homme, jean offert par un pilote américain et, en guise de ceinture, un collier acheté au Chien élégant, rue François-Ier. Annabel qui liera son destin en 1958 à Bernard Buffet, rencontré à Saint-Tropez peu après la rupture du peintre avec Pierre Bergé.

---

1. *La Marche du siècle,* « Boris Vian et Saint-Germain-des-Prés », France 3, 2 septembre 1993.

Parmi ces images qui restituent si bien l'exaltation et le foisonnement de ce quartier mythique, on voit Gréco interpréter la chanson de Raymond Queneau, « Si tu t'imagines », dans un chantier en ruines. En ce temps-là, elle occupe à La Louisiane, au coin de la rue de Buci, la seule chambre de l'hôtel dotée d'une salle de bains, et elle laisse la clé sur la porte pour que ses copains en profitent aussi. C'est l'année où le photographe Georges Dudognon fixe Juliette en des instants inoubliables, photographies qui seront perdues et que je retrouverai, au hasard d'une devanture de librairie du Marais, l'année où Juliette écrit *Jujube*. « Ne les laisse pas passer, c'est un trésor ! » Elles coûtaient alors trois francs six sous…

« Comment l'idée de chanter vous est-elle venue ? », demandent inlassablement les journalistes, fascinés par Saint-Germain-des-Prés et par leur égérie qui, au fil du temps, s'est apprivoisée, rieuse et tendre, adoucie par l'inaltérable amour de celles et ceux qui viennent l'écouter. « Je chantais, bien sûr, comme tous les enfants, avec une voix un peu étrange, paraît-il. Mais je n'aurais jamais osé chanter sans ce soir de 1948 où, après un dîner à La Cloche d'or, Jean-Paul Sartre me dit : “Vous chantez, Gréco ? — Non, Monsieur.” » Et Juliette, une fois de plus, s'émerveille de ce hasard qui va décider de sa vie. « Il me donne rendez-vous le lendemain matin chez lui, à 9 heures. La fin de la nuit pour moi ! J'étais très intimidée. Il devait être à son bureau depuis longtemps. Il m'a tendu une pile de livres : “Choisissez ce que vous voulez.” »

Il y avait des textes de Queneau, Jules Laforgue, Claudel. J'ai tout emporté et je suis revenue le lendemain. J'avais choisi “L'Éternel féminin” de Laforgue et “Si tu t’imagines” de Queneau». «“Castor va être contente! Pourquoi pas Claudel? — Parce que ça m’ennuie!” Il a éclaté de rire et m’a offert “La rue des Blancs-Manteaux”, qu’il venait d’écrire pour *Huis clos*. “Et pour la musique?” Je connaissais “Les Feuilles mortes” que chantait si magnifiquement Cora Vaucaire et j’ai dit “Joseph Kosma”. Sartre m’a donné son adresse. Il habitait rue de l’Université avec sa compagne, deux chambres de bonne sous les combles. J’ai en mémoire un lieu minuscule, avec un tout petit piano. Il a écrit en vingt-quatre heures la musique de “La rue des Blancs-Manteaux”. Ce que je ne savais pas, c’est que Sartre était aussi musicien! Il a marmonné qu’il avait composé pour ce texte une sorte de mélopée arabe, mais que ça ne valait rien! Il était pourtant un fin musicien!»

Le cabaret Le Bœuf sur le toit a connu son heure de gloire durant les Années folles. Fermé un temps, il rouvre ses portes à la même adresse, rue du Colisée, en 1946. Dans *Sept épées de mélancolie*, Agnès Capri le décrit ainsi: «Dans l’une des salles, derrière un grand rideau de velours noir, se découvrait avec surprise, ignoré, englouti dans la poussière de l’oubli, le théâtre construit par Isadora Duncan[1].» Léo Ferré y chante «L’Opéra du ciel», «Le Bateau espagnol» et «Le Flamenco de Paris». On peut y entendre aussi le duo Roche et Aznavour. Louis Moysès, qui a pris en main les destinées du lieu, en 1948, découvre Catherine

1. Agnès Capri, *Sept épées de mélancolie*, Julliard, 1975.

Sauvage : « Il m'a engagée les larmes aux yeux et m'a dit : Tu me rappelles Falconetti et Yvonne George. »

À la mort de Moysès, sa sœur, madame Hanriot, reprend le flambeau, accueille Marc Doelnitz qui présente « L'Œuf sous la cloche » et l'orchestre de Claude Luter. Le 22 juin 1949, Juliette Gréco monte pour la première fois sur scène : « J'étais tétanisée. Je ne sais même pas comment j'ai pu ouvrir la bouche. » En pantalon noir, chandail noir, pieds nus dans des sandales dorées, les larmes au bord des yeux, elle chante « La rue des Blancs-Manteaux », « L'Éternel féminin » et « Si tu t'imagines ». Au piano, Jean Wiener. Il adore Juliette : « Elle monte sur n'importe quelle moto, mais pas avec n'importe qui ! » La soirée est sur invitation, le tout-Paris est là ; faute de place nombre de spectateurs sont assis par terre. François Mauriac invite Juliette à sa table, Brando ne la quitte pas des yeux. Douze jours plus tard, elle s'en va, rejoint à Juan-les-Pins Claude Luter. Anet Badel, créateur du Vieux-Colombier, a ouvert une annexe au-dessus du cinéma Antipolis. Elle s'y produira tout l'été.

Juliette Gréco va bientôt faire les beaux soirs de La Rose rouge. Le premier cabaret qui portait ce nom avait ouvert ses portes au 53 rue de la Harpe, en 1947. Le jeune comédien qui en tenait déjà les rênes, Nico Papatakis, né en Éthiopie en 1918, s'était opposé au régime de Mussolini et s'était rallié à l'empereur Haïlé Sélassié. Contraint de s'exiler, il s'était réfugié au Liban, puis en Grèce, avant de gagner la France en 1939. À Saint-Germain-des-Prés, il s'était lié à Desnos, Prévert, Jean Vilar et plus particulièrement à Jean Genet, dont il produira en 1950 la seule œuvre cinématographique, un court métrage de vingt-cinq minutes (*Un Chant d'amour* est frappé par la censure en raison du thème jugé scabreux à une époque où l'homosexualité, considérée comme une déviance sexuelle, est condamnée par la loi. Il faudra attendre vingt-cinq ans pour que la censure soit levée). Michel de Ré avait essuyé les plâtres avec des textes de Jacques Prévert, mais c'est Maria Casarès qui avait fait connaître le lieu, entraînant avec elle Gérard Philipe – tous deux jouaient alors tout près de là *Les Épiphanies* d'Henri Pichette, au théâtre de la Huchette. On y croisait Alain Cuny, Simone Signoret, Jean Genet, Aragon et Elsa Triolet.

En 1948, Papatakis, qui épousera bientôt la comédienne Anouk Aimée, a quitté ce premier lieu et acheté le sous-sol du 76 rue de Rennes. Pierre Tchernia se souvient de cette seconde Rose rouge, où il a côtoyé Juliette : « C'était un endroit où venait s'écraser le tout-Paris, des dames avec des perles, des messieurs en smoking, qui sortaient du théâtre et venaient voir, vers minuit, des spectacles tout à fait nouveaux. Ils buvaient du whisky, du champagne, tout ce que nous n'avions pas les moyens de nous offrir… C'était le sous-sol d'une ancienne brasserie désaffectée. Il y avait une salle avec 70 ou 80 petites tables et une toute petite scène qui mesurait 2,50 mètres de large, mais 40 mètres de profondeur. Il y avait d'autres salles dans cette brasserie et là, derrière des bars extrêmement hauts, des personnages complètement inconnus étaient en train de se maquiller, de manger, de boire. Il y avait Jacques Fabbri, le mime Marceau, les Grenier-Hussenot, Rosy Varte, Yves Robert qui était le metteur en scène des spectacles de la Rose rouge[1]... »

Et, ajoute Juliette, « il y avait quatre types habillés de façon très étrange, avec des espèces de collants, l'un avait un collant rouge, l'autre vert, les autres encore jaune ou bleu. Ils portaient des moustaches et des chapeaux ; il y avait deux frères, André et Georges Bellec, et deux faux-frères, Paul Tourenne et François Soubeyran. Pierre Philippe les accompagnait au piano. On les appelait "les Jules", mais leur nom c'était "les Frères Jacques...", que Boris Vian définit dans le *Manuel de Saint-Germain-des-Prés* comme la colonne vertébrale de la Rose rouge, un des derniers lieux où l'on s'amuse encore. Yves Robert avait bien failli être le quatrième Frère Jacques, mais il avait changé d'avis et c'est François Soubeyran qui l'avait remplacé[2] ».

« Ce quatuor, écrit Edgar Morin, [...] a atteint sa perfection. [...] Les corps moulés dans un maillot bicolore dessinent des figures géométriques animées, tandis que les mains gantées de blanc jouent leur propre ballet[3]. » C'est à la Gaîté-Montparnasse qu'ils se sont fait connaître, sous la houlette d'Agnès Capri, dès 1946. À présent, leur tour de chant dure une heure. Le public découvre des textes qui seront bientôt sur toutes les lèvres : « À la Saint-Médard », « Le Manège aux cochons roses » ou bien encore « La Queue du chat ».

La Rose rouge ouvre ses portes à 22 h 30 avec l'orchestre de jazz de Michel Devillers. À minuit, le spectacle commence avec les marionnettes d'Yves Joly,

1. *La. La. La. Juliette Gréco,* ORTF, 26 février 1966.
2. *Ibid.*
3. Edgar Morin, France Observateur, 1958.

suivies de l'illusionniste Michel Seldow. Juliette chante trois chansons, « La rue des Blancs-Manteaux », « La Fourmi » de Desnos et « Si tu t'imagines ». Son nouveau pianiste est Henri Patterson. Derrière le rideau, Nico Papatakis tient les mains de Juliette, qu'elle croise dans son dos pour conjurer le trac. Il a emmené la jeune femme chez Balmain au moment des soldes, pour choisir une robe de scène. Le choix de Nico s'est porté sur un long fourreau de velours noir auquel on a cousu une sorte de traîne de satin doré : « C'était somptueux, mais j'avais l'air d'un singe habillé ! » Patiemment, avec une paire de ciseaux à ongles, Juliette découd la traîne et ne garde d'une robe de grand couturier que l'armature en quelque sorte, première ébauche de la robe que toujours elle portera, et qui ne laissera voir, dans le halo des projecteurs, que le visage et les mains de l'artiste : « J'avais découpé tout le falbala, toute la beauté de la chose, il ne restait qu'un fond de robe et, comme j'étais ronde comme un sifflet, ça me serrait un peu les hanches et ça me donnait l'air d'une sirène. J'ai trouvé ça plutôt pas mal. Cette robe, c'est devenu ma peau de chanteuse. »

C'est dans ce cabaret que sont créés, entre autres, *Exercices de style* de Raymond Queneau, et *Cinémassacre* de Boris Vian, parodie de Hollywood, mais Guillaume Hanoteau note que deux artistes furent refusées : Barbara, en 1952, pour une question de voix, et Brigitte Bardot pour... manque de sex-appeal !

À Saint-Germain-des-Prés, la jeunesse de l'après-guerre refait le monde. Évoquant ce temps béni, le comédien Pierre Vaneck confiera à Marc Chevalier :

« Les gens avaient une grande curiosité. Ils aimaient lire, parler, écouter, ils étaient chaleureux. Avec cette force de la jeunesse qui me stupéfie lorsque j'y pense, nous enfoncions toutes les portes sans effort, les montagnes pour nous étaient truffées de tunnels, on passait facilement au travers[1]... »

Certains artistes, pourtant, demeurent un peu à l'écart. Ainsi, chaque soir, après son tour de chant à L'Échelle de Jacob, petit cabaret situé tout près du Bar vert et tenu par Suzy Lebrun, Cora Vaucaire glisse seule, le long des rues désertes. Elle se sent étrangère à ce monde, à ses utopies, à ses folies. Elle rêve de loin à ce cénacle où elle n'a jamais osé entrer : « J'avais tant envie de pousser la porte du Bar vert, mais j'étais bien trop timide, ce qui empêchait les autres de venir vers moi. Et ce monde me semblait fermé, j'avais peur qu'on me demande ce que je venais faire[2] ! »

Par opposition à Juliette, on surnomme très vite Cora « la Dame blanche de Saint-Germain-des-Prés », à cause de sa tenue d'un blanc immaculé. Pour elle, une vie magique, c'est vivre comme Damia, comme Fréhel, accepter de ne pas gagner grand-chose, aller d'une rive à l'autre, revenir dans la nuit à bicyclette et, le lendemain, recommencer. « Juliette entrait dans la lumière, me disait Cora, et moi je traversais la pénombre. Depuis ces années-là, j'ai l'impression d'être le négatif de Gréco, une robe noire, une robe blanche, des cheveux noirs, des cheveux blonds, des yeux noirs, des yeux verts, il n'y a rien à faire, c'est la destinée, "La rose

1. Gilles Schlesser, *Le Cabaret « rive gauche »*, L'Archipel, 2006.
2. Entretien avec l'auteur, octobre 2008.

au boué", une vie réussie, une vie ratée. J'admire vraiment Juliette, cette voix si particulière, ce chemin qui m'éblouit[1]. »

Cora fut la première à chanter « Les Feuilles mortes », ce que Juliette n'oublie jamais de souligner quand on en attribue la création à Yves Montand. « Il n'y a pas de couplets, pas de refrain, disait Cora, et c'est ce que j'aime. » Elles se partagèrent quelques chansons de Prévert et Kosma, dont « Les enfants qui s'aiment », écrite pour le film de Marcel Carné *Les Portes de la nuit,* « Trois petites notes de musique » composée par Georges Delerue pour *Une aussi longue absence* de Henri Colpi, qui en signa les paroles. Juliette chanta la première « La chanson des vieux amants », Cora mettra avant elle à son répertoire « La chanson de Prévert » de Serge Gainsbourg. Toutes deux donneront de la chanson de Léo Ferré « Avec le temps » une interprétation bouleversante, teintée de leur conviction intime : « "Avec le temps, on n'aime plus", ce sont des mots de poète, avec le temps on aime encore », disait Juliette. « Avec le temps, tout est foutu », murmurait Cora, que la dépression avait souvent touchée de son aile.

Il m'est arrivé parfois de les voir ensemble, l'une écoutant avec ferveur le tour de chant de l'autre. Je les ai même vues avec, dans leurs cheveux, un serre-tête tenant bien haut des oreilles de Mickey : c'était un dimanche après-midi de 1978 à la Foire de Paris. Reléguées dans un coin le temps d'une séance de dédicaces, elles n'avaient rien trouvé de mieux, pour tromper leur ennui, que de s'improviser souris de Walt Disney

---

1. *Ibid.*

devant une coupe de champagne. J'avais trente ans. J'en garde un souvenir inoubliable.

Juliette est intarissable quand elle parle de ce temps lointain où sa destinée a commencé de prendre forme. Mille anecdotes lui reviennent : « Quand je suis descendue chanter à Juan-les-Pins, j'ai vu arriver cinquante petites milliardaires, américaines, françaises, italiennes et autres, déguisées en moi. J'étais quand même un peu fumasse, c'était curieux parce que c'était une mode qui venait de la misère, et je la retrouvais sur ces jeunes filles, ces jeunes femmes nanties, et ça me semblait étrange. »

L'été, c'est la vie à Saint-Tropez, qui n'est encore qu'un village de pêcheurs. Un reportage y montre une jeune Juliette en maillot de bain noir, avec deux longues tresses brunes, reflet si vivant d'une insouciante jeunesse où les peintres s'installent sur les quais. « Il y avait Colette qui habitait La Treille Muscate, dit-elle, et ses yeux s'émerveillent à ce souvenir. Tout était si tendre, si doux. Et puis Brigitte Bardot est arrivée, Brigitte émouvante de beauté, de grâce, de jeunesse, sublime... »

« Tu sais, un jour j'ai rencontré Picasso. J'ai d'abord vu deux yeux, un homme en short blanc – et moi tout habillée ! – un petit muret, la mer. J'avais dix-neuf ou vingt ans. Il m'a dit : "C'est vous qu'on appelle Gréco ? Moi, c'est Picasso. Mais... qu'est-ce que vous faites ? Vous prenez des bains de lune pendant que les autres prennent des bains de soleil ?" Et il est allé se baigner. Je suis rentrée avec ce trésor en moi... Et puis il y avait César que j'adorais. Il m'aimait bien. Il me disait : "Comment tu vas, ma petite Juliette ?" »

Cet été-là, Simone Signoret et Yves Montand viennent de se rencontrer. Juliette confie à Catherine Ceylac : « J'admire l'artiste Montand, mais l'homme… C'est le genre de macho imbécile que je supporte très difficilement, le genre tellement content de lui que c'en est navrant ! C'est quelqu'un qui pense qu'aucune femme ne peut lui résister, c'est insupportable ! Vivre dans la satisfaction de soi doit être d'un ennui putride. Simone Signoret m'en a beaucoup voulu. Elle est descendue un jour de Saint-Paul-de-Vence, je chantais à Juan-les-Pins, c'était il y a très longtemps. Elle venait juste de rencontrer Yves.

Elle m'a dit : "Je t'interdis de toucher à Yves", et j'ai eu le malheur de lui dire : "Tu ne risques rien, il ne me plaît vraiment pas." Et c'est la pire des choses qu'on puisse dire à une femme amoureuse. Je m'en suis mordu les doigts, mais c'est comme ça[1] ! »

C'est au soleil du Sud qu'elle fait une autre rencontre éblouie : « Je marchais sur un chemin de campagne. Un homme marchait en sens inverse. Il s'est retourné, il m'a regardée, il m'a dit : "C'est vous, Gréco ? — Oui. — Bonjour. Prévert." Il m'a emmenée chez lui. Il venait de s'installer à Saint-Paul-de-Vence. Il y avait des paravents, il était en train de faire des collages. Il y avait sa femme. J'ai bu du café, j'ai pris mon petit déjeuner, il a beaucoup parlé. Je suis repartie, chargée à mort, un bonheur fantastique. Je savais très bien qui il était, je connaissais ses textes, ses poèmes. Je l'adorais. Un peu plus tard, Kosma m'a appelée : "Prévert veut que vous

1. Catherine Ceylac, *Thé ou Café,* France 2, 22 février 2012.

chantiez 'Les Feuilles mortes'. Il le voudrait vraiment et moi aussi."[1] »

Que reste-il aujourd'hui de Saint-Germain des légendes ? Une chanson que Juliette a chantée et que Guy Béart écrivit sur une table de l'Old Navy, au coin de la rue du Four, à l'automne 1960, après un rendez-vous manqué avec une jeune femme dont il était amoureux : « Il n'y a plus d'après / À Saint-Germain-des-Prés / Plus d'après-demain / Plus d'après-midi / il n'y a qu'aujourd'hui... », et le Saint-Germain de Léo Ferré que Cora n'a jamais cessé de chanter : « J'habite à Saint-Germain-des-Prés / Et chaque soir j'ai rendez-vous avec Verlaine / Et pour courir le guilledou près de la Seine / Souvent on est flanqué d'Apollinaire / Qui s'en vient musarder dans nos misères... »

Il m'arrivait de retrouver Juliette au Flore.

Cora, je l'accompagnais à la Compagnie des Indes et de la Chine, où elle choisissait des vestes brodées, des pantalons couleur sable.

Nostalgie.

1. Juliette Gréco, *Jujube, op. cit.*

Agathe et Minnie Cooper

Sagan a dit l'infernale enfant qu'elle fut, qui avait pendu un buste de Molière par le cou avec une ficelle, pour dénoncer l'ennui que distillait le cours d'un de ses professeurs de lycée, avait été renvoyée du Couvent des oiseaux et écrivait pourtant dans sa chambre des contes de fées et des romans de chevalerie. Le 6 janvier 1954, elle a dix-neuf ans quand, sur les conseils de son amie Florence, la fille d'André Malraux, que sa lecture a enthousiasmée, elle dépose chez Plon et chez Julliard le manuscrit d'un roman écrit en six semaines l'été précédent, *Bonjour tristesse.* Le 15 mars, Julliard le publie, estampillé « Le diable au cœur », mettant l'accent sur le jeune âge de son auteur que l'on va très vite qualifier de « nouvelle Colette » et de « Radiguet en jupon ». Mis à l'index par le Vatican, « poison qui doit être tenu à l'écart de la jeunesse », l'ouvrage remporte un succès de scandale foudroyant, l'année même où Autant-Lara choque l'opinion avec l'adaptation du roman de Colette *Le Blé en herbe,* et où Marilyn Monroe fait tourner les têtes avec *Rivière sans retour* et *Les hommes préfèrent les blondes.* 1954 voit aussi le sacre d'un nouveau venu, Marlon Brando, qui crève l'écran avec *Sur les quais* d'Elia Kazan.

Sagan a seize ans quand elle croise Gréco dans les caves de Saint-Germain-des-Prés. L'une est une inconnue, l'autre déjà une icône, et la rencontre n'aura pas lieu. Autre rendez-vous raté ce jour de 1953, à Cannes, où la jeune romancière, mue par le désir d'entrevoir Juliette, se glisse sur le plateau du film de Jean-Pierre Melville, *Quand tu liras cette lettre.* Il faudra attendre le printemps 1955 pour que leurs chemins se croisent, à l'occasion d'un déjeuner organisé par Florence Malraux dans un restaurant du quai de la Tournelle. « Madame, je vous admire beaucoup », balbutiera l'une, « Moi, c'est Juliette », répondra l'autre. Sagan revient grisée d'un séjour de deux mois aux États-Unis, où « Mademoiselle Tristesse », selon le surnom que lui donnent les Américains, venue promouvoir son livre à travers le pays, a quitté ses fenêtres ouvertes sur Central Park pour partir à la découverte de Las Vegas et du Grand Canyon. Ravie de croiser Yul Brynner, Marlon Brando et Otto Preminger, elle a surtout réalisé un de ses rêves les plus chers, rencontrer Tennessee Williams à Key West, en même temps qu'elle a fait la connaissance de la romancière Carson McCullers.

Au volant de sa Jaguar TX440 rouge, accompagnée de son frère Jacques Quoirez, elle file sur la nationale 7 jusqu'à Saint-Tropez, qui n'est alors qu'un petit port de pêche tranquille, avec un seul bar ouvert sur le port de la Ponche, L'Escale. Sagan a lu *La Naissance du jour* de Colette, a été conquise par ce vieux quartier du village, caché entre le port et la citadelle où vivaient les pêcheurs. Mais Simone Duckstein, dont la mère tenait à l'époque l'hôtel de la Ponche, rappelle que Juliette Gréco est arrivée dès 1945 à Saint-Tropez, avec Boris Vian et Annabel, et que tous trois, après des nuits de fête au Tropicana, étaient tellement fauchés qu'ils s'endormaient à l'aube dans des pointus, petites barques amarrées au port.

En cet été 1955, bien des amis rejoignent Sagan, dont le musicien Michel Magne, vingt-cinq ans, qui n'a pour l'instant composé qu'une seule musique de film, celle du *Pain vivant,* long métrage resté obscur d'un certain Jean Mousselle. Ils se sont rencontrés à Paris : le jeune artiste avait contacté la romancière, il souhaitait qu'elle mette des paroles sur les mélodies qu'il venait de composer. C'est ainsi que naissent bientôt quatre chansons : « Sans vous aimer », « La Valse », « Le Jour » et « Vous mon cœur », autant de variations sur le thème de l'amour que la jeune Annabel Schwob de Lure, descendue de Saint-Germain-des-Prés où elle était mannequin, va bientôt mettre à son répertoire dans le cabaret où elle chante, le Caroll's, rue de Ponthieu. Michel Déon, qui écrivait à l'époque son roman *Les Trompeuses espérances* dans la maison louée par Françoise à Adainville, près de Houdan, est à l'origine de la rencontre entre Sagan et Annabel. Juliette enregistre au studio Blanqui, le 11 avril 1956, les quatre chansons réunies sur le 45 tours *Gréco chante Sagan*, dont la pochette, esquisse noire sur fond rose, est signée Okley, qui dessinera bientôt des affiches de cabaret. Les deux amies surprendront en venant, vêtues de blanc, à la réception donnée pour le lancement du disque.

Quelques années après, un peu amère, Annabel dira : « C'est Gréco qui a enregistré ces quatre chansons, sur les conseils de Guy Schoeller, qui a pensé qu'on les écouterait plus volontiers chantées par une interprète en vue. Et puis Françoise a épousé Schoeller, j'ai rencontré Bernard Buffet, nous étions très amoureux, nous nous sommes esquivés. »

Elle ajoutera : « J'ai été très liée à Françoise jusqu'à son accident de voiture. Elle était gaie, radieuse, je lui trouvais un côté jeune fille rangée de bonne famille, mais aussi quelque chose d'une petite paysanne du Lot. Je l'ai revue lorsque Bernard a illustré *Toxique,* écrit en cure de désintoxication. Elle avait changé. Je ne la reconnaissais plus. Elle était triste et autodestructrice, ce n'était plus celle que j'avais connue. Je n'en connais pas les raisons, il faudrait les demander à ceux qui sont restés ses proches[1]. »

Cet accident de voiture survenu durant l'été 1957, Sagan en évoque les conséquences au tout début de ce petit livre publié en 1964 : « Après un accident de voiture, je fus, durant trois mois, la proie de douleurs suffisamment désagréables pour que l'on me donnât quotidiennement un succédané de la morphine appelé le "875" (palfium). Au bout de ces trois mois, j'étais suffisamment intoxiquée pour qu'un séjour dans une clinique spécialisée s'imposât. Ce fut un séjour rapide, mais au cours duquel j'écrivis ce journal, que j'ai retrouvé l'autre jour[2]. »

En 2009, le livre est réédité chez Stock. Dans *Le Monde,* Raphaelle Rérolle écrit : « Hospitalisée pour

---

1. Annabel Buffet, Ina, 1er janvier 2004.
2. Françoise Sagan, *Toxique,* Librairie générale de France, 1964 ; rééd. Stock, 2009.

essayer d'enrayer cette dépendance, elle décide de tenir une sorte de journal. Un remède contre l'ennui, peut-être, mais aussi contre la peur qui la tenaille. Peur du manque, peur du vide et surtout de la souffrance, la sienne ("la souffrance me diminue") et celle des autres, ces pensionnaires qu'elle entend sangloter dans leurs chambres, ces "douces dames schizophrènes" qui se baladent "dans les allées mortes de ce parc, chapeau violet de paille sur un crâne agité, obstiné parfois sur une petite idée, une merveilleuse petite idée qui les comble".

Bordé par les dessins austères et souvent morbides de Bernard Buffet, le texte est un mélange de très grande jeunesse, de fraîcheur et d'une incroyable perspicacité sur sa personnalité, cette façon bien à elle de rester en marge[1]. »

Juliette a huit ans de plus que Sagan. Elle a lu *Bonjour tristesse.* Toutes deux sont auréolées d'un même parfum de scandale, mais surtout elles ont en commun l'envie de se livrer, la bride sur le cou, aux bêtises les plus folles. « On louait des maisons sur la Côte d'Azur, raconte Juliette, avec Jacques Chazot et Bernard Frank[2]. On vivait en famille, une famille infernale et merveilleuse. On riait comme des folles, on était comme deux enfants insouciantes. C'était magique. On avait des histoires d'hommes, on se servait de l'autre comme alibi. »

---

1. *Le Monde,* 8 octobre 2009.
2. Journaliste (*Les Temps modernes*, *L'Observateur*, *Le Nouvel Observateur*) et écrivain (*Les Rats*, 1953 ; *Un siècle débordé*, 1971 ; *Solde*, 1981), mort le 3 novembre 2006.

Les étés se succèdent au soleil de Saint-Tropez, souvent partagés avec Jacques Chazot.

Quand la foule envahira le village désormais dénué de charme, Sagan invitera ses amis en Normandie, à Équemauville, au manoir du Breuil, qu'elle a d'abord loué avant de l'acheter un matin de 1959, avec l'argent gagné la nuit au casino. Dans cette grande bâtisse grise, qui a jadis appartenu à Lucien Guitry, elle dort dans la chambre que Sarah Bernhardt occupa lors du mariage de Pierre Fresnay et Yvonne Printemps. Elle mise des fortunes sur les chevaux de ses amis Rothschild, rencontrés chez Pierre et Hélène Lazareff. Juliette l'accompagne sur les champs de courses. Laurence, la fille de Juliette, retrouve Denis, le fils de Sagan, né le 7 juillet 1962 de son second mariage avec l'américain Bob Westhoff. Le parc est immense. Il y a là un chien, des chats, un âne, deux chevaux, Pinpin I et Pinpin II.

Juliette découvre un autre visage de son amie : « Françoise travaillait beaucoup. Elle écrivait tout le temps. On entendait le cliquetis de sa machine à écrire, ça durait cinq ou six heures. Quand elle redescendait, elle était blême, son visage avait changé, son regard était vague. Elle était restée avec ses personnages. »

Le théâtre fascine Sagan : elle adore les comédiens. En 1958, elle a écrit, sur une musique de Michel Magne, l'argument d'un ballet joué au casino de Monte Carlo, puis au théâtre des Champs-Élysées, *Le Rendez-vous manqué.* Sagan, qui n'a pas oublié le bref passage de Juliette à l'Opéra de Paris, a tenté en vain de la convaincre d'enfiler de nouveau ses chaussons de danse. Brigitte Bardot, pressentie à son tour, a dû refuser pour cause de tournage. La danseuse étoile sera finalement

Noëlle Adam, encore l'épouse de Sidney Chaplin, dont Serge Reggiani tombe instantanément amoureux, mais qu'il ne reverra que bien des années plus tard, lorsqu'elle reviendra des États-Unis.

Deux ans plus tard, la première pièce de Sagan, *Château en Suède,* qui réunit, entre autres, Claude Rich, Françoise Brion et Philippe Noiret au théâtre de l'Atelier, dans une mise en scène d'André Barsacq, remporte un triomphe. Nouvelle déception cependant pour la jeune romancière qui aurait voulu que le personnage d'Éléonore, inspiré par Juliette, interprété par Françoise Brion, soit joué par son amie. Mais Gréco avait déjà signé pour *Le Grand Risque,* de Richard Fleischer.

S'ouvre alors pour Françoise une voie royale, jalonnée de succès mais d'échecs aussi. *Les Violons parfois,* qui réunit en 1961 Marie Bell et Pierre Vaneck au théâtre du Gymnase, sera un four. En revanche, Danielle Darrieux est acclamée en 1963 dans *La Robe mauve de Valentine,* que met en scène Yves Robert au théâtre des Ambassadeurs. En 1964, le théâtre Édouard-VII, dont la directrice artistique est Claude Génia, met à l'affiche *Bonheur, impair et passe,* quatrième pièce de Françoise Sagan. À Saint-Pétersbourg, dans la somptueuse demeure des Diverine, le comte Igor (Daniel Gélin) veille jalousement sur la vertu de son épouse Angora (Juliette Gréco), qui lui fut jadis infidèle, et tue en duel le moindre de ses prétendants pour un seul regard trop insistant. Le jeune prince Vladimir Danisov (Jean-Louis Trintignant), qui n'a plus envie de vivre, va se faire passer pour le nouvel amoureux de la comtesse. Michel de Ré et Alice Cocéa complètent la distribution.

Sagan a refusé de confier la mise en scène à Pierre Peyroux, assistant de Raymond Rouleau, préférant être, comme Jean Anouilh, seul maître à bord. Mais elle n'a pas l'autorité de ce dernier et, très vite, les répétitions prennent l'allure de récréations dans un théâtre encadré d'un côté par un bar, Le Cyros, de l'autre par un restaurant russe. C'est l'hiver. Il fait froid. La romancière invente, pour réchauffer ses comédiens, tous des amis à l'exception d'Alice Cocéa qui campe la comtesse douairière, un cocktail à base de vodka chaude et de miel liquide : le Saganov. L'aventure enchante Juliette, dont le prénom de féline souveraine lui va à merveille et qui s'amuse à devenir une autre, en chignon et anglaises, robe longue et dentelles.

Ravie de retrouver Daniel Gélin, son ami des nuits jazzy du Tabou, elle découvre Trintignant, qu'elle adore. Tout pourtant n'est pas rose : elle s'est foulé la cheville en répétant pour le Gala de l'Union et elle doit gérer l'animosité à son égard d'une Alice Cocéa qui, pour la déstabiliser à son entrée en scène, lui assène des coups de poing dans le dos ou la pique avec une épingle ! « Elle provoquait en moi un dégoût intense : elle passait son temps à manger des sucreries, nourrissant discrètement la tête du ténia qu'elle avait fait venir d'Amérique pour ne pas grossir ! »

Le décor, superbe, est l'œuvre de Georges Wakhévitch, un enfant d'Odessa qui a fui au début des années 1920 la révolution bolchevique et a été maître d'œuvre sur plus de quatre-vingts films, dont *Les Visiteurs du soir, L'Éternel retour, Marie-Octobre* ou encore *Le Journal d'une femme de chambre.* Juliette, fidèle, a entraîné dans son sillage son pianiste Henri Patterson, qui a composé la musique de scène. La générale a lieu le 17 janvier devant un tout-Paris dont l'accueil reste très réservé. La presse n'est pas tendre. « Sagan ne connaît rien à ce métier et cela se voit », accuse Jean Dutourd, qui lui en veut d'« avoir gâché ce beau sujet et bâclé sa pièce en pensant à autre chose ». Sagan, consciente de son échec, fera appel à Claude Régy pour sauver les meubles. Le résultat ne sera pas convaincant, pourtant *Bonheur, impair et passe* se jouera à guichets fermés jusqu'à la mi-juin et restera un très bon souvenir pour tous ceux qui partagèrent cette aventure. « On savait tous qu'on allait à la catastrophe, commente Jean-Louis Trintignant. Quelques jours avant la générale, Françoise, consciente des choses, nous a proposé d'engager un vrai metteur en scène. Mais on l'aimait tellement que nous avons préféré continuer comme ça que d'essayer de rattraper la pièce. »

Ce que Juliette et Françoise disent l'une de l'autre?

« Françoise était élégante, légère, généreuse, désintéressée. Elle est venue me voir un jour, nous avons commencé à rire et cela n'a jamais cessé. J'ai des souvenirs inouïs de fous rires, d'amitié, de vacances partagées. Françoise était un magnifique oiseau avec des griffes de vautour, certains jours futile, d'autres jours protecteur. Et d'une force extraordinaire dans les engagements politiques et humains. [...]

Juliette peut être une vamp à huit heures et demie et aux fourneaux à neuf heures et quart, il faut suivre ! Physiquement, Juliette, c'est quelqu'un qui a un courage fou, presque animal, alors que je suis la femme la plus paresseuse de la terre. Moi, le matin, je suis comme une crêpe. On peut me tirer du canon dans les oreilles, je ne bouge pas. C'est elle qui me stimule. Dans les mauvais coups, Juliette est toujours là. On voudrait cacher un cadavre dans son jardin, elle vous aiderait à faire le trou. Lorsque vous êtes en conflit avec quelqu'un, elle se met toujours de votre côté, même si vous avez tort. Elle ne passe jamais à l'ennemi. [...]

Un jour, comme nous nous trouvions ensemble à une réception très chic, elle me lance tout à coup : "Chiche que tu vas aller pincer les fesses de Mme Couve de Murville !", et je suis allée les lui pincer, comme ça, en douce, tandis que Juliette restait imperturbable. C'était notre manie : nous livrer ensemble à des choses démoniaques sans que personne ne nous soupçonne, surtout elle, avec ses airs de vamp... Par moments, elle est capable de se retirer complètement de la vie. Pendant deux ou trois jours, elle n'ouvre pas la bouche, ne dit pas un mot. Certains l'accusent d'être grognon. En fait, elle est ailleurs.

On s'affuble de toutes sortes de prénoms. Je l'appelle "Berthe" ou "Agathe", elle m'a surnommée "Minnie" à cause de mes pieds qui sont toujours plus étroits que mes chaussures, ou "Minnie Cooper" à cause de ma passion pour les petites voitures. Durant toutes ces années, curieusement, je ne lui ai pas écrit plus de six ou sept chansons. Et encore, parce qu'elle geignait qu'elle n'avait rien à chanter, alors moi, bravement, je lui griffonnais deux ou trois trucs sur un bout de papier[1]. »

On reverra souvent Juliette en 1968, sur le tournage de *La Chamade* qu'Alain Cavalier adapte du roman

---

1. Propos recueillis par Caroline Rochmann, *Elle,* 1993.

homonyme de Françoise, avec Michel Piccoli et Catherine Deneuve. Le 8 septembre 1971, Juliette Gréco enregistre « Doux oiseau de la jeunesse », texte de Sagan mis en musique par Frédéric Botton, au moment où se joue au théâtre de l'Atelier la pièce de Tennessee Williams dont elle signe l'adaptation et où l'on retrouve Edwige Feuillère et Bernard Fresson, dans une mise en scène d'André Barsacq.

Leurs liens pourtant vont se distendre. Pour Sagan, la descente aux enfers amorcée aux lendemains de son accident l'a rendue dépendante des opiacés. Elle évoquera pour la première fois ce thème dans un roman, *Le Garde du cœur*, publié en 1968. Juliette, au fil du temps, prendra ses distances. Il viendra un jour où elle ne supportera plus de voir Françoise se détruire, devenir dépendante de drogues extraordinairement fortes et destructrices : « J'ai préféré m'éloigner », confie-t-elle à Catherine Ceylac et, à la surprise de la journaliste, elle ajoute : « Je ne lui en ai pas parlé, jamais. Je ne pouvais pas lui dire : "Arrête", je n'aurais jamais pu l'aider à en trouver et jamais je ne lui en aurais donné, même si je la voyais très malheureuse. Je ne peux pas tuer quelqu'un que j'aime. Françoise ne m'en a pas tenu rigueur, mais elle a été très triste, elle a vécu cet effacement comme un abandon, ce qui était faux. Elle me téléphonait de temps en temps, je la faisais rire, mais son rire avait des accents mélancoliques. »

À un journaliste qui demande à Juliette si elle aurait pu tomber dans ce genre d'addiction, elle se contente de sourire : « Jamais ! Je suis trop folle pour tomber dans une quelconque addiction. Je suis droguée de nature, je suis née shootée ! »

Françoise Sagan a commencé de mourir ce jour de 1991 où sa compagne, la styliste Peggy Roche, ancien mannequin de Givenchy, rencontrée en 1974, qui l'a protégée durant toutes ces années, s'en est allée, emportée par un cancer. Elle n'eut plus envie de vivre sans son oiseau de nuit à la folle allure et à l'humour ravageur. Son frère et sa mère disparaissent la même année (son père a été emporté par une crise cardiaque en 1978). Chazot meurt le 12 juillet 1993 à Monthyon, dans le château de Jean-Claude Brialy où, malade, il avait trouvé refuge. Où trouver la force de survivre ?

« Elle était protégée », dit pudiquement Juliette. « Elle n'était pas seule. » Sa dernière compagne, Ingrid Mechoulam, jeune veuve fortunée qui a veillé sur elle pendant douze années, lui fournit les substances illicites dont son organisme ne peut plus se passer, rachète ses meubles et sa maison au fil des saisies et devient ainsi la propriétaire du manoir du Breuil. Elle en laisse la jouissance à Françoise Sagan, mais la coupe du monde. Seule Florence Malraux peut rendre visite à Françoise. Ingrid écarte même sa femme de chambre, Arlette, et Marie-Thérèse Bartoli, la gouvernante de Françoise restée dix-sept ans à son service.

Ingrid n'est pas là quand une embolie pulmonaire emporte, à l'hôpital d'Honfleur, celle que Laure Adler a bien connue au temps où, conseiller culturel à l'Élysée, elle partageait les voyages de François Mitterrand et de la romancière, et qu'elle définit comme « démunie dans un écrin de luxe, élégante jusqu'au dernier instant ». Elle rend son dernier soupir entre les bras de Mme Le

Breton, la gardienne du manoir du Breuil, le 24 septembre 2004 à 19h45.

Le monde littéraire réagit à la disparition de Sagan, d'Edmonde Charles-Roux : « Elle est restée ce personnage mythique dont personne absolument n'ignorait la solitude, la tristesse. Elle a vécu dangereusement. Elle a vécu à la manière de James Dean », à Yann Queffélec : « Sagan, c'était vivre pour vivre, la passion poussée à l'extrême. Elle est partie dans un grand dénuement moral et matériel. Elle incarnait un magnifique personnage d'écrivain, c'était la femme qui incarnait le féminisme débridé avant que le féminisme soit réellement passé dans les mœurs. Son œuvre demeure[1]. »

Antoine de Gaudemar parle d'une Sagan « généreuse, inspirée, rapide, rebelle, inclassable, inimitable, ruinée, mais avec un capital de sympathie intact et immense. [...] C'est rare, un écrivain qui suscite autant d'empathie, presque de compassion dans sa dernière période [...] Elle avait une vison trop modeste d'elle-même et de ce qu'elle écrivait pour s'imaginer faire école, mais pourtant un de ses tours de force aura été d'épouser constamment son époque sans jamais céder à l'air du temps. C'est cette résonance, mélange unique de gravité et de légèreté qui fera date[2] ».

Le désarroi de Juliette est immense. Elle ne le commente pas, c'est un pan de sa vie qui s'en est allé, un tel chagrin ne se partage pas. Parce qu'elle a promis à Françoise d'être là, alors qu'elle ne va presque jamais aux enterrements, Juliette est présente, aux côtés de

1. « Au revoir tristesse », @lalettre.com – Le site littéraire, 25 septembre 2004.
2. *Libération,* 25 septembre 2004.

sa sœur Charlotte et de Pierre Bergé, pour un dernier adieu à « Minnie Cooper », dans le petit cimetière de Seuzac, à quelques kilomètres de Cajarc, dans le Lot, où elle repose auprès de son frère, de ses parents, de son second mari Robert Westhoff, père de son fils Denis, et de sa compagne. Sagan et son mari dans le même caveau, Peggy Roche aussi, mais son nom ne figure pas sur la pierre tombale.

Les chemins de traverse

Quelques éclats de la vie d'Agnès Capri jaillissent de son rire comme d'un sac à malice : les bouleaux, emblèmes de la terre de ses aïeux, Ludmilla Pitoëff lumineuse au temps de la *Lorelei* d'Arthur Schnitzler, Falconetti dans *Juliette ou la Clef des songes* de Georges Neveux, « La Chanson du mal-aimé » de Guillaume Apollinaire et ses sept épées de mélancolie, Tessa, « la nymphe au cœur fidèle » de Jean Giraudoux, et... une Juliette Gréco de dix-huit ans, engagée par Michel de Ré, petit-fils du général Gallieni, pour incarner la grand-mère de l'enfant dans la reprise de *Victor ou Les enfants au pouvoir* de Roger Vitrac.

Premiers pas sur une scène de théâtre – la Gaîté-Montparnasse, rebaptisée théâtre Agnès-Capri – le 12 novembre 1946, pour la petite fille qui déclamait dans l'allée des mûriers de la maison de son enfance, rêvant de devenir un jour Hermione ou Bérénice. La nuit, sur les trottoirs des Halles, Juliette ramasse les fleurs abandonnées dont elle orne le papier crépon qui constitue le fond de scène. La robe noire de lendemain de noces de sa grand-mère et ses longs cheveux qu'elle ramasse en un chignon sévère la vieilliront quelque peu et feront illusion. Michel de Ré assure la mise en scène et Henri Sauguet compose une musique aujourd'hui perdue. Victor, enfant de neuf ans d'un mètre quatre-vingts, en costume marin, qui se livre avec délectation à un jeu de massacre des adultes de son entourage, est joué par Yvan Penck, un jeune comédien que l'on ne reverra pas. « Cette bouffonnerie amère au cours de laquelle un garçon terrible et précoce, après avoir jugé les grands, a eu la révélation de la vie comme elle est et se laisse tout simplement mourir, écrit Gustave Joly, a gardé, malgré ses outrances périmées, une saveur de haute qualité[1]. » *Victor ou Les enfants au pouvoir* ne tiendra l'affiche que le temps de quatorze représentations.

Il faudra attendre neuf ans pour revoir Juliette Gréco au théâtre, et ce sera par l'entremise de Simone Berriau.

Amie de Colette, Cécile Sorel, Charlie Chaplin, Louis Jouvet, proche du pacha de Marrakech, Thami El Glaoui, avec lequel elle entretient une liaison après la mort de son mari, le colonel Henri Berriau, bras droit du maréchal Lyautey, Simone Berriau est un personnage haut en couleur. Contrainte d'abandonner le chant lyrique en 1935 à la suite d'un problème de cordes vocales, elle a tourné dans une quinzaine de films avant de fonder une maison de production dont le directeur général est Pierre Lazareff.

Le théâtre la passionne. Elle a produit dès 1949 *Un tramway nommé Désir*, de Tennessee Williams, au théâtre Édouard-VII, avec Arletty et Daniel Ivernel, dans une mise en scène de Raymond Rouleau et, en

1. *L'Aurore,* 14 novembre 1946.

1953, *L'Heure éblouissante,* d'Anna Bonacci, mise en scène par Fernand Ledoux, qui consacre le jeune talent de Jeanne Moreau. En pleine guerre, elle a racheté le théâtre Antoine, boulevard de Strasbourg. Le 8 novembre 1946, le public y a découvert deux pièces de Jean-Paul Sartre, *Morts sans sépulture,* avec Alain Cuny et Michel Vitold, et *La P... respectueuse,* avec Yves Vincent et Héléna Bossis, la fille de Simone Berriau, qui présidera plus tard aux destinées de ce théâtre. En 1951, Louis Jouvet y a mis en scène *Le Diable et le bon Dieu,* avec Pierre Brasseur et Jean Vilar. En 1955, l'échec de la nouvelle pièce de Sartre, *Nekrassov,* mise en scène par Jean Meyer, contraint la directrice du théâtre à chercher un nouveau spectacle. C'est alors qu'elle découvre une œuvre de Marcelle Maurette, déjà jouée en dix-sept langues et dans vingt pays : *Anastasia.*

Son auteur, petite-nièce du peintre Jean-Dominique Ingres, épouse du petit-fils du compositeur Vincent d'Indy, a été encouragée dès son plus jeune âge à épouser la carrière de comédienne par Marcel Jouhandeau, venu la voir jouer une courte pièce dans le couvent où elle poursuivait ses études. Mais c'est l'écriture qui la passionnera et surtout les drames historiques et les destins de femmes exceptionnelles. Marie Bell et Marguerite Jamois ont été ses interprètes, l'une dans l'adaptation du roman de Zola *Thérèse Raquin* (1948), l'autre dans *Neiges* (1949), (Silvia Monfort marquera de son inoubliable empreinte le personnage de Sœur Jacqueline dans *La Nuit de feu,* dont la création aura lieu le 12 juin 1962 à l'abbaye de Port-Royal-des-Champs).

C'est en lisant le journal *L'Illustration* Marcelle Maurette a découvert le personnage qu'elle dénommera « Elle », qui sera au centre d'*Anastasia* et pour lequel elle songe d'abord à Maria Casarès, puis à Madeleine Robinson, avant de le confier à Juliette Gréco, dont le récital à l'Olympia, auquel Bruno Coquatrix l'a invitée, l'a enthousiasmée : « En la voyant s'avancer sur la scène, en entendant sa voix magnifique de velours noir, j'ai su qu'elle serait Anastasia. »

Le 17 février 1920, une jeune femme s'est jetée dans le canal de la Landwehr, à Berlin. Quand on la sauve *in extremis,* elle n'a sur elle aucun papier d'identité et vient de passer deux ans dans un asile. Sa photographie paraît dans la presse. Une ancienne couturière de la Cour de Russie l'identifie formellement comme étant la grande-duchesse Anastasia, qui aurait survécu au massacre de la famille impériale à Ekaterinbourg, le 17 janvier 1917. D'aucuns murmurent que l'inconnue au bord du désespoir serait une ouvrière polonaise blessée lors de l'explosion d'une usine de grenades. Le sujet passionne la dramaturge. Juliette, quant à elle, l'affirme : elle n'est pas la fille aînée du tsar ! « Je n'ai pas dit oui tout de suite, confie Juliette, je m'étais déjà engagée dans un autre projet de théâtre. Mais six mois plus tard les choses ont changé. Je divorçais et je n'ai pas voulu jouer, avec un autre que Philippe Lemaire, une pièce à deux personnages qui avait été écrite pour nous[1]. »

Anastasia se jouera au théâtre Antoine, dans une mise en scène de Jean Le Poulain, que Juliette aime beaucoup, mais… « Alors que je devais rester altière

1. Il s'agissait d'un texte espagnol de Pedro Bloch, adapté par Roger Féral et mis en scène par Jean Wall, « Les ennemis n'envoient pas de fleurs ». Les répétitions étaient prévues au cœur de l'été 1955 pour une programmation en octobre ou novembre.

sur mon trône, il n'arrêtait pas de me faire des farces : il me tournait le dos et pétait. Il me disait des cochonneries tellement drôles qu'il m'était difficile de rester sérieuse. Je l'adorais, mais en scène il m'a rendu la vie impossible. » Jean Leuvrais et Lucienne Bogaert font l'admiration de Juliette.

La générale a lieu le 8 novembre 1955. La presse est partagée. Certains sont séduits : « Juliette Gréco n'a pas trente ans, écrit Michel Aubriant, on dit d'elle qu'elle était la muse d'un des quartiers de Paris les plus inspirés. Depuis dix ans, elle personnifie pour la France et l'étranger la jeunesse perdue de l'après-guerre. Lucide, muette, intransigeante, contenue, exigeante, secrète, peut-être impropre au bonheur. "Si j'ai un emploi ? lance-t-elle. Bien sûr. Je suis tragédienne." Et elle a raison[1]. » Pour Robert Kemp, dans *Le Monde,* « Ce qu'on ne discutera pas, c'est la vigueur, la dignité et la poésie de Juliette Gréco en Anastasia. Elle enrichit ce personnage impossible d'une âme indéchiffrable[2] ». Georges Lerminier, dans les pages du *Parisien,* émet quelques regrets : « Juliette Gréco est tête d'affiche. Où est le temps, fillette, où Sartre vous apprenait à composer un répertoire exigeant[3] ? »

Le public se déplacera, curieux de découvrir Juliette Gréco comédienne. Pourtant la concurrence est rude : Maria Casarès, Philippe Noiret, Monique Chaumette et Georges Wilson sont à l'affiche de *Marie Tudor* au

1. *Paris Théâtre,* décembre 1955.
2. Cité par Bertrand Dicale, *Gréco, op. cit.*
3. *Ibid.*

TNP, et *Ornifle* de Jean Anouilh triomphe, interprété par Pierre Brasseur, Jacqueline Maillan et le jeune Louis de Funès.

La tragédie, Juliette ne la jouera qu'à deux reprises, et seulement pour la télévision. Le 11 avril 1959, pour l'émission *À l'école des vedettes,* elle incarnera, le temps d'une scène, le personnage de Marie Stuart, enfermée par sa cousine Elizabeth 1re à laquelle elle demandait asile et protection, dans la pièce éponyme que lui consacre la même Marcelle Maurette et, le 26 juin 1966, elle dira le monologue d'Hermione dans *Andromaque,* de Racine, pour l'émission *La, la, la.*

Sa dernière apparition au théâtre sera liée à Françoise Sagan et à *Bonheur, impair et passe.*

En 1947, on l'entrevoit pour la première fois sur le grand écran, le temps d'une très brève participation dans *Les Frères Bouquinquant* de Louis Daquin : en religieuse, elle conduit plusieurs fois à sa cellule une Madeleine Robinson accusée de meurtre, après que deux frères se sont affrontés pour l'amour d'elle en un combat sans merci. Deux ans plus tard, dans *Au royaume des cieux,* de Julien Duvivier, elle est une figurante muette (Rachel) aux côtés de deux jeunes débutantes : Colette Deréal (Lucienne) qui chantera bientôt, et Nadine Tallier (une collégienne), qui épousera en 1963 le baron Edmond de Rothschild.

Il ne reste en revanche aucune trace d'un court métrage tourné par Alexandre Astruc en 1948 dans les coulisses du Vieux Colombier, *Ulysse ou Les mauvaises rencontres.* Et pourtant, quelle affiche ! Dans cette relecture très personnelle de l'*Odyssée,* Astruc avait confié à

Juliette le rôle de Circé. Autour d'elle, Simone Signoret (Pénélope), France Roche et François Chalais (Hélène et Ménélas), Yvonne de Bray (la Pythie), Boris Vian (le Chœur antique), Jean Cocteau (Homère, depuis le trou du souffleur). Le réalisateur lui-même remplace au pied levé, dans le rôle du cyclope, Jean Genet, que l'on a en vain attendu. Daniel Gélin (Télémaque) dira de Marc Doelnitz (Ulysse) : « Il était rose comme une Écossaise, adorable, versatile et complètement désespéré, avec quelque chose d'un clown shakespearien. » Pour couronner le tout, le décorateur et costumier Christian Bérard, délirant Neptune, encadre, dans un hublot de théâtre, sa barbe en désordre. On laisse couler de l'eau tout le long de la vitre pour simuler l'océan. La pellicule sera égarée.

« Rose des ténèbres », « Musicienne du silence » : ainsi Jean Cocteau surnommait-il Juliette au beau temps de Saint-Germain-des-Prés. Il lui offrit la chatte Xavière, quand elle habitait sa chambre ronde de la rue de Buci. « Cocteau m'aimait bien. Il me faisait des dessins pour mon anniversaire. Il m'emmenait déjeuner au Grand Véfour. Il était émerveillant. Une sorte de fil de fer magique. Beau, élégant, drôle, féroce, plaisant. »

En 1949, voix acidulée, frange droite, chandail noir, elle devient pour lui Aglaonice, l'une des bacchantes, dans son adaptation cinématographique du mythe d'Orphée. Jean Marais incarne le poète à la lyre, Maria Casarès la mort, François Perier le chauffeur de la dame en noir, Marie Déa Eurydice et Édouard Dermit Ségeste, assassiné au café des Poètes, fictive réplique du café de Flore. Plus tard, le poète touche-à-tout offrira à Juliette une jolie chanson : « À Palma de Majorque / Tout le monde est heureux / On mange dans la rue / Des sorbets au citron… »

Juliette Gréco va bientôt retenir l'attention d'un grand metteur en scène en devenir. Quand Jean-Pierre Melville, dont la carrière a commencé dès 1934, à dix-sept ans, avec *Vingt-quatre heures de la vie d'un clown,* lui propose le rôle de Thérèse dans son nouveau film, en 1953, il a déjà rencontré le succès avec *Le Silence de la mer* (1947), inspiré de l'œuvre de Vercors et *Les Enfants terribles* (1950), adaptation du roman de Jean Cocteau.

Dans *Quand tu liras cette lettre,* premier tournant de Melville vers le film noir, Juliette incarne Thérèse Voise, une jeune novice contrainte à renoncer momentanément à la vie religieuse, à la mort accidentelle de leurs parents, pour s'occuper de la papeterie familiale et de sa sœur Denise (Irène Galter) encore mineure. Mais celle-ci est violée par Max (Philippe Lemaire), jeune mécanicien, escroc de petite envergure dont elle s'est éprise. Thérèse le contraint à demander la main de Denise, mais il est tombé amoureux d'elle. Elle lui résiste, il dérobe les économies de la famille et, dans sa fuite, se fait écraser par un train. Madeleine Blomet rencontre Melville et ses interprètes au cloître Saint-Séverin. On vient de filmer la première scène, celle où, dans le couvent, la jeune novice lave une pierre tombale. « J'ai vu Juliette en pantalon noir et longs cheveux à Saint-Germain-des-Prés, s'amuse Melville, je l'ai mise sous le voile d'une novice destinée à être carmélite et je lui ai mis une grande robe. » « C'est, dit simplement Juliette, le mystère de la dualité entre l'amour mystique et l'amour humain. Thérèse tombe amoureuse de Max, lui est amoureux d'elle, le soir les réunit dans un amour interdit[1]. »

On n'oubliera ni sa longue silhouette noire de Juliette, ni son incandescent visage d'ange exterminateur. « C'est un film qui a un rayonnement séduisant et bizarre, une sorte de pouvoir sensuel venant d'images très intelligemment composées. »

Dans la revue *Comœdia* de novembre 1953, on peut lire : « Notre princesse de la chanson pourrait bien faire une star. » Jacques Doniol-Valcroze aime le film : « Le climat poétique, le côté enfant du siècle qui entourent son personnage ont parfaitement leur place à l'écran, si quelque Prévert ou poète authentique voulait bien en prendre la peine. » R. M. Aran, dans *Combat,* affirme : « L'apparition de Gréco sur l'écran est une sorte de petit événement infiniment plus important que toute la carrière de Martine Carol. Jouant de la difficulté, mettant à tout ce qu'elle fait une rigueur surprenante, ne cédant jamais à aucune facilité, elle dresse un de ces êtres durs et troubles comme seule Andrée Clément sait en faire vivre. »

Le charme étrange du film vient aussi de la superbe photographie en noir et blanc d'Henri Alekan, dont on a découvert le génie en 1946 avec *La Belle et la Bête* de Jean Cocteau et, trois ans plus tard, avec *Une si jolie petite plage* d'Yves Allégret. Le directeur de la photographie se trouve là dans un tout petit rôle de figurant et ne dissimule pas son trac : « J'ai l'habitude d'être derrière la caméra. Là, je me retrouve pour la première fois sous les lumières. Je ne vous cache pas qu'il m'a

1. « Rendez-vous à 5 heures », Entretien avec Madeleine Blomet, France Inter, novembre 1953.

fallu quelques verres de rhum pour chasser ma peur et essayer d'avoir le ton juste ! » Irène Galter, découverte par hasard dans le magasin où elle travaillait par Giuseppe De Santis, considérée dans les années 1950 comme « la petite amie idéale des Italiens », quittera bientôt le cinéma pour se marier.

Juliette Gréco épouse Philippe Lemaire le 25 juin 1953 à la mairie du VIIIe arrondissement. Les témoins du marié sont Jean-Pierre Melville et Jean Vietti, journaliste à *Ciné-Revue,* Juliette a choisi Joseph Kosma et Henri Patterson.

Dans *Jujube,* elle évoque un instant heureux de leur brève vie commune : « Au Liban, elle baigne dans le parfum du jasmin, celui de son premier voyage de noces. Philippe Lemaire et Gréco forment un joli couple. Ils sont reçus comme savent recevoir les Libanais. C'est tout dire. Ils sont fêtés. On leur fera visiter un Baalbek vierge encore de festival. Ils vont jusqu'à Damas et se promènent dans les souks les plus fabuleux qui soient. Parfumés, grouillants de monde, colorés et bruyants. Ils achètent des étoffes précieuses et repartent, la tête leur tournant un peu, les oreilles pleines des cris des marchands. Le soir, Gréco n'a pas à chanter. Ils se promèneront doucement dans les rues, des colliers de jasmin autour du cou. Silencieux[1]. »

Ils ne resteront mariés que le temps, dira Juliette, de donner naissance à une enfant blonde aux yeux bleus, superbe, copie conforme de ce beau jeune premier qui avait épousé la carrière de comédien, après avoir

1. Juliette Gréco, *Jujube, op. cit.*

envisagé de devenir marin. Très tôt sujet à la dépression, il avait songé dès sa jeunesse à en finir avec une vie où il ne trouvait pas sa place. C'est ce que m'expliquera Juliette quand, le 15 mars 2004, elle décroche son téléphone : « À 15 heures, Philippe Lemaire s'est jeté sous le métro. » Il avait soixante-dix-sept ans.

1956. Tandis qu'Orson Welles joue *Le Roi Lear* à Broadway dans un fauteuil roulant, Maurice Chevalier, à Las Vegas, troque son canotier contre le feutre à large bord des héros de western. Le monde du cirque pleure Fred Henneman, un jeune trapéziste qui s'est tué en s'écrasant au sol au cours d'un numéro sans filet. Camus écrit *La Chute,* Clouzot tourne *Le Mystère Picasso,* Vadim commence le tournage de *Et Dieu créa la femme.* Deux gitanes se partagent les écrans : une ravissante blonde de dix-huit ans, Marina Vlady, dans un film de son époux Robert Hossein, *Pardonnez nos offenses,* où elle est entourée de Pierre Vaneck et Giani Esposito, et la brune Juliette Gréco dans *Elena et les hommes* de Jean Renoir : « C'était très famille. Il y avait Ingrid Bergman, magnifique et si drôle. Elle était Elena, une princesse polonaise en exil dont le film raconte les amours et l'ascension sociale dans le Paris de la Belle Époque. J'avais choisi un costume avec Sylvia Bataille, la femme de Lacan, qui était sur le plateau parce qu'elle avait tourné dans *Une partie de campagne.* Renoir me traitait comme une enfant. »

Il y a aussi Jean Marais, qu'elle connaît bien, et Mel Ferrer, qu'elle aime tendrement. Elle joue le rôle de Miarka, une bohémienne qui lit l'avenir dans les lignes de la main et chante autour d'un feu de camp, cheveux dénoués au vent de la nuit: « Ô nuit / Mon amie je t'attends / Ô nuit / Donne-moi un amant / Ô nuit / Mêle-toi à ma chevelure... » La pellicule de Renoir, dont c'est le dernier film, est considérée comme un sommet du cinéma polychrome: tout en dégradés de bleu, de vert pâle et de gris perle, elle se troue par éclats de jaunes intenses et de rouges éclatants.

Richard Pottier a fait ses premières armes en Allemagne comme assistant de Joseph von Sternberg pour *L'Ange bleu.* Il réalise en 1956 *La Châtelaine du Liban,* adaptation libre du roman écrit par Pierre Benoit en 1924, dans la veine de *L'Atlantide.* Deux ingénieurs, un Français, Jean Domèvre (Jean-Claude Pascal), et un Libanais, Mokhtir (Omar Sharif), se disputent, dans le Liban de l'après-guerre, la prospection d'un gisement pétrolier, pour Athelstane Orloff (Gianna Maria Canale), une improbable comtesse russe au passé énigmatique. Le film réunit tous les ingrédients susceptibles de séduire dans les années 1950 où l'on aime que se mêlent espionnage, aventure et exotisme. À l'affiche, Jean-Claude Pascal, jeune premier à la mode, Jean Servais, incontournable second rôle de l'époque, et le jeune Omar Sharif, vingt-quatre ans, star du cinéma égyptien, dont c'est la première incursion dans le cinéma européen. Deux millions et demi de spectateurs applaudiront ce film dans lequel Juliette Gréco incarne Maroussia, fascinante chanteuse de cabaret, dont la mélodie « Mon cœur n'était pas fait pour ça », composée par Paul Misraki, sera un succès populaire.

La même année, Raoul André tourne *L'Homme et l'Enfant* avec Eddie Constantine, qu'elle connaît bien pour avoir partagé avec lui l'affiche du cabaret Le Drap d'or, au temps de son mariage avec Philippe Lemaire. En 1956, Juliette et Eddie Constantine enregistrent en duo « Je prends la vie du bon côté ».

Juliette Gréco garde un bon souvenir de ce tournage : « Gréco transformée en Eurasienne sadique fouettant Nadine Tallier à coups de ceinturon ! La starlette adorée de la gent masculine est devenue baronne. Elle est heureuse et peut dorénavant, si elle le désire, choisir celui ou celle qui la fouetterait. Mais elle est une douce et charmante personne. Eddie Constantine, qui est la star du film, me fait beaucoup rire pendant les projections du travail de la veille. "Il est terrible ce type-là", dit-il en se regardant dans les yeux. Eddie Constantine est gentil et tendre. Il prend soin de chacun avec amitié et bonne humeur et le film devient une vraie partie de plaisir, contrairement à l'histoire. Ils deviennent les meilleurs amis du monde. La fête que notre vedette donnera à la fin du film sera mélancolique. Personne n'avait envie de se quitter. C'est une réussite[1]. » Dans le film de Raoul André, l'enfant est jouée par Tanya Constantine, douze ans, la fille que lui a donnée son épouse Hélène Musil, avec laquelle il aura deux autres enfants, Barbara et Lemmy. De San Francisco où, photographe, elle réside depuis quelques années, Tanya me dit ne pas avoir de souvenirs de Juliette puisqu'elles ne tournèrent aucune scène ensemble, mais elle m'envoie un extrait du livre qu'elle vient d'écrire outre-Atlantique, *Out of my Father's Shadow : Sinatra of the Seine, My Dad Eddie Constantine.* Elle y évoque un dîner

1. Juliette Gréco, *Jujube, op. cit.*

mouvementé avec, dans les rôles principaux, son père, sa mère Hélène et la belle Juliette :

« Pendant le tournage du film *L'Homme et l'Enfant*, Eddie eut une intuition : il ne pourrait pas ne pas se rapprocher de Juliette Gréco, qui était distribuée dans le rôle principal féminin. Une talentueuse chanteuse connue dans toute la France, célèbre à la fin des années 1940 pour chanter des chansons existentialistes dans les boîtes de nuit parisiennes ! Eddie décida qu'elle avait besoin de se faire refaire le nez. Elle l'avait déjà fait une fois, mais ça ne s'était pas bien passé. Il lui dit : "Alors recommence ! — Mais, Eddie, je ne peux pas me l'offrir. — Je paierai pour cela". Depuis ce moment, ils devinrent de très bons amis – ou plutôt amoureux.

Un soir, dans un restaurant à Paris, il y eut une fête pour la sortie de *L'Homme et l'Enfant*. Hélène s'était habillée pour l'occasion d'une de ses nombreuses robes de soirée Balenciaga. Juliette Gréco était assise entre Darryl Zanuck et Eddie ; Hélène était de l'autre côté d'Eddie, à côté du producteur, Ray Ventura, et sa femme, avec l'amant de sa femme. Dès qu'Hélène s'est assise, elle a senti qu'elle était la cinquième roue du carrosse et s'est demandé pourquoi elle avait été invitée. Jetant un coup d'œil à Eddie, elle remarqua que ses genoux touchaient ceux de Juliette sous la table. Sentant une vague de colère, elle se pencha vers lui, espérant que personne ne le remarquerait, et lui chuchota à l'oreille, les dents serrées : "Tu ferais mieux d'arrêter ça tout de suite." Eddie ne prêta aucune attention à sa remarque et lui tourna le dos, continuant son jeu sous la table. La rage l'envahissant, en dépit de ses efforts pour la maîtriser, Hélène explosa soudain. Elle se leva si brutalement que la table bascula – caviar, vodka et verres volèrent dans les airs, se déversant sur le sol et sur les genoux des gens. Abasourdi, chacun regarda Hélène avec étonnement.

Balayée par un torrent émotionnel, elle sortit en trombe du restaurant. Choqué par son délire, Eddie fit le tour de la table et se lança à sa poursuite. Il traversa le restaurant, franchit la porte jusqu'à la rue. Il la rattrapa finalement juste avant qu'elle ne traverse. La prenant par le bras, il hurla : "Ne sois pas ridicule ! — Laisse-moi seule, Eddie, tu te moques de moi. Je rentre à la maison. — Tu ne peux pas partir comme ça. — Oh, mais c'est trop gênant, je voudrais ramper dans un trou. — Mais tu sais que tu es la seule que j'aime vraiment." La caressant, comme il savait si bien le faire, il répéta qu'elle était plus importante pour lui que n'importe qui d'autre. Il a continué à nier une quelconque liaison entre lui et Juliette. Debout sur le trottoir, au milieu du flot des voitures, elle pleurait. Eddie essaya de la convaincre que le jeu entre lui et Juliette était pure fiction, et qu'il n'y avait aucune vérité à cette histoire.

Elle voulait tellement le croire qu'elle a avoué s'être trompée. Il suggéra de retourner au restaurant et fit comme si rien ne s'était passé. Souriant à travers ses larmes, elle rebroussa chemin avec lui, bras dessus bras dessous, tous deux souriant largement de leurs faux sourires publics. Après cet épisode, Juliette fit une tentative pour devenir amie avec Hélène. Elle l'invita chez elle un jour pour le thé, et elles eurent un assez bon échange, mais Hélène gardait ses distances. Elle voulait être sûre que Juliette capte le message qu'on ne jouait pas avec le mariage. Juliette était curieuse de savoir quelles étaient les intentions d'Eddie après tout ça et, le lendemain, elle lui posa la question : "Que devrais-je faire ? Dois-je t'attendre ? Peux-tu m'offrir une vie ?" Incapable de répondre, Eddie tourna autour du pot, sachant qu'il était incapable de s'engager. Indépendamment de la tristesse qu'il ressentait en la voyant partir, il la regardait s'en aller sans essayer de la retenir. Et ce fut la fin de leur brève aventure[1]. »

Si Zanuck est présent à ce dîner mémorable, c'est que Juliette vient de faire sa connaissance, grâce à son ami Mel Ferrer, rencontré sur le tournage de *Elena et les hommes,* et à sa jeune épouse, Audrey Hepburn. Considéré, à cinquante-six ans, comme l'un des géants du cinéma américain, producteur d'une soixantaine de films dont *Les Raisins de la colère* de John Ford et *Ève* de Mankiewicz, il s'intéresse à l'adaptation du roman qui attira l'attention sur le jeune Ernest Hemingway dès 1926, *Le Soleil se lève aussi.* Henry King assure la mise en scène de ce film qui réunit Tyrone Power, Errol Flynn et Mel Ferrer autour de l'actrice préférée de l'écrivain, Ava Gardner.

« Par chance, rappelle Bertrand Dicale, Juliette Gréco est à ce moment à New York et chante au Waldorf Astoria. La règlementation des syndicats de musiciens interdit à son pianiste Henri Patterson de l'accompagner. Avec lui, elle fait répéter un accordéoniste italo-américain, Nick Perito, qui va réussir à conserver une couleur parisienne à son répertoire. Patterson en est réduit à regarder le tour de chant depuis la coulisse et à promener Crocodile, le lévrier nain de Gréco, dans

1. Tanya Constantine, *Out of my Father's Shadow: Sinatra of the Seine, My Dad Eddie Constantine,* Feral House, 2019.

les rues de New York. C'est son premier voyage aux États-Unis et, mulâtre que l'on prend pour un Blanc, il se sent très mal à son aise[1]. »

Durant le tournage de ce film qui se déroule d'une part dans le Paris des écrivains de l'entre-deux-guerres, d'autre part en Espagne, à Pampelune, dans le monde chatoyant de la corrida, Juliette va se laisser courtiser par son partenaire, Tyrone Power, qui l'emmène dîner et la surnomme « Pearl » et croiser avec bonheur Ava Gardner, « la plus belle femme que j'aie jamais vue », dira-t-elle. Zanuck est tombé amoureux fou de Juliette et n'a plus qu'une idée en tête : faire d'elle une star du grand écran. Il lui offre un rôle en 1958 dans *Les Racines du ciel*, adaptation du roman de Romain Gary. Juliette est Minna, jeune barmaid amoureuse de Morel (Trevor Howard), qui lutte contre l'extinction des éléphants, dernières « racines du ciel ». Elle s'étonne : « Huston partait le matin à 4 heures, prenait sa voiture, derrière il y avait cinq fusils et il partait à la chasse. L'après-midi, il tournait ce film pour la protection des éléphants et de la faune sauvage, ce qui était assez farce ! » Le tournage a commencé à Fort Archambault, près du fleuve Chari, avant de se prolonger à Maroua, au Cameroun, puis à Bangui, en Centrafrique. La chaleur est insoutenable, le ciel couleur de plomb fondu, le désert ardent et rocailleux, comme oublié de Dieu. Les éléphants, sous un soleil implacable, essaient d'échapper aux fusils des hommes. La nuit, la température monte à 35 °C et les arbres semblent souffrir mille morts. C'est le dernier

1. Bertrand Dicale, *op. cit.*

film d'Errol Flynn. Il est arrivé sur le tournage avec une provision d'œufs de caille et de vodka. Pas de café pour lui au petit jour, mais un mélange de vodka et de jus de pamplemousse. Kiki, la mangouste que l'on a offerte à Orson Welles, meurt d'une indigestion après avoir dévoré sa provision de cigares. Les photographies de tournage montrent le visage de Juliette protégé de la poussière par un fin voile de tulle.

Une nuit, alors qu'elle s'est endormie, on relâche la panthère dont on avait fait cadeau à « Julie-la-brousse » – ainsi la surnomment ses camarades – car le félin pourrait bien devenir dangereux. La nuit bruisse d'insectes, scorpions et autres mygales, les fauves rôdent, on aperçoit qui un serpent se faufilant au pied d'une tente, qui une hyène croisée au détour des poubelles de la cuisine. Henri Patterson, entraîné dans cette aventure, composera pour le film « La Chanson de Minna », qui deviendra « L'Enfant qui me traîne à la fête », mais ne s'attardera pas sous ces cieux peu cléments.

Les tournages s'enchaînent pour Juliette en cette fin des années 1950, même si, elle l'affirme déjà, « voir ma tronche sur un écran n'est pas mon passe-temps favori ». On la retrouve dans *La Rivière des alligators* de Vincent Sherman. Le *New York Times* évoque « une actrice captivante ». Les journalistes américains lui trouvent une extrême sensualité, l'humour et le sarcasme d'Anna Magnani (« Elle campe avec toute la morgue et l'insolence possible son personnage d'Européenne esseulée qui lutte pour survivre en Afrique ») et saluent l'interprétation de Richard Todd, qui « apporte au film un souffle de fraîcheur et d'authenticité dans son personnage d'austère immigrant irlandais confronté à la sauvage terre africaine». Juliette racontera avoir tourné avec «un crocodile, un vrai, mort et puant, un *bush baby* et un opérateur se prenant pour Erich von Stroheim scrutant le ciel plombé qui protège le lac Victoria. L'équipe anglaise est formidable. Je découvre l'Ouganda. Je sympathise avec les autochtones venus faire de la figuration ou tout simplement regarder ce que font ces riches Occidentaux inconscients de la situation locale, du danger que représentent l'environnement animalier et la confrontation culturelle. Avec certains, nous échangeons quelques mots ou parlons avec les gestes, les sourires, le toucher. Mais il nous est arrivé de ressentir un vif agacement de leur part lorsque, sur le tournage, les costumières ont paré les figurants nus d'un cache-sexe. Dans la soirée, ils dansent autour de nous et chantent sur des paroles, dont plus tard le traducteur nous dira qu'elles sont guerrières, violentes à l'encontre des Blancs. Il nous est d'ailleurs arrivé de quitter rapidement les lieux, par sécurité. [...] Le film ne sera pas un chef-d'œuvre, loin de là[1] ».

L'atmosphère sur le tournage de *Whirpool* (en France, *La Fugitive du Rhin*) sera bien différente. On connaît la légende de la blonde Lorelei. Assise sur un rocher, au bord du Rhin, elle envoûte par son chant les marins qui oublient les courants du fleuve et chavirent. Nerval, Apollinaire, Thiéfaine, Higelin l'ont chantée. Dans le film que tourne Lewis Allen en 1959, la légendaire walkyrie, devenue brune, Lora (Juliette Gréco), serveuse dans une brasserie de Cologne pour échapper à la violence de son amant Herman (William Sylvester),

1. Juliette Gréco, *Jujube, op. cit.*

cède à son chantage et lui facilite, dans son bar, un rendez-vous pour une improbable tractation financière.

Mais, après le meurtre de son interlocuteur, il prend la fuite. Lora tombe amoureuse d'un certain Rolf (O. W. Fischer), dont la péniche lui a servi de refuge. Herman les rattrapera, une lutte s'ensuivra entre les deux hommes et il sera englouti par les flots. Juliette s'entend à merveille avec William Sylvester, visite avec lui la petite ville de Boppard, au bord du Rhin, découvre à ses côtés le rocher de la Lorelei, « impressionnant dans la brume matinale, écrit Juliette, romantique quand on descend à bord d'une lourde péniche le fleuve inquiétant ». En revanche, elle déteste O. W. Fischer, qui le lui rend bien et s'est attiré, tant il est odieux, la haine et le mépris de presque toute l'équipe. Ils refusent d'échanger le baiser d'adieu prévu par le scénario et le réalisateur aura recours à un tournage différé et à des doublures, pour que les deux acteurs ne se rencontrent pas. Une rumeur a couru selon laquelle « on aurait substitué aux poils morts que l'on collait chaque matin sous le nez de l'acteur en guise de moustaches, d'autres, fraîchement coupés, à l'endroit le plus secret de la diablesse[1]... ».

Il restera de ce film une superbe photographie de Geoffroy Unsworth, camaïeu d'ocre et de gris perle qu'irisent par instants des nuances d'un vert très pâle, et deux chansons, « Whirpool » et « Pieds nus dans mes sabots ».

En 1959, Orson Welles n'a que quarante-quatre ans, mais il a déjà tourné son chef-d'œuvre, *Citizen*

1. *Ibid.*

Kane (1941), le film préféré de Juliette, *La Splendeur des Amberson* et *La Dame de Shanghai* avec Rita Hayworth dont il a été l'époux. Zanuck réunit Welles, Bradford Dillman et Juliette Gréco dans *Drame dans un miroir,* adaptation du roman homonyme de Marcel Haedrich. Chacun y joue un double rôle: Juliette est à la fois Eponine, qu'un amour passionnel pousse au crime le plus sordide, et Florence, bourgeoise machiavélique, en tailleur de lainage chiné et feutre signés Givenchy, héroïnes différentes et pourtant gémellaires en leurs destins parallèles. Orson Welles entre dans la peau de Me Lamorcière, époux de Florence, et dans celle d'Émile Hagolin, victime d'Eponine. Bradford Dillman, son jeune amant, réapparaît sous les traits de Me Claude Lancastre. Il faut suivre…

Dans les années 1970, un dimanche de pluie, la Cinémathèque de Chaillot projette ce long métrage que l'on voit si rarement en France. Je ne verrai jamais la fin: le projectionniste, confus, annonce que la dernière bobine n'est pas arrivée! « Raconte-moi la fin ! » L'œil de Juliette s'arrondit, son rire fuse, clair: « Mais je ne m'en souviens pas ! » Elle préfère me parler d'Orson Welles, géant très doux si cher à son cœur: « Il était infernal et ne pouvait s'empêcher de semer la panique. Quand il en avait fini avec ses diableries, il frappait à la porte de ma loge et il sortait une baguette, des gobelets, des serpentins: "Je vais te faire un tour de magie!" Il était assez méchant avec tout le monde mais moi, je ne sais pas pourquoi, il m'aimait bien. » Et elle me confie, à propos de Bradford Dillman: « Zanuck faisait une crise de jalousie chaque fois qu'il me prenait dans ses bras, mais moi ça m'allait très bien ! »

Dernier film de la saga africaine de Juliette Gréco, *Le Grand Risque,* réalisé par Richard Fleischer en 1961 d'après un scénario d'Irwin Shaw, auteur du *Bal des maudits,* périple d'un marin irlandais et de sa jeune épouse française pour rallier en camion l'Afrique, où ils veulent créer une compagnie de transport routier, sera aussi le dernier film produit par Zanuck. Son époux à l'écran, le très beau Stephen Boyd, fut sauvé *in extremis* de la noyade par son partenaire David Wayne lors du tournage de la traversée de la rivière en crue !

Gréco quitte Zanuck, se libérant sans regret d'une cage dorée dans laquelle le producteur, amoureux, voulait l'enfermer. Installé à Paris, à quelques pas de la rue de Verneuil, il surveillait de bien trop près une Juliette qui s'envola à tire-d'aile.

1962. Sur la chaussée qui relie l'île de Noirmoutier au continent, le passage du Gois, Henri Decoin tourne *Maléfices,* d'après Boileau-Narcejac. Dans ce paysage nu, dépouillé, un vétérinaire, François Rauchette (Jean-Marc Bory) est déchiré entre deux femmes, son épouse Catherine (Liselotte Pulver), bientôt victime de mystérieux accidents, et Myriam Heller (Juliette Gréco), une jeune magicienne qui a ramené d'Afrique un guépard tombé malade, et qui répond au joli nom de Nyete, ce mot signifie « neige », quelque part du côté du Kilimandjaro. Le félin aux yeux turquoise pose la tête sur l'épaule de la jeune femme.

Autour de la vieille demeure enfouie sous le feuillage, la nuit tremble, vibrante de silence. L'air s'enivre de parfums capiteux. Une servante noire glisse entre les tentures d'ivoire et d'ambre. Tombée amoureuse de François, elle va tenter de le retenir auprès d'elle grâce à une statuette ensorcelée. Myriam, pour l'amour de François, empoisonne Nyete. Les flots emportent Myriam pour un voyage sans retour. « Un beau rôle pour Juliette Gréco, écrit Paul Déglin, elle est bien cette créature féline, venue on ne sait d'où, entourée d'un halo de mystère et qui semble ne devoir reculer devant rien pour atteindre son but. C'est sans doute son plus beau rôle cinématographique à ce jour. »

Au fil des années, Juliette Gréco aura chanté à l'écran dans *Boum sur Paris, La Case de l'oncle Tom, La Nuit des généraux,* et joué son propre rôle dans des films aussi différents que *Bonjour tristesse,* pour lequel Otto Preminger a réuni Jean Seberg, David Niven, Deborah Kerr et Mylène Demongeot, *Le Désordre a vingt ans, Paris à tout prix* et *Lettre à mon frère Guy Gilles, cinéaste trop tôt disparu,* tourné par Luc Bernard en hommage à son frère (Juliette était apparue dans son premier long métrage, *L'Amour à la mer,* en 1965).

Les dernières apparitions de Juliette Gréco au cinéma ne lui donneront pas envie de prolonger l'expérience. Maurice Dugowson lui offre le rôle de Flo dans *Lily aime-moi*, un personnage de bourgeoise qu'elle n'aime guère, mais elle est ravie des instants exquis partagés avec Rufus qu'elle aime et admire, et garde un souvenir émerveillé de Patrick Dewaere, dont l'enfantine fragilité l'attendrit. Le dernier long métrage dans lequel elle apparaît *La Dernière Fête de Jederman*, de Fritz Lehner, tourné en partie sur les toits de l'opéra de

Vienne. Dans ce film qui évoque les dernières heures du couturier autrichien Jan Jederman et les grandes lignes d'une vie qui vient de s'achever à la suite d'un dramatique accident, Juliette côtoie Klaus Maria Brandauer et Sylvie Testud. Le film, sorti en Autriche et en Allemagne en 2002, sera remarqué la même année au Festival international du film de Moscou, mais il ne sera pas à l'affiche en France.

Le détour par les plateaux de cinéma amuse peu Juliette, qui reconnaît ne pas être très patiente dans le cadre du travail. Catapultée dans un monde stéréotypé qui n'est pas le sien, *a fortiori* lors de l'expérience américaine, elle ne supporte pas d'attendre des heures pour dire une phrase : « Je suis un cheval échappé, un animal sauvage, pour tromper l'ennui, j'ai commencé à fumer. Et puis je n'aime pas mon physique, je n'avais pas très envie de me voir projetée sur d'énormes écrans et en Cinémascope. Je n'aime pas l'idée que l'image soit fixée pour l'éternité. D'ailleurs, ne dit-on pas "C'est dans la boîte ?" »

Juliette n'a qu'une idée : retrouver le contact humain. Et elle s'en va, revient à ses anciennes amours : la scène est l'endroit où l'on ouvre les fenêtres au rêve, la scène est son royaume. »

Des poètes aux ailes de brume

« Poètes aux ailes de brume
Mes tendres infortunes
Je vous suivrai toujours. »

Henri Gougaud,
« Je vous suivrai toujours »

Blottie dans le silence bleu d'une loge de théâtre, attentive à son reflet dans les miroirs, Juliette relève d'un geste ses cheveux bouclés et doux, tire en arrière les mèches rebelles qu'elle cache sous un bandeau. Elle ne parle plus. Le rituel du maquillage peut commencer, teint livide de poupée de porcelaine, faux cils noirs qu'une main experte glisse au coin des yeux, coup d'œil précis dans un tout petit miroir. Elle vous regarde avec une infinie tendresse. Inquiète déjà, inquiète toujours. « Et si, ce soir, ils ne m'aimaient pas ? »

Sur un cintre oscille la robe légendaire. « Mon noir de travail. » Elle s'y glisse au dernier instant. Vous confie certains soirs la clé de sa loge. En ferme la porte. Des rumeurs lui parviennent, assourdies, de la salle qui a commencé de vivre. Juliette ne dit rien. Elle tremble. Armure de verre. Fragile à n'y pas croire. Ses mains se rejoignent, ultime prière, vers un dieu qui depuis longtemps a déserté son ciel. Un baiser sur la soie de ses cheveux, deux yeux qui vous sourient. Elle ne vous voit plus. Elle est ailleurs. Avec eux. Au cœur de la nuit. Au cœur de sa vie. Une présence invisible a écarté le rideau de fond de scène et Juliette avance dans la lumière, une main retenant les plis de la longue robe, avec, dit-elle, intimement mêlés, la sensation de monter à l'échafaud et le désir de s'abandonner aux mille bras qui bientôt n'en feront plus qu'un : « On serait surpris si l'on savait ce qui se passe sous la robe noire… » « Dans le temps qui sépare l'entrée en scène et l'arrivée contre le micro, l'ouverture musicale et les premières paroles, le premier geste et le premier refrain, le premier noir et les premiers applaudissements, écrit Bruno Blanckeman, l'artiste apprivoise fauves de théâtre et loups des loges, tigres des ombres et démons des cintres : à la fois dompteur et bête de scène, elle ouvre la cage à l'inconnue qui sommeille en elle, lui insuffle vie et voix. Le spectacle commence[1]. »

Au fil des années, les chansons de poètes ont dessiné un arc-en-ciel dont les reflets hantent nos mémoires, d'autant plus chatoyants que, d'un soir à l'autre, les intonations de l'artiste, sans qu'elle y prenne garde, empruntent les couleurs du jour traversé, tant il est vrai que, dans l'univers de Juliette, rien jamais ne se fige.

---

1. Bruno Blanckeman, *op. cit.*

Une heure et demie plus tard, titubante sous le choc de l'amour partagé, c'est peu dire qu'elle chancelle. Seul rempart possible à ses côtés, une présence muette, douce, affectueuse, rassurante comme l'eau et la tendresse. Plus tard, quand la porte de la loge s'ouvre, elle n'est pas encore tout à fait revenue du voyage, mais elle reçoit toujours ceux qui l'ont attendue : « Il paraît que dans ce métier on s'en va dans sa limousine, sans dire au revoir… » J'en ai tant vu, au fil des années, de ces jeunes filles énamourées, de ces jeunes gens balbutiants, je n'ai rien oublié de leur vibrante émotion, de leurs larmes à peine retenues, du tendre regard que Juliette posait sur leur fragilité. Quand tout est dit, la voiture disparaît, avalée par la nuit. On reste là, sur le trottoir, vaguement sonné, les bras chargés des fleurs qu'elle nous a données.

Immuables mais sans cesse renouvelées, il est des chansons qui jamais n'ont quitté les récitals de Juliette autour du monde. Les poètes aux ailes de brume ont brodé, sur le velours de sa robe noire, d'éternelles ritournelles. Leurs visages s'échappent, flammes vives, des replis du temps. Ils s'appellent Ferré, Trenet, Brassens, Brel, Béart, Gainsbourg… Quand elle en dresse la liste, Juliette est prise de vertige : « C'est la lumière des êtres qui importe. Léo était beau comme un poète. C'était un homme somptueux, avec un vrai sourire d'enfant dissipé, oui, c'est ça, un sourire d'enfant dissipé, un sourire d'enfant auquel on aurait donné ce qu'il voulait, mais qui désire encore autre chose. »

J'ai le souvenir d'un soir exceptionnel. C'était à Grenoble, le 25 janvier 1992. Une neige fine tombait sur la ville, et les flocons dansaient dans mes cheveux. Juliette et Léo chantaient au Grand Théâtre, elle assurait la première partie, lui venait après l'entracte. Marie-Christine Ferré était en coulisses, douce et attentive. « Je suis d'une humeur de rose », disait Juliette, si heureuse de ce mariage d'un soir. Elle avait fini de chanter. « Viens ! On va écouter Léo. »

Sur la pointe des pieds, elle se glissa dans les plis du rideau rouge, regardant, émerveillée, la foule se lever et tendre les bras vers le vieux lion fatigué dont la crinière blanche s'auréolait du halo bleu des projecteurs. Soudain les larmes la submergèrent et je restai stupéfaite devant ce chagrin d'enfant. Elle tourna vers moi son beau visage de poupée ravagé par les pleurs : « Je ne peux pas… Je ne peux pas… J'ai vu la mort. » Juliette magicienne à la prescience jamais prise en défaut, Juliette en un instant foudroyée.

En juillet de l'année suivante, celui qui disait « Le bonheur, c'est l'éternité d'une seconde », « Le bonheur, c'est du chagrin qui se repose », celui-là s'éteignait à San Donatino, sa maison noyée dans les vignes et les oliviers où, envoûté par la beauté des collines toscanes et le charme des villages de pierre, il avait élu domicile au début des années 1970 et attendu ses trois enfants, Mathieu, Marie-Cécile et Manuella. Il était devenu un patriarche que l'âge avait adouci. Juliette n'alla jamais en Toscane mais elle garda toujours, précieuse entre toutes, cette « Jolie môme, toute nue sous son pull » qu'un jour de 1960 il lui donna et qu'elle partagea si bien avec Catherine Sauvage : « Je suis allée chez Léo, boulevard Pershing. Il y avait un couloir sombre et, tout au bout, une chambre éclairée. Sur chacun des lits jumeaux dormait un immense chien presque blanc.

Je me souviens aussi d'un très petit salon avec un très grand piano. Soudain, j'ai vu arriver une petite guenon habillée en marin, je me suis demandé si je ne rêvais pas ! » Juliette grava sur la cire « Paris canaille », qui a longtemps clos ses tours de chant, mais aussi « Java partout », « T'en as », « La Rue », « L'Amour » (« Vous banderez vos yeux jaloux / Avec un loup de satin gris / Tout comme est gris le jour qui va »), « Dieu est nègre » (« Y'avait dans la gorge à Jimmy / Tant de soleils à 300 balles / Du blues du rêve et du whisky ») et « Le Guinche » (« Valse ou java saxo copain tango chinois j'marche au béguin... »). Mais elle attendra 2006 pour enregistrer « Avec le temps » à New York, huit ans après la disparition de Catherine Sauvage, qui l'avait mise à son répertoire dès 1971.

Quand il étudiait la peinture à Montmartre, au tout début de la guerre, Serge Gainsbourg portait l'étoile jaune, « comme un taureau qu'on aurait marqué au fer rouge ». Il se souvenait aussi d'avoir parcouru plus de deux cents kilomètres, les pieds en sang, pour rejoindre la zone libre. « Le spleen, tu ne sais pas d'où ça vient ! C'est comme le fog à Londres ou le brouillard sec qui stagne trois jours entiers sur Los Angeles, entre le ciel et l'océan... »

Juliette n'a rien oublié de leur rencontre, en 1958 : « Le premier souvenir que je garde de lui, est celui de son regard désespéré le jour où, venant chez moi pour la première fois, presque inconnu – je l'étais un peu moins – timide, dévoré par le trac, les mains mouillées, il a laissé tomber un grand verre de whisky qui s'est brisé à ses pieds. J'ai gardé en mémoire l'image du verre qui lui échappe et le bruit du verre qui se casse. Je n'ai jamais oublié. »

Le 6 février 1959, elle enregistre au studio Philips de Bruxelles deux chansons écrites par Gainsbourg en 1954 – « Les Amours perdues » et « Défense d'afficher », qui restera inédite jusqu'en 1990 –, « Il était une oie », déboires d'une jeune fille un peu trop naïve, « L'Amour à la papa », texte un peu subversif pour l'époque, et « La Jambe de bois », improbable rencontre entre une jambe de bois égarée dans un champ de bataille et un boulet de canon, sur fond de bataille de Friedland. Pour la traversée inaugurale du paquebot *France* le 3 février 1962, elle chante « La Valse de l'au revoir ». Suivront « Strip-Tease » pour le film de Jacques Poitrenaud, « La Recette de l'amour fou » et, en 1970, « Le Sixième Sens » : « Je mange un caramel en écoutant la pluie / Le sixième sens me dit que c'est fini… »

Mais deux morceaux de bravoure ne quitteront plus jamais les tours de chant de Juliette : « Accordéon » (« Dieu que la vie est cruelle / Au musicien des ruelles / Son copain, son compagnon / C'est l'accordéon ») et « La Javanaise », chanson écrite après une nuit de gaieté folle et de champagne, Gainsbourg au piano et Juliette dansant pieds nus dans le salon immense et feutré de la rue de Verneuil, chanson apportée au matin, fabuleux cadeau de Serge : « J'avoue j'en ai bavé pas vous / Avant d'avoir eu vent de vous mon amour… » Parmi les chansons qu'il composa pour d'autres interprètes, Juliette aima tout particulièrement « Élisa », chantée par Zizi Jeanmaire, « Pull marine », magnifié par une Isabelle Adjani adorée de Juliette et, bien sûr, toutes les chansons de Jane, « Les Dessous chics », « Norma Jean Baker », ou encore « La Ballade de Melody Nelson ». Jane qu'elle aimait et croisait souvent dans les aéroports et les théâtres du monde…

Un jour de 1962, à la télévision, s'improvisant journaliste, elle tente de percer le « mystère Gainsbourg » :

« Sur scène, vous n'êtes pas spécialement souriant, ni gracieux, comme je l'ai été bien longtemps. Je ne vous en fais pas le reproche, je comprends parfaitement votre timidité et votre réserve qui ressemble fortement à de l'agressivité. Vous êtes agressif ?

— Oui, un peu.

— Quelle est la chose au monde qui vous déplaît le plus, à entendre, à voir, à supporter ?

— L'imbécillité.

— Et ce que vous avez aimé le plus jusqu'à aujourd'hui ?

— La peinture. C'est mon seul amour[1]. »

Et soudain Juliette se revoit, enfant silencieuse, découvrant la peinture dans les livres de la bibliothèque de sa mère, détachant son amarre pour voguer d'un univers à l'autre, avec une curiosité qui ne la quittera jamais. Longtemps elle alla au musée du Louvre, se demandant bien ce que l'on pouvait trouver à la Joconde, et traqua les artistes à travers le monde : « À Amsterdam, au musée Van Gogh, j'ai pleuré devant sa branche d'amandier. À Londres où je séjournais pour un tournage, le dimanche, je m'habillais chic. J'avais rendez-vous avec lui, à la Tate Gallery. Quand le gardien tournait le dos, je touchais

1. « Juliette Gréco confesse Serge Gainsbourg », Ina, 1962.

ses *Tournesols.* C'était un rendez-vous charnel ! J'ai un vieux rêve, avoir pour moi toute seule, toute une nuit, ces *Tournesols,* les regarder, les toucher, m'y noyer[1]... » Et Juliette m'a montré ce tableau que Gainsbourg lui offrit un soir de 1957. Un tableau sans cadre, tout petit, où l'on voit deux enfants de trois ou quatre ans, sa sœur et lui, dans une allée. Ils jouent avec du sable. « Regarde ! Serge est de profil. C'est tout à fait lui !... Il m'a dit : C'est fini. Vous avez raison. Je vais écrire des chansons. » C'est le seul de ses tableaux qu'il n'avait pas détruit.

« L'aventure n'existe que dans l'imagination », disait Pierre Mac Orlan. Toute sa vie, il rêva aux ports du bout du monde, aux navires qui appareillent pour des cieux lointains, aux bistrots enfumés où se retrouvent les matelots en partance, mais jamais il ne prit la mer. Il avait connu la boue sanglante des tranchées. Son havre de paix, son doux refuge, ce fut Margot, la fille de Frédéric Gérard (Frédé), le patron du cabaret Le Lapin agile, dont le jardin abritait son âne, « Lolo » et sa chèvre, « Blanchette » – Souvenez-vous de Cora : « Une rue qui monte et zigzague / Un petit café tout là-haut / Juste à côté du terrain vague / Où fut assassiné Pierrot... » La jeune fille était barmaid dans le cabaret de son père. Mac Orlan l'épousa le 8 avril 1913. On raconte que ce jour-là, pour payer son café et sa tartine de rillettes, il dut fredonner une chanson de légionnaire !

Cette année-là, Berthe Luc, la mère de Margot, offrit aux amoureux une ancienne ferme du hameau

1. Juliette Gréco, *Jujube, op. cit.*

des Archers, à Saint-Cyr-sur-Morin. Ils y demeurèrent toute leur vie, jusqu'au jour où Mac Orlan resta seul, la mort lui ayant ravi sa « Marguerite de la nuit ».

Il y a quelques années encore, Pierre Guibert, ami du poète depuis que, dans la cour de l'école du village, l'année de ses huit ans, il lui avait remis le prix de discipline et d'assiduité, vous ouvrait, si fier, la porte de la maison du poète. Il était très émouvant d'y voir les rideaux à carreaux rouge et blanc, les armoires anciennes, les pipes et les bérets à pompons, les cuivres accrochés aux murs de la cuisine, le fauteuil dans lequel se calait Brassens quand il venait lui rendre visite. Et, bien sûr, le petit bureau sur lequel il écrivit ces chansons inoubliables qui parlent de gitans et de marins, de Tampico et d'Altona, de légionnaires et de filles à soldats.

Il savait tout faire, Pierre Mac Orlan, dessiner, peindre, écrire, jouer de l'accordéon. J'adore la réponse qu'il fit un jour à quelqu'un qui s'en étonnait : « À la naissance, des anges au-dessus de nos têtes renversent des salières. Il y a le sel de la peinture, le sel de la musique, le sel de la littérature. Un ange a versé sur moi le contenu de toutes ses salières. Mais il arrive que les salières des anges soient vides. »

À propos de Juliette, en 1964, le poète écrivit : « Elle marche sur les eaux de la renommée, telle une reine des résurrections pharaoniques, les bras surchargés de fleurs de lys en diamant et de rouge taillé dans le rubis [...]. Si vous entendez une voix qui est l'appel de l'ombre, c'est celle de Gréco... Si, les yeux clos, vous entendez la chanson de l'adolescence... c'est Gréco. Juliette m'a raconté cette maison qui, disait-il, "plonge dans la nuit comme un scaphandrier dans la mer"[1]. » En juin de cette année-là, la télévision filme leur rieuse complicité. « Il y a longtemps que je voulais rencontrer Gréco, affirme Mac Orlan, mais comme j'habite Saint-Cyr-sur-Morin et elle Saint-Germain-des-Prés, il y avait peu de chances pour qu'on se rencontre au café-tabac du coin. J'en avais parlé à Queneau qui m'avait répondu : "Rien de plus facile !" Tellement facile que j'ai attendu cinq ans avant de rencontrer Juliette ! » Elle, de son côté, promenait autour du monde « La Chanson de Margaret », en attendant que quelqu'un veuille bien en composer la musique. Ce sera Philippe Gérard.

Mac Orlan parle de ses chansons qui sont pour lui un peu de ses mémoires. Il évoque ses amis rassemblés de l'autre côté du Morin, dans la maison de Jean-Pierre Chabrol, des reporters revenus de pays en guerre, et qui se racontent dans le soir qui tombe : « Il y eut un silence. On entendait le cri fourbe des hulottes, puis le goupil et sa femme qui se répondaient. Le glapissement du renard couvrait les bruits du monde… » « J'ai chanté cinq ou six chansons, me raconte Juliette, je ne sais plus lesquelles. Je crois qu'il y avait "Les Quatre Saisons", "Le Pont du Nord", "Le Tour du monde", et j'ai demandé des nouvelles de Dagobert. » « Dagobert ? » « C'était un perroquet qu'un ami lui avait offert pour son anniversaire. Il tenait compagnie à sa chatte, Titine. Il est mort un jour, une indigestion de fils électriques et de chocolat. Mac Orlan l'a couché dans un coffret rouge de Cuba et l'a porté en terre, ses plumes décolorées recouvertes d'un mouchoir blanc brodé ! »

---

1. *Gréco chante Mac Orlan,* 33 tours Philips, 1968.

Autre univers, celui de Georges Brassens. René Fallet comparait son ami à « un bon gros camion de routier lancé à tout berzingue sur les chemins de la liberté », avec « une voix en forme de drapeau noir, de robe qui sèche au soleil, de coup de poing sur le képi, une voix qui va aux fraises, à la bagarre et... à la chasse aux papillons ». René Barjavel répondait en écho : « Deux sous de rêve dans l'œil droit, deux sous de malice dans l'œil gauche, cinq sous de sagesse sous la moustache. Des sous d'avant-guerre, de l'autre guerre, d'avant toutes les guerres. Des sous d'or. »

Brassens fréquentait les bouquinistes, aimait les chats, les chansons de Francis Lemarque, les fables de La Fontaine, Baudelaire et Rimbaud, Paul Fort et François Villon, les campagnes hallucinées d'Émile Verhaeren, et il connaissait par cœur plus de mille poèmes. Tout comme le titre de son seul texte de théâtre, *Les Amoureux écrivent sur l'eau,* ceux de ses romans font rêver : *La Tour des miracles, La Lune écoute aux portes.* On murmure que, malgré l'insistance amicale de Marcel Pagnol et Joseph Kessel, il n'eut jamais envie de les rejoindre sur les bancs de l'Académie française. Mais il grava en nous des phrases lucides et singulières : « Dieu, s'il existe, il exagère », « Ne jetez pas la pierre à la femme adultère, je suis derrière », « L'encre des billets doux pâlit vite entre les livres de cuisine », ou bien encore « Gloire à ce soldat qui jeta son fusil plutôt que d'achever l'otage à sa merci ».

Il aimait Juliette. Elle l'aimait aussi. Elle vint l'écouter un soir de 1954 à l'Olympia, peu de temps avant sa générale à Bobino. Dans la loge où il la reçut, il lui demanda quelle chanson elle avait préférée. « Chanson pour l'Auvergnat », répondit-elle. Alors, sur un papier pelure vert, il la lui griffonna : « C'est pour toi. » Ce soir-là, Juliette est rentrée à pied, serrant contre son cœur qui battait le précieux cadeau de Georges. Elle chantera aussi « Le Temps passé » (« Dans les comptes d'apothicaire / Vingt ans c'est une somme de bonheurs / Mes vingt ans sont morts à la guerre / De l'autre côté du champ d'honneur ») et « La Marche nuptiale ».

L'été 1966, Brassens le passe dans les Yvelines, au moulin de Crespières. Volets fermés pour ne pas entendre les mésanges, il a enregistré en quelques jours, avec ses musiciens, onze chansons nouvelles, dont un titre resté quatre ans au fond d'un tiroir : « Supplique pour être enterré sur la plage de Sète ». Le travail n'est interrompu que pour les pauses à la cantine de Georges, l'Auberge des routiers, tenue par Madeleine et Suzanne Glatigny, où il se nourrit de ses plats préférés, les rillettes et les pommes de terre sautées. Quand sa DS noire est garée devant le restaurant, c'est que « le Loup solitaire », ainsi que le surnomment les villageois, est venu là se détendre avec le cercle de ses intimes. Pas question de le déranger. Il ne quittera ce village tant aimé que lorsque des projets immobiliers se profileront à l'horizon.

À l'initiative de Georges Wilson, qui a succédé depuis 1963 à Jean Vilar à la direction du TNP, la grande salle de Chaillot s'ouvre à la chanson. Du 16 septembre au 23 octobre, Brassens va partager l'affiche avec Juliette Gréco. Ensemble, ils vont faire les beaux soirs de Paris pour 32 représentations et devant 90 000 spectateurs. C'est Brassens qui a décidé de l'affiche : leurs deux noms, en lettres de même taille, claquent comme un drapeau : « Gréco » et « Brassens ». Sous la première, il est juste indiqué : « En 1re partie. Avec l'ensemble Patterson. Guitare : Liebrard. Basse : Dutilleux. Accordéon : Moralès. » Sous le second : « En 2e partie. Basse : P. Nicolas. » Ce théâtre s'était déjà ouvert à la chanson l'année précédente et avait accueilli Juliette, venue donner un récital réservé aux ouvriers de Simca.

Brassens affirme : « C'est grand, ce bateau-là, mais c'est beau. Il me plaît de penser que les jeunes qui m'écrivent, qui m'attendent dans les coulisses pour me dire qu'ils achèteraient bien mes disques s'ils n'étaient pas fauchés, puissent s'offrir 80 minutes de Brassens pour 5 francs. Ces jeunes-là venaient peut-être à l'Olympia, mais dans un autre état d'esprit. Quand un type vient à l'église, il ne se sent pas dans les mêmes conditions que lorsqu'il va au bistrot. Et Chaillot, c'est davantage une église qu'un bistrot. »

Il ne croit pas si bien dire : la salle est discrète, silencieuse, infiniment, respectueuse, presque trop dit-il. André Tillieu, ami de Brassens, se souvient : « En septembre 1966, je me pointai, fier comme Artaban : Gibraltar (Pierre Onténiente), le fidèle écuyer, m'avait filé des places royales. Le spectacle fut d'une beauté définitive : Juliette Gréco, la prêtresse noire, déroula joliment le tapis rouge devant les pieds d'un Brassens serein et impérial[1]. »

Pour les uns, c'est l'union de l'ours et de la chatte, pour les autres le mariage de l'orchidée et du romarin. Aux journalistes venus les rencontrer, ils parlent de tout et de rien, de Dieu et du diable. « Ils ne font qu'un », propose Brassens. Ils parlent de la vie quotidienne, de ce qu'ils feraient si, d'aventure, ils ne chantaient

---

1. André Tillieu, *Brassens, auprès de son arbre*, Julliard, 1983.

plus : « Je continuerais à écrire, dit Georges, je ne sais rien faire d'autre. J'ai essayé des tas de petits trucs, même la photo, mais ça ne marche pas. Tu vois, mon violon d'Ingres, c'est de faire des petits bouquets avec les images qui me passent par la tête. » « Un jour, il m'a invitée à son anniversaire. Il n'y avait que des hommes ! Brassens, je le voyais comme un patriarche. J'étais comme une enfant en sa présence. » Claude Sarraute écrit, dans *Le Monde* : « Les portes de Chaillot se sont ouvertes devant eux. Ils y sont entrés comme au Panthéon de la chanson. [...] Dans cette immense salle noyée d'ombre, par-dessus le moutonnement vague des têtes, un visage épinglé sur fond de rideaux noirs par un rayon de lumière, celui de Juliette Gréco. Regards, sourires, gestes précis et rares, tout concourt à raffiner encore sur des vers signés Gainsbourg, Ferré, Prévert ou Béart. Élégantes, subtiles, deux mains de virtuose les soulignent, les ponctuent, les commentent. Cet humour au second degré, cette diabolique intelligence du texte, cette façon de décortiquer le couplet, déconcertent presque. Et l'on est tout surpris de revoir ainsi habillées de neuf des rengaines aussi familières que "Paris canaille" ou "Les Feuilles mortes"[1]. »

Peu de temps après le triomphe du TNP, Juliette épouse Michel Piccoli à Verderonne, son village de l'Oise, dans la salle de classe qui fait office de mairie. Sur le tableau noir, on peut lire la date : 12 décembre 1966, et une leçon sur la cédille, destinée aux enfants de l'école. Un mariage discret, à leur image. En janvier, ils

1. *Le Monde,* 21 septembre 1966.

partent pour Moscou, où la chanteuse doit se produire pour une longue tournée à travers le pays : « Michel vient avec moi. C'est un endroit que je ne connais pas et je suis très heureuse de le découvrir avec lui. » « Je viens juste de terminer un film de Buñuel, *Belle de jour,* ajoute Piccoli. Ce soir, nous allons chercher nos filles à l'école pour le dîner de mariage. » « Avec un gros gâteau », dit Juliette dans un sourire.

Dans son roman *La Transparente,* Maurice Fanon écrit : « J'adore Juliette de tout mon cœur. La preuve : quelques feuilles à la corbeille à papier plus tard, la chanson est presque terminée. Le stylo a fait son chemin tout seul. Un autre refrain est déjà presque dans l'air. Ce n'est encore qu'une ombre laiteuse assise sur un banc de la plus belle petite place de Paris. Bientôt elle vivra debout, entre les mains de Juliette qui sont des violons[1]. » Pia Colombo avait depuis longtemps quitté Fanon qu'il fredonnait toujours « L'Écharpe », sourire de soie, mémoire du temps joli où, dans ses chansons de troubadour, brillait au plus secret de la nuit la fleur du jupon d'Ophélie. Est-ce la rose en tissu noir de Mme Seguin qui conduisit un soir Maurice sur les chemins de Juliette ? Ce n'est en tout cas pas elle qu'il évoque, en cette blonde égérie surgie d'un tableau de Renoir.

Mais, pour Juliette il délaissa un temps le bleu qui chante, le blé qui danse, les colombes et les oiseaux blancs, et cette petite fille surgie de l'album de son enfance, emmenée un jour par la Gestapo et qu'il ne revit pas[2]. À l'heure où les bravos dessinaient comme

1. Maurice Fanon, *La Transparente,* Arthemus, 2000.
2. Voir Maurice Fanon, « La petite Juive », 1965.

des perles d'eau au front de Juliette, des mots lui vinrent à l'âme, il en esquissa des chansons, il les lui donna, elle les chanta. Pour avoir lu dans les yeux des jeunes gens l'attente fiévreuse et l'inquiétude, il fit d'eux des « Roméo côté jardin côté cour » et de leur muse une goélette, « La Juliette »[1].

S'irisa au firmament de Gréco l'arc-en-ciel des temps nouveaux. Dans les yeux des enfants de vingt ans, Juliette retrouvait l'insolence de sa jeunesse, l'écho des années perdues. Sublimée par le regard intransigeant de ceux qui attendaient d'elle la réponse aux questions qu'ils lui posaient et se posaient, elle commença tout doucement à apprivoiser son image et à s'aimer peut-être un peu. Il était temps ! Elle chanta superbement « L'Embellie », instant d'extase où la femme s'éblouit et où la jouissance donne à ses yeux comme des reflets mauves, seule chanson esquissée sur ce thème délicat.

Dans « Peut-être que... », première chanson écrite pour elle par Fanon en 1968, Juliette s'interrogeait : « Peut-être que j'irai aux Indes tirer sur la queue d'une vache / Pour faire rire cet enfant / Qui va mourir dans un instant / Tant de bêtise que de faim... Peut-être que j'irai en Grèce / Habillée en pigeon ramier / Porter à quelque prisonnier la clef / De mes chants d'espérance, de coquelicots et de bleuets... », hantise reprise dans « La Nouvelle Grèce », dénonciation de la dictature des colonels. Avec « Mes théâtres », Fanon réveille le douloureux souvenir de Federico García Lorca, fusillé par la

1. Maurice Fanon, *Mes théâtres*, musique de Gérard Jouannest, 1572.

garde franquiste parce qu'il ne cachait pas être communiste : « Je n'aime plus les rendez-vous de l'amour fou / Depuis ce dernier rendez-vous à Grenade le 19 août / Entre un poète au garde à vous et douze fusils andalous / Depuis ce temps-là je l'avoue / j'ai peur des hommes plus que des loups. » « Dans les années 1970, rappelle Juliette, j'ai été interdite en Grèce et en Espagne. Je suis quand même allée chanter là-bas sous le régime de Franco. J'ai eu très peur. Je suis frondeuse comme ça, mais je suis d'autant plus courageuse que j'ai peur. Je n'ai pas dormi de la nuit. J'entendais des bruits de pas comme lorsque j'étais en prison, comme des bruits de bottes. D'ailleurs, c'étaient des bruits de bottes. »

De l'Afrique au Pacifique, Henri Gougaud, ce fils d'institutrice qui, en sa prime jeunesse, chanta à La Colombe, a glané des contes du monde entier, *Petits Contes de sagesse pour temps turbulents, Contes de l'envie d'elle et du désir de lui.* Les titres de ses romans, *Le Rire de l'ange, L'Homme qui voulait voir Mahona, Le jour où Félicité a tué la mort,* nous donnent envie de les découvrir, blottis au coin du feu, un soir d'hiver. Gougaud est un poète dont il nous semble entendre la voix quand on feuillette les pages de ses livres. Celui qui a volé un peu de son temps pour l'accrocher aux plis de sa robe noire est un conteur et Juliette aime qu'on lui raconte des histoires. « Calquer ma vie sur la couleur du temps / N'être rien qu'une maison / Grande ouverte et transparente et nue / Nue comme la vérité / Comme un mur blanc qu'un enfant colorie… » Juliette est longtemps entrée en scène sur les mots de cette chanson qui si bien la définit, « cœur mal équarri », « porte ouverte sur la treille et le rosier ». Il y a là tout ce qu'aime Juliette, des lilas et des glycines, un enfant couleur cerise, une rose à l'accordéon, un chien tout bleu qui court derrière les nuages, le vent couleur de couteau, l'hiver comme un bateau qui sombre, un jardin d'amour où les licornes rêvent.

Lorsqu'il se trouve en présence d'Étienne Roda-Gil, dans un café du Quartier latin, L'Écritoire, en 1967, Julien Clerc, qui a tout juste vingt ans, pressent qu'il s'agit là d'une de ces rencontres qui marquent une existence et font que rien ne sera plus jamais comme avant. Roda a vingt-sept ans. Il est marginal. Écorché vif. Son père, Antonio Roda Vallès, ouvrier militant libertaire de la CNT, et sa mère, Leonor, ont pu échapper à la répression franquiste et passer les Pyrénées début 1939. Ils sont internés au camp de Septfonds, où l'on compte, dès le mois de février, seize mille hommes de l'ancienne armée républicaine. C'est là que naît Étienne-Estève, le 1er août 1941. Roda écrira les plus belles chansons pour Julien Clerc à ses débuts : « La Cavalerie » en pleine révolution estudiantine de mai 1968, « Niagara », « La Californie », « Ça commence par un rêve d'enfant », « Adieu les larmes de la terre », « Ce n'est rien », « Si on chantait ». Ils cessent de travailler ensemble dès 1980.

Et Juliette Gréco ? Si Julien Clerc enregistre dès 1992 une nouvelle chanson de Roda-Gil, « Utile », qu'il interprétera sur la promenade des Anglais en 2018 pour le premier anniversaire des attentats de Nice, c'est à Juliette que revient la genèse de la chanson : « Dans les années 1970, je suis allée chanter au Chili. Je ne voulais pas y aller à cause de Pinochet, et puis je me suis décidée. Ce n'est pas facile d'aller chanter dans un pays sous l'emprise de la dictature, on ne peut pourtant pas rester silencieux. Ce soir-là il n'y avait dans la salle que des militaires et leurs épouses. Je suis entrée en scène sous un tonnerre d'applaudissements. Et puis j'ai chanté. Il faut dire que Gérard et moi avions composé un récital qui ne comportait que des chansons qui disaient, sur le plan politique, très clairement ce que nous pensions. Nous sommes sortis de scène dans un silence de mort.

Nous avions défié la censure. On nous a confisqué nos passeports et on nous a reconduits manu militari à l'aéroport. J'ai eu très peur, mais il m'a semblé ce jour-là que j'avais gagné le droit de vivre[1]. » Juliette enregistrera « Utile » un an après Julien Clerc, avec onze autres chansons de Roda. « Que les femmes sont belles » met en scène un jardinier, un jeune curé, un débauché, un enfermé, un couturier, tous émus par la renversante beauté des femmes, tandis que « Rubans rouges et Toiles noires » s'inscrit comme un nouvel écho au combat antifranquiste de sa famille. Tout aussi explicite est « Radio boum boum », illustration de la violence que subit une jeunesse livrée aux marchands du temple : « Marchands qui forgez la jeunesse de mauvais bruit et de tristesse / D'herbe ou de poudre qui laisse le cœur des enfants dans nos caisses / Retenez ça, ça ne durera pas. » La musique de « Mickey travaille » ou les confessions d'une jeune femme amoureuse dont les journées se passent à attendre celui qu'elle aime, c'est à Caetano Veloso que Juliette a choisi de la confier, tant elle aime la musique brésilienne, qui fait entendre des choses terribles avec la plus grande douceur. Le Brésilien Antônio Carlos Jobim, compositeur de « The Girl

1. Juliette Gréco, *Jujube, op. cit.*

from Ipanema», n'a pas rendu sa copie à temps: c'est donc une chanson-poème, dénuée de tout accompagnement, «Qu'on me donne une chanson d'amour», qui clôt le disque, lui conférant dans ce dépouillement une tonalité infiniment émouvante.

Fascinant itinéraire que celui de Jean-Claude Carrière. Il quitte souvent sa maison entourée d'arbres, quelque part dans un coin du IXe arrondissement, rappelant en passant qu'au dernier étage de sa demeure Toulouse-Lautrec en son temps avait installé son atelier. Sur son bureau, une représentation miniature de Ganesh, sacré dieu des écrivains du jour où, coupant sa défense droite, il s'en servit pour écrire le *Mahabharata.* C'est là qu'il travaille sans relâche et, lorsque l'on évoque, parmi la cinquantaine de films dont il rédigea le scénario, *Le Tambour* ou bien encore *La Controverse de Valladolid,* il vous parle de *La Voie lactée*, plus méconnu sans doute, mais si difficile à écrire, si passionnant. Quand il ne parcourt pas l'Inde avec Peter Brook, il se laisse porter par le fil des rencontres, accepte ce qui vient à lui, sans plan de vie surtout.

Et c'est ainsi qu'un jour son chemin a croisé celui de Juliette: «Pour moi qui ai vécu habité de chansons, recevant l'une, oubliant l'autre, me voir, m'entendre maintenant chanter par elle, c'est bien simple: j'ai l'impression d'entrer au panthéon par la porte de derrière: celle des artistes.» Dans un fascicule, *Chemin faisant,* elle découvre un magnifique poème, «Tard», que Jouannest met en musique. De cette rencontre de hasard vont naître une douzaine de chansons réunies dans un disque intitulé *Un jour d'été et quelques nuits.*

On y trouve notamment « La Porte du jour », d'après un texte du poète persan Saadi, et « C'était un train de nuit », poignante évocation des trains plombés qui filent vers les camps. « J'aurais honte de ne pas chanter certains mots, dit volontiers Juliette, de ne pas les dire pour ceux que l'on réduit au silence. La chanson que j'aime ne naît pas, ne rayonne pas dans un pays tranquille et heureux. Elle aide les gens à se battre, à sourire, à vivre, à oublier aussi, en même temps qu'à se réveiller. »

Georges Coulonges parodie, sur une musique de Jean Ferrat, « Maréchal nous voilà », écrite en 1941 à la gloire du maréchal Pétain, élément majeur de la propagande de Vichy, que diffusaient Radio-Paris et la radio nationale et que l'on reprenait en chœur dans les écoles, les casernes, les chantiers de jeunesse et les meetings de la Milice française. Gréco chante : « Toi qui n'étais pas responsable de tous les crimes nazis / Puisque, bon vieillard respectable, évidemment tu n'en savais rien », au moment même où le Front national commence à sortir de la marginalité. Gérard Meys, éditeur de musique, sort le 45 tours avec, sur la pochette, un portrait du maréchal Pétain posant ses mains sur les yeux de deux enfants. Après deux passages à la télévision, elle sera contrainte au silence à la suite de menaces anonymes d'une extrême gravité et les chaînes de radio éviteront de diffuser ce « Maréchal », source de trop d'animosité.

Coulonges écrira par ailleurs, en collaboration avec Francis Lemarque, *Paris populi,* fresque en trois coffrets sortis en 1976, en hommage aux combats du peuple, de la Révolution à la Libération. On y entend notamment « Qu'elle est jolie, la butte », évocation des petits métiers d'autrefois, meuniers ou jardiniers, sur la butte Montmartre, « Elles ne tirent plus l'aiguille », hommage aux femmes qui, lors de la Grande Guerre, prirent la place de leurs maris, frères ou fiancés au front, prisonniers, blessés ou portés disparus.

On se souvient des « Cimetières militaires » que Pierre Louki lui offrit. Il y rendait hommage à son père communiste, mort dans les camps : « Quels que soient le temps le vent les nuages / Les fleurs y poussent fraîches toujours / Passe dessus la fleur de l'âge / La fleur de l'âge des tambours ». Pêle-mêle, on retrouve, dans la discographie de Juliette Gréco, la chanson de Leny Escudero, « Je t'attends à Charonne », écrite en hommage à ceux qui, parmi les manifestants contre l'OAS et la guerre d'Algérie, furent poursuivis et massacrés par la police, le 8 février 1962, jusque dans les escaliers du métro Charonne. Il y a aussi « La Place aux ormeaux », de Robert Nyel, et « Mon fils chante » de Maurice Fanon, qui a longtemps clos les récitals de Juliette.

Depuis quelques années, c'est une autre chanson qu'elle a choisie pour dire au revoir à son public. Pour la première fois depuis son entrée en scène, elle détache le micro et s'approche du piano de Gérard. « C'est une chanson révolutionnaire puisque c'est une chanson d'amour. C'est une chanson d'amour puisque c'est une chanson révolutionnaire. » Jean-Baptiste Clément a trente ans en 1866 lorsqu'il écrit, pour *Le Cri du peuple,* de Jules Vallès, les paroles du « Temps des cerises». Exilé à Londres pour avoir participé à l'insurrection parisienne, il découvre, lorsqu'il en revient, que son texte est devenu l'hymne des ouvriers et des communards. Mis en musique par Antoine Renard, «Le Temps des cerises» restera le symbole de la Semaine sanglante, associé à l'histoire de la Commune de Paris. Jean-Baptiste Clément la dédia «à la vaillante Louise, l'ambulancière de la rue Fontaine-au-Roi, en souvenir du 28 mai 1871», sans savoir ce qu'il était advenu de cette héroïne obscure, si elle avait survécu ou si elle avait, comme tant d'autres, été fusillée par les Versaillais.

Juliette Gréco la chante pour tous ceux qui, un jour, furent privés de liberté ou payèrent de leur vie l'ardeur de leurs combats. Elle continue d'aller où il lui semble nécessaire de faire entendre sa voix: «Quand je me rends en Israël, j'y vais en hommage à ces martyrs, à ces morts, à ces gens qui étaient avec ma mère et ma sœur dans les camps. Nous ne sommes pas juives. Il est une question que je me poserai jusqu'à mon dernier souffle: pourquoi une jeune fille de seize ans est-elle partie dans les camps, et pas moi?» Et elle ne dissimule pas sa peur de lendemains qu'elle ne verra pas: «À présent, on donne des fusils aux enfants, on décapite les gens, c'est le retour de la barbarie ordinaire.»

Juliette et Jacques

«Je n'ai jamais su dire clairement
Combien t'étais beau sur scène
Toute cette sueur comme des fleurs
Qui nous tombait droit sur le cœur
Je n'y voyais que du bonheur[1]*...»*

Jacques Brel et Juliette Gréco se croisent une première fois, sans le savoir, au studio Apollo. Il enregistre «Prière païenne» et «Quand on n'a que l'amour» et elle «Méfiez-vous de Paris» et «La Chanson de Miarka», du film *Elena et les hommes.* Mais la première vraie rencontre aura lieu chez Juliette, à Paris, 33 rue de Verneuil. Sa fille, Laurence, a un mois. Elle dort dans son berceau. Brel est alors inconnu. C'est Jacques Canetti qui l'a fait venir à Paris, après avoir écouté une maquette en 78 tours envoyée par Brel quelque temps auparavant. Il a commencé à chanter deux ou trois chansons au Gaumont-Palace, entre deux séances de cinéma, mais, pour le métier et encore davantage pour

1. «Adieu Bohème», chanson écrite par Christophe Miossec pour Juliette Gréco.

le public, c'est un inconnu. « Il était maigre, ardent, avec des yeux de charbon de bois derrière lequel il y a des braises. Il avait l'air d'un loup, d'un animal un peu sauvage, avec une guitare au bout d'un bras très long. Il a commencé à chanter, et moi j'ai commencé à fondre, à me dissoudre. J'étais éblouie, émerveillée. » Elle choisit la chanson la plus difficile à défendre à ses yeux, « Ça va (le diable) » qu'elle enregistre le 25 mai 1954 : « Il y a toujours un peu partout / Des feux illuminant la terre / Ça va / Les hommes s'amusent comme des fous / Au dangereux jeu de la guerre / Ça va… » Et Brel commente : « Juliette avait un bébé depuis quelques jours, je me suis dit qu'elle pourrait porter l'autre ! » En ce rude hiver 54, celui durant lequel l'abbé Pierre lance un appel pour les sans-abri, Brel ne loge nulle part, ou plutôt il loge où il peut. À l'époque, le cinéma est permanent. Au Trianon, spécialisé dans les westerns, on peut occuper la même loge de 14 heures à minuit. C'est ce qu'il fait, il écrit des chansons dans le faisceau d'un petit projecteur. Ses chansons parlent du vol d'une hirondelle, du soleil de demain, d'un bateau qui revient.

Bientôt elles s'étoffent, l'artiste va prendre son envol. Juliette n'a pas oublié le lourd silence qui accompagne son entrée en scène, « et soudain la vie commençait, et les odeurs venaient, et les changements de temps. Il pouvait pleuvoir, il pouvait faire soleil ou neiger, on attendait avec lui, c'était le printemps, c'était l'été, c'était l'automne. Je crois que personne ne m'a jamais aussi bien prise par la main. Je ne rencontre que des nostalgiques de sa présence. Au bout de sa veste, il y avait deux mains immenses, et il était comme une marionnette humaine, fabuleuse, le simple fait d'ouvrir ses mains était éblouissant[1] ».

Quand il revient chez Juliette, en 1962, avec son pianiste Gérard Jouannest, c'est l'heure du déjeuner – l'aube pour elle qui surgit de sa chambre, devant leurs yeux éberlués, dans le fouillis de rubans et de dentelles de sa tenue de nuit. Ils lui apportent une seconde chanson qui figurera des années durant dans son tour de chant : « On n'oublie rien ».

« Je suis la seule pour laquelle Brel a écrit des chansons[2]. » En 1963, elle enregistre « Vieille », texte destiné à Brigitte Bardot qui l'a refusé, mais évoquer une vieillesse encore lointaine par l'autodérision lui semble plutôt amusant, et c'est ainsi que, sur la scène du TNP, on l'entend affirmer : « C'est pour pouvoir enfin leur dire / À celles qui me jugent avec fureur / "Pauvres grognasses" / C'est pour pouvoir vous dire / "Je vous pardonne votre laideur" / C'est pour pouvoir leur dire à ces matrones / Qui mille fois m'ont condamnée / "Comment voulez-vous que l'on vous pardonne / Vous qui n'avez même pas péché" ? » C'est en revanche en pensant à Juliette, et à elle seule, que Brel écrit « Je suis bien », le portrait le plus juste que l'on ait jamais fait de moi, dira la chanteuse à propos de ce texte qui cerne si bien les aléas de la solitude ressentie souvent à son cœur défendant, et qu'elle a bien du mal à s'avouer à elle-même : « Je m'invente des jardins écrasés de roses

1. Claude-Jean Philippe, *La Vie à mille temps*, La Sept Arte, 10 octobre 1993

2.. Ce n'est pas tout à fait vrai : en 1963, Brel écrit « Les Crocodiles » pour Sacha Distel et en 1967 « Hé ! M'man » pour Mireille Mathieu.

grises / Je brûle quelques églises j'évapore quelques parfums / J'effeuille mes anciens amants je mélange leurs prénoms / C'est drôle ils s'appellent tous Dupont les volcans que j'ai éteints… » Chanson scénique qui fait un triomphe lorsque Juliette l'inscrit dans ses tours de chant, à la fin des années 1960. « La Chanson des vieux amants » et « J'arrive » seront mises au répertoire de l'artiste dès 1970 et ne quitteront plus jamais ses tours de chant.

Lorsque Jacques Brel quitte les îles Marquises, dans la seconde quinzaine d'août 1977, avec la maquette des nouvelles chansons qu'il désire répéter comme à son habitude avenue Victor-Hugo, au domicile de son arrangeur François Rauber, il se heurte à l'acharnement des photographes qui, ayant eu vent de son séjour à Paris, traquent la moindre image d'un Brel que l'on sait malade. Il est alors contraint de changer de lieu et se réfugie dans le plus grand secret chez Juliette Gréco, rue de Verneuil, où il répète avec Gérard Jouannest sur le Steinway du salon. Juliette ne se montrera que lorsque Gérard lui en fera la demande. C'est alors qu'elle découvre, parmi les douze chansons que Brel vient d'achever, un texte qui l'émeut profondément et à travers lequel l'artiste livre les douleurs intimes qui l'étreignent : « Voir un ami pleurer ». Brel lui offre la chanson, qu'elle pourra enregistrer quelques jours avant lui. Au studio B des studios Barclay, du 5 septembre au 1er octobre, à raison d'une ou deux chansons par jour, avec quarante musiciens et une seule prise, il enregistre douze chansons. Cinq manquent à l'appel, l'artiste les jugeant inabouties : « Mai 40 », « Avec élégance », « Sans exigences», «L'Amour est mort», «La Cathédrale». Gérard et François se battront des années pour que le vœu ultime du chanteur soit respecté et que ces chansons restent définitivement dans un tiroir, mais le désir de la famille de les offrir au public aura raison de leur vigilante obstination.

Diffusées à la radio au matin du 18 novembre, les douze chansons touchent en plein cœur les auditeurs, qui se ruent chez les disquaires où le vinyle est arrivé la veille, et en repartent avec ce dernier joyau glissé dans une pochette bleue sur laquelle les quatre lettres du nom de Brel, sonnant comme un adieu, s'envolent, portées par les nuages qui obscurcissent la lumière du ciel.

Au piano, Gérard Jouannest. Il a composé la musique d'une seule chanson, «Vieillir». À l'accordéon, Marcel Azzola. Arrangements de François Rauber. Sur la face A: «Jaurès», «La Ville s'endormait», «Vieillir», «Le Bon Dieu», «Les Flamingants» (musique de João Donato et Caetano Veloso, artistes brésiliens des plus populaires) et «Orly». Sur la face B: «Les Remparts de Varsovie» (seul sourire de ce disque crépusculaire), «Voir un ami pleurer», «Knokke-le-Zoute», «Jojo», «Le Lion» et «Les Marquises».

Un univers d'absolue noirceur, où la mort rôde à chaque instant: si France Brel, l'une de ses filles, voit en «Orly» une chanson très autobiographique, où un couple enlacé est submergé par les larmes au moment de ce qu'il sait être un ultime adieu, d'aucuns n'ont-ils pas identifié, en ces deux êtres fracassés, la maladie qui ronge Brel et celui qui sait qu'il n'en réchappera pas? «Les Marquises» clôt le treizième et dernier album de Jacques Brel, inspiré de la littérature de Robert Merle et des tableaux de Gauguin. C'est l'évocation de ces îles, terre d'adoption, résidence ultime, où la solitude est totale et où il semble, auprès de Maddly, avoir enfin trouvé l'apaisement. Pluie traversière. Vieux chevaux blancs. Femmes lascives. Mer infiniment brisée. Puis il rejoint le petit port d'Atuona avec l'*Askøy II*, son beau voilier à bord duquel il parcourt les mers du Sud. Pour faire la navette jusqu'à Tahiti, il utilise son bimoteur Beechcraft D50 Twin-Bonanza *Jojo* (qu'il fera repeindre aux couleurs du drapeau belge), acheté d'occasion, ayant déjà volé quelques années mais seulement à des fins civiles. Il se lève et se couche avec le soleil, loin des paysages gris de sa mémoire de gosse. Il sait qu'il reposera bientôt dans le petit cimetière, bercé par les alizés, couché à l'ombre de Gauguin.

Juliette et Jacques, c'est l'histoire d'une amitié qui jamais ne faillit avec le temps, Juliette et Jacques, ce sont des mots échangés, mots qui s'entrecroisent et soulignent leurs ressemblances : « L'avenir ? demande-t-il. Comme si on pouvait penser à l'avenir ! On n'est que le présent, un accident biologique qui fait ce qu'il peut. » « Je n'ai pas le sens de l'avenir, dit-elle. Demain ? C'est très loin, demain ! » Quand Brel, à propos de Noël, murmure : « Je crois que tous les hommes sont nés dans une crèche, mais ils n'ont pas tous la chance de mourir à trente-trois ans. Noël, c'est une très jolie fête païenne. C'est dommage que ce ne soit pas tous les jours Noël. Mais tout est une fête, retrouver quelqu'un est une fête, l'amour est une fête… », Juliette confie : « J'installe toujours une crèche au pied du sapin et je change presque chaque année les couleurs des boules de

Noël. J'aime les minuscules objets que l'on attache aux branches de l'arbre et… ouvrir les cadeaux, bien sûr[1] !»

Le plus beau cadeau de Jacques Brel à Juliette Gréco reste son pianiste, Gérard Jouannest, un musicien somptueux, un homme magnifique. Premier prix de piano au Conservatoire, il n'a que dix-neuf ans lorsque la mort brutale de son père le contraint à renoncer à ses rêves de concertiste. Il doit subvenir aux besoins de sa famille. Le voilà bientôt pianiste de bar, puis accompagnateur des Trois Ménestrels, un trio chantant composé de Maria Sandrini, Raymond de Rycker et Jean-Louis Fenoglio. C'est aux Trois Baudets qu'il découvre, en première partie de Mouloudji, Jacques Brel alors accompagné au piano par François Rauber, qui est passé précédemment par La Rose rouge, L'Écluse, La Fontaine des Quatre-Saisons et le cabaret littéraire d'Agnès Capri. En 1957, Gérard et François ont vingt-trois ans, Brel en a vingt-sept. À la fin de l'année 1958, François Rauber, qui a composé la musique de quelques-unes des premières chansons de Jacques, dont «La Lumière jaillira», «Isabelle», «Les Paumés du petit matin» et l'a convaincu d'abandonner en scène la guitare pour être plus libre dans l'interprétation de ses chansons, annonce qu'il met fin à sa vie de tournée pour rester auprès de sa femme Françoise et de leurs enfants. Gérard prend la route avec Jacques pour neuf années de tours de chant et de voyages épuisants autour du monde, à raison de près de 300 concerts par an! La carrière de François Rauber, lorsqu'il quitte Jacques Brel, ne perd rien de son

1. Citée par l'auteur dans *Juliette Gréco. Merci!*, Éditions Didier Carpentier, 2009.

prestige : pour une soirée diffusée en Eurovision, il dirige, tour à tour, les Chœurs de l'Armée Rouge et l'orchestre du Bolchoï, fait un détour par l'Opéra-Comique pour *La Vie parisienne* et *Ciboulette,* compose en 1966 la musique du *Songe d'une nuit d'été* pour la Comédie-Française et celle d'*Une journée particulière,* avec Jacques Weber et Françoise Fabian, que présente le théâtre de Nice en 1998. Des musiques de films aussi, de ou avec Jacques Brel (*Les Risques du métier, Mon oncle Benjamin, Franz, Le Far West* et *L'Emmerdeur*). En 1991, à l'Olympia et pour les tours de chant qui suivront cette année-là et jusqu'au festival de Ramatuelle, Juliette Gréco reprendra une idée de Charles Trenet : être accompagnée de deux pianos. Côté jardin : Gérard Jouannest. Côté cour : François Rauber. Ce récital sera un triomphe.

Dans *L'Événement du jeudi*, on peut lire, sous la plume de Jérôme Garcin : « Juliette Gréco est un défi au temps qui, d'ordinaire, émonde les caractères les plus libertaires et rétrécit les cœurs les plus généreux. Jolie môme telle qu'en elle-même la légende la porte : tendre et frondeuse, canaille et sophistiquée, espiègle et sage, blanche et noire. Défi aux modes, aussi, qu'elle ignore, tout comme une reine l'accidentel. On l'avait quittée en 1983 à l'Espace Cardin, puis à Ramatuelle, sous un ciel étoilé de Provence, on la retrouve à l'Olympia, accompagnée au piano par son compagnon aux mains de grâce, le compositeur Gérard Jouannest. Juliette règne sur la ville. C'est le plus beau centre d'attraction de l'hiver[1]. »

1. Jérôme Garcin, *L'Événement du jeudi*, janvier 1991.

Dans les coulisses de l'Olympia, le 19 janvier, François Rauber souffle les bougies de son anniversaire sur la seule tarte au citron que j'aie pu trouver chez Fauchon, non loin du théâtre. Après sa mort, survenue en décembre 2003, j'ai revu sa femme, Françoise. Elle m'a raconté le mariage de Juliette et Gérard à Ramatuelle, au printemps 1988 : « François était le témoin de Juliette, et moi celui de Gérard. Le mariage devait être secret. Le lendemain, dans la presse, on pouvait lire : "Hier, à Ramatuelle, Juliette Gréco a épousé l'arrangeur François Rauber." Alors, j'ai dit à Juliette : "Je vous adore, mais là, tout de même vous ne trouvez pas que vous y allez un peu fort ?"[1] » Et puis elle a ouvert un tiroir, m'a donné quatre photos de Juliette et François au temps des années douces. À l'envers de l'une d'elles, elle a simplement écrit : « Comme je les aime ! »

On doit à Gérard Jouannest la musique de nombre de chansons de Brel, parmi lesquelles « On n'oublie rien », « Bruxelles », « Mathilde », « Les Vieux », « Ne me quitte pas » (chanson qui sera toutefois signée du seul nom de Jacques Brel) et, pour Petula Clark, vedette américaine de l'une de ses tournées, « Un Enfant », dédié à sa seconde fille, Kathy, née en 1963.

En 2006, Juliette et Gérard vont à Broadway entendre une comédie musicale, *Jacques Brel is Alive and Well and Living in Paris.* Juliette m'a raconté que le nom de Gérard Jouannest ne figurait pas au programme (il était un inconnu aux États-Unis), alors qu'il avait composé la moitié des chansons du spectacle. Elle

1. Propos recueillis par l'auteur, 17 juin 2008.

voulut s'attacher à ce que les choses soient rétablies, mais Gérard, à l'idée de réclamer des droits d'auteur pourtant légitimes, préféra abandonner, expliquant à Juliette que Brel n'était pas une histoire d'argent, mais une histoire d'amour. « Gérard est un prince », me dira simplement Juliette.

Je garde le souvenir délicieux d'un Gérard plein d'humour qui, le soir de mes vingt ans, lors d'un concert de Juliette dans un théâtre de banlieue, mêla aux notes de « Paris Canaille » celles de « Maman, les p'tits bateaux qui vont sur l'eau ont-ils des ailes ? », pour se moquer gentiment de mon jeune âge : il est vrai que j'avais l'air d'une enfant !

Si Juliette, au fil du temps, a ajouté bien des chansons de Jacques à son répertoire, il en est une qu'elle interprète depuis les années 1970 et qui n'a jamais quitté son tour de chant : « J'arrive ». Dès 1995, Bruno Blanckeman s'interroge : « Est-ce un hasard si la chanson qui à chaque représentation provoque la réaction la plus manifeste, une surcharge d'émotion libérée par la force particulière des applaudissements et l'effusion des bravos, est aussi la plus théâtrale, la plus tragique, la plus explicitement jouée, "J'arrive" – de Jacques Brel –, un monologue à l'adresse de la mort, dont le titre même indique la composition ? D'une voix tantôt contenue, tantôt effrénée, plus dramatique que lyrique, scandant un silence de plus en plus porteur de malaise – la parole s'efface comme la voix de l'agonisant –, Gréco met en scène le traumatisme commun, la forme la plus universelle et la plus inacceptable : la confrontation à sa propre mort. Elle la rend tangible d'un regard chaviré, d'un geste conjuratoire, d'un sursaut de voix, d'un soubresaut d'échine. Elle détaille chaque mot, chaque lettre du texte de Brel, et le ramasse et le précipite aussi. Elle effeuille le chrysanthème, cette marguerite des morts, et offre à éprouver le frisson de la dernière fièvre, les accrocs de la dernière conscience, les tentations du dernier regret.

Il n'est ni résignation ni consolation possibles : Gréco joue la douleur brute que plus rien ne médie, à laquelle rien ne remédie. Avec la sobriété la plus épurée, c'est-à-dire la plus élaborée, elle figure le Destin[1]. »

À l'automne 2013, pour le trente-cinquième anniversaire de la disparition de Jacques Brel, la maison de disques de Juliette lui propose d'enregistrer un album en son hommage. « Le temps est venu de lui dire que je l'aimais », dit-elle. Le disque, dont les arrangements sont signés Bruno Fontaine, pianiste de Paolo Conte, Mylène Farmer, Ute Lemper, est somptueux.

« La vie nous fait parfois de bien étranges signes », écrit Bruno Fontaine. « À l'enfant que j'étais, accroché à son poste de radio, ébloui quand Brel chantait, et pour qui déjà les noms de Gérard Jouannest et François Rauber scintillaient et virevoltaient au rythme bondissant de "Mathilde"... Au tout jeune homme que le même François Rauber prit sous son aile, pour lui ouvrir toutes grandes les portes jusqu'alors mystérieuses des studios d'enregistrement... Et puis... Et puis... Il y a Juliette... Ensorceleuse des mots... Troublante et fascinante, dessinant l'émotion de ses mains grandes ouvertes... Par Elle, pour Elle, tous les fragments de

1. Bruno Blanckeman, *op. cit.*

cette histoire se sont cristallisés… La vie nous fait parfois de bien jolis cadeaux[1]. »

Quant à Bertrand Dicale, il note ses impressions à l'écoute de ce nouvel opus : « Les orchestrations sont toutes d'une splendeur qui, en quelque sorte, paraît plus prolonger les chefs-d'œuvre de François Rauber que s'en inspirer. "Ne me quitte pas" prend des allures d'Alban Berg, "Bruxelles" se colore d'un enjouement grinçant comme un tableau de James Ensor, "Amsterdam" est une sorte d'oratorio halluciné et "Fils de" un concerto humaniste et radieux, les cordes fonctionnent comme une consolation légère et douce dans "Les Vieux". Après des lustres d'interprétations véhémentes, tragiques, douloureuses, le "J'arrive" de 2013 est d'une sérénité avouée, comme apaisée. Et ce sentiment donne quelques-unes des plus belles pages de cet album, comme avec le piano soliste de Gérard Jouannest qui l'accompagne dans la nostalgie assumée de "J'aimais" ou le violoncelle de Sonia Wieder-Atherton dans "La Chanson des vieux amants", qui clôt le disque[2]. »

---

1. Bruno Fontaine, *in* Juliette Gréco, *Gréco chante Brel*, CD, 2013, Decca.
2. Bertrand Dicale, « Juliette Gréco dialogue toujours avec Brel », RFI Musique, 4 novembre 2013.

Entrer dans la lumière

« Elle est entrée dans sa robe aux ailes noires. Elle a chanté qu'elle n'avait plus vingt ans. Ses mains se sont envolées autour d'Elle. Sa voix peu à peu a roulé, s'est lovée autour de la salle. Dans le halo de lumière, la magie a opéré. On était trois mille sous le charme de Juliette, suspendus à sa voix, accrochés aux textes des plus grands à qui elle offre sa force et sa félinité comme un feu d'artifice à leurs morts. Gréco était de plus en plus Juliette, galvanisée par la scène, et la salle lui renvoyait le reflet de l'émotion qu'elle lui donnait. Il y avait des frissons le long de la colonne vertébrale, des larmes au bord des cils, des moments intenses, quelque chose d'éphémère et d'unique. Le joli Prélude au Printemps que Juliette Gréco a offert les bras grands ouverts[1]. »

Juliette sourit. « Vous me voyez disant : "Me revoilà, je rentre de la guerre où j'ai fait des merveilles. Il fait grand froid, Madame, et j'ai tué six loups." Pas le genre de la maison. »

1. Marie-José Ballista, *Le Berry républicain,* 28 avril 1992.

Pourtant Juliette Gréco n'a cessé de parcourir en tous sens la planète. Heureuse de faire et défaire ses valises, de prendre l'avion pour le bout du monde, d'autant plus ravie que c'est le lieu où, insomniaque, elle s'endort dans une totale insouciance. « Haltes italiennes, îles japonaises, villes allemandes, fêtes roumaines, festivals hollandais, concerts canadiens, bourgades suisses, festivités autrichiennes… si Juliette est française, Gréco est apatride. Sa voix est écho, sans terres de retenue ni réserves de frontières, le nomadisme pour tout passeport, l'ancre levée pour tout port d'attache, la hache du chant pour toute amarre rompue. Si Juliette était objet, elle serait nacelle[1]. »

Dès le début des années 1950, Juliette s'envole pour le Brésil. Son arrivée surprend : « Ils s'attendaient à voir une chanteuse nue. On leur avait dit que les existentialistes faisaient l'amour sur les tables de marbre des bistrots ! Évidemment ils ont été surpris ! Je devais chanter quinze jours, je suis restée quand même trois mois ! » Gréco y chante au Vogue, luxueux cabaret de Rio de Janeiro, roule en bord de mer au volant d'une immense Cadillac bleu acier.

Dans la nuit, devant la porte de sa chambre, le portier de l'hôtel dépose des brassées d'orchidées, des bijoux, des bonbons, des lettres d'amour et parfois même des demandes en mariage. À Copacabana, elle découvre le goût du caviar, qu'elle aime et offrira tout au long de sa vie, pour chaque Noël, à sa sœur Charlotte. Les enfants des rues lui demandent des

1. Bruno Blanckeman, *op. cit.*

autographes et elle leur sourit : Juliette a toujours aimé les enfants. J'en ai vu parfois dans les coulisses des théâtres du monde, elle s'en émerveillait et disait que la chose la plus fascinante et amusante était à ses yeux de les voir grandir. Elle posait tendrement la main sur le ventre arrondi des femmes et, quand l'un de ses musiciens venait d'avoir un enfant, elle était capable de toutes les folies. Elle offrit ainsi à Gélisdéa Tomassi, la fille de son accordéoniste Sergio, une robe de Christian Dior pour fêter sa venue au monde. Mais j'ai aussi le souvenir d'un soir où un autre de ses musiciens pleurait dans sa loge, à la naissance de son enfant, parce que c'était une fille. Elle est alors capable de terrifiants silences. Et comme j'aimais qu'elle me dise, qu'elle nous dise, féroce parfois à n'y pas croire : « J'aime poser ma main sur le genou de quelqu'un que j'aime. Pour les autres, j'ai des gants. »

À Rio, en scène, elle porte une tenue offerte par Elsa Schiaparelli. « La sombre Ophélie aux cheveux de noyée s'est muée en vamp sophistiquée », peut-on lire dans la presse. Elle hausse les épaules, indifférente déjà à l'évocation du contraire de ce qu'elle est : « On me prend parfois pour une statue qui descend de son socle, ce que je déteste. La statue ? Non, merci. » « Peu de gens savent vraiment qui je suis. La petite fille ne sort que s'il fait très beau. » Dans ses yeux de jais s'allume alors une infinie tendresse. Pour un peu on la suivrait au bout du monde. Ce que l'on fait parfois, rien que pour la surprendre : avec Juliette, rien n'est jamais figé. Il faut être vigilant et savoir l'étonner. Des talons qui claquent dans les coulisses de l'Opéra de Francfort, et, du fond de sa loge dont la porte est demeurée close, j'entends sa voix taquine, sa voix câline : « J'ai reconnu ton pas ! » Et son rire perlé vous fait oublier les kilomètres parcourus dans la nuit de l'hiver.

Ses musiciens l'entourent, la protègent : « Ils sont pour moi le filet de l'équilibriste. » Sergio me confie : « Elle dit toujours "Pardon, mes amours", même quand ce n'est pas elle qui s'est trompée. Elle est la seule dans ce métier à dire ça. »

Les mains de Gérard Jouannest glissent sur le clavier comme des oiseaux épris de liberté. La scène est vide, nimbée de bleu. À l'avant-scène, une traînée de pourpre dessine comme un chemin de lumière. Une femme avance, s'immobilise un instant, empoigne le micro. Le combat peut commencer, il a pour nom l'amour. Un rouge fugitif l'a frôlée et bientôt le faisceau ambré des projecteurs souligne des mains qui s'envolent et un visage d'une beauté époustouflante, que les années qui passent ont rendue encore plus émouvante. De Christophe Pitras, son éclairagiste, Juliette dit qu'il est un somptueux cadeau de Jacques Rouveyrollis. D'Étienne Fischer, son ingénieur du son, qu'il ne peut rien lui arriver quand il est là. « Je vous ai entendue pleurer », a murmuré Étienne, un soir, à Roubaix. « Quand vous avez chanté "Les Amants d'un jour", il y avait des sanglots dans votre voix, vous ne m'aviez jamais fait ça. » Il est heureux auprès de « sa » Juliette, dont il s'est pris à rêver quand le voyage avec Barbara s'arrêta, après sept ans de bonheur. Au temps de *Lily passion,* la longue dame brune lui avait offert, c'est son premier souvenir, une eau de toilette de Chanel : « Barbara me faisait faire des trucs de folie, arrivait à l'heure où l'on décharge les camions, se balançait sur son rocking-chair. Elle était excessive et d'une générosité folle. Elle nous vampirisait, on vivait dans un stress permanent, on avait peur de la décevoir et de n'être pas à la hauteur de ses exigences qui étaient immenses et… changeantes ! On l'aimait tant ! C'est elle qui m'a appris que l'artiste est maître à bord. C'est moi qui chante, disait-elle, et elle avait raison ! On ne peut imposer aucune contrainte technique à un artiste, c'est à nous de mettre en valeur sa voix, il ne faut jamais l'oublier ! Juliette est très différente. Elle obtient ce qu'elle veut de nous. Juliette, c'est l'élégance, l'amour, la suggestion, la discrétion. Il n'y a jamais de conflits. Juliette n'impose pas. C'est le partage. Juliette, c'est le professionnalisme, la douceur, la tendresse. » Une halte sereine, après le tourbillon Barbara ? « Ben oui… c'est un peu ça. »

J'ai oublié, c'est vrai, les techniciens qui entourèrent Juliette dans les années qui précédèrent l'arrivée de Christophe et d'Étienne, mais je n'ai jamais oublié Pierre Carrère. Amoureux de Juliette et il ne s'en cachait pas, il savait mieux que personne lui offrir un somptueux écrin, au temps où la lumière était une création artisanale et où n'existaient ni les ordinateurs, ni les projecteurs asservis. Et c'est Pierre qui, un jour, a transmis le flambeau à Christophe.

Étienne, un matin d'avril, attend le bus d'Air France, porte Maillot. Sur un banc, sous l'abri, on secourt un homme pris d'un malaise. À l'aéroport, il retrouve Sergio Tomassi, l'accordéoniste qu'il connaît puisqu'il a été celui de Barbara, et l'impresario Maurice Marouani, avec lequel il a travaillé en Italie pour Mireille Mathieu.

Il rencontre pour la première fois Juliette et Gérard. Juliette est inquiète : Pierrot n'est pas encore arrivé. Au fil de la conversation, Étienne comprend vite que l'homme à l'arrêt de bus, c'est lui. Pierrot, au bout du rouleau, ne reviendra plus. Christophe Pitras, envoyé par Jacques Rouveyrollis, va le remplacer. « C'est ainsi que Christophe et moi avons commencé à travailler pour Juliette. » Étienne me parle encore du merveilleux public que sont les Allemands, de leur immense culture musicale : « Ils écoutent la chanson jusqu'à la dernière note, jusqu'à la dernière résonance, jusqu'à la main levée de Gérard, jusqu'à la réverb, pour applaudir. » Il me parle d'un soir à Tel Aviv, où l'émotion était presque palpable et les larmes suspendues.

Il est des lieux qui vous habitent et vous incitent à revenir. Il en est ainsi, pour Juliette, de l'Opéra de Vienne, en Autriche. Pour la remercier, on lui a offert un petit morceau du plancher du théâtre. « En fait, conclut Étienne, sur scène Juliette est très rock and roll. Beaucoup de jeunes viennent la voir, j'aimerais qu'il y en ait encore et toujours davantage, j'aime voir briller leurs yeux quand ils la découvrent ! Car Juliette est au zénith de sa lumière. Juliette, c'est un bijou, une artiste de luxe dans le plus beau sens du terme. Juliette, c'est un bonheur[1]... » Et puis il y a le Japon. Le premier voyage de Juliette au pays du Soleil levant remonte à 1961, où elle était invitée par un certain M. Tsutsumi : « J'ai signé des autographes au Seibu, le grand magasin de M. Tsutsumi, survolé Tokyo dans son hélicoptère, traversé une partie du pays dans ses trains, flotté sur

1. Propos recueillis par l'auteur, juillet 2008.

le lac de M. Tsutsumi, navigué sur ses bateaux, dormi dans ses hôtels. C'était le marquis de Carabas.

Il nous a même offert un dîner de rêve, servi par de très belles et talentueuses geishas, dont l'une chantera "Les Feuilles mortes", en s'accompagnant au koto[1] », instrument de musique à cordes pincées utilisé en musique japonaise traditionnelle et longtemps en usage à la Cour impériale avant de se démocratiser.

Elle y retournera très régulièrement, accompagnée par son impresario japonaise, Keiko Nakamura, que passionne la chanson française et qui invitera aussi Cora, mais dans des salles souvent plus confidentielles.

« Juliette Gréco est venue pour la première fois en décembre 1961. C'est le moment où la culture française s'est épanouie au Japon : littérature, théâtre, cinéma, beaux-arts, chanson française... Tous les disques de Juliette étaient déjà publiés au Japon depuis les années 1950. Elle était très connue et une star très attendue. Juliette a donné dix concerts dans tout le Japon en 1961 et réuni plus de 20 000 spectateurs. C'était un vrai triomphe. Depuis elle vient régulièrement au Japon et c'était sa dix-neuvième tournée en 2007. Elle garde toujours une place unique dans la culture française au Japon. Elle a son public, un très bon public fidèle. De plus, il y a des jeunes qui découvrent Juliette chaque fois. Avec la projection de la traduction simultanée des textes depuis 1986, le public japonais comprend ce qu'elle chante. Il ne vient pas au concert pour la nostalgie, mais pour voir la Juliette Gréco actuelle. Le public japonais adore Juliette et il est de plus en plus important. »

1. Juliette Gréco, *Jujube, op. cit.*

Keiko évoque sa rencontre avec Juliette : « C'était en juin 1976, j'avais été engagée comme interprète lors de sa tournée de concerts au Japon. Revenant de Paris où j'étais étudiante, c'était la première fois que je travaillais pour un artiste. Juliette m'a impressionnée par son art et aussi par sa personne. Elle m'a fait découvrir la chanson française. Ce fut la rencontre de ma vie. Et puis trois ans ont passé. Un jour, chez elle, à Paris, nous bavardons. Elle a très envie de retourner au Japon. Grâce à Hiroshi Teshigahara, cinéaste de *La Femme des sables,* j'ai réussi à organiser six concerts en novembre 1979. Depuis 1981, je produis les spectacles de Juliette. C'est elle qui m'a tout appris. Elle me soutient. Elle m'encourage toujours. Je lui dois tout[1]. »

Dans le public, beaucoup de lettrés, mais aussi des amoureux de Juliette, qui ont appris le français avec ses chansons. Le Japon, ce sont les cartes postales que Juliette envoie de là-bas : « Tout est beau. J. » C'est le typhon Tokage qui déracine les arbres et fait valser les maisons comme des fétus de paille, tandis qu'elle chante à Osaka à l'automne 1994, ce sont les jardins, les temples zen, « un appel à la sérénité, une chose que j'ignore totalement ». Ce sont les érables qui flamboient dans la splendeur de l'arrière-saison, les kimonos qui épousent les gratte-ciel, les cerisiers qui se couvrent au printemps d'une neige rose, le silence recueilli de ceux qui l'écoutent et qu'elle prit la première fois pour une indifférence polie. Le Japon, c'est encore une rue, un café qui portent son nom. C'est le tremblement de terre qui, à Tokyo, fait vaciller les grandes bannières

1. Keiko Nakamura, propos recueillis par l'auteur, juillet 2008.

blanches sur lesquelles on projette en idéogrammes les traductions de ses chansons: « J'ai bien senti quelque chose, mais j'étais venue là pour chanter, alors j'ai continué. »

Pour ses amies, Juliette rapporte des perles de culture noires ou blanches – « Regarde, la noire c'est moi, la blanche c'est toi » –, les poupées de papier mâché que l'on offre à la « fête des Filles » et de minuscules cocons de vers à soie qui, sous le pinceau de l'artiste, sont devenus empereur et impératrice du Japon. C'est ce concert qu'elle donne en 2011, alors que bien d'autres artistes annulent leur venue au Japon après la catastrophe nucléaire de Fukushima: « Il n'était pas question un instant d'annuler. Il faut aller là où l'on a besoin de nous. »

Louis Nucéra disait qu'en Corée les gens de la rue portaient son nom, comme d'autres une rosette, au revers du veston ou du blouson, et qu'en Allemagne c'est le respect et l'enthousiasme réservés habituellement aux grands concertistes qui saluent ses récitals. Il est vrai que, du Mexique à l'Angleterre, de l'Italie au Canada, l'annonce de la venue de Juliette Gréco signifie que le soir on jouera à guichets fermés. Gréco a traversé les années avec la désinvolture d'une magicienne.

Mais le seul pays où Juliette pourrait vivre, en dehors de la France, m'a-t-elle toujours dit, c'est l'Italie. Elle en aime la langue aux accents chantants, les femmes et les hommes séduisants au-delà de tout, l'apaisante beauté de la Toscane, l'art qui naît à chaque coin de rue, et, à Venise, l'opéra de La Fenice où elle vint chanter, et les barcarolles, et les ponts, et les ruelles où l'on s'égare.

Des kyrielles d'images reviennent encore à la mémoire de Juliette : ses débuts à Édimbourg, après une pièce que joue Rex Harrison, et les roses « odorantes comme celles que l'on trouvait dans les jardins de curés et qui lui font un tapis vivant chaque soir, balayé par le rideau rouge et velouté du succès », la rencontre avec les Irlandais « forts et droits comme les arbres de leurs forêts, purs comme l'eau de leurs rivières, chauds comme le sang qui coule trop souvent hors de leurs veines sur le trottoir, contre les murs de leurs maisons aux fenêtres murées », la découverte des pays scandinaves où « sur la mer, le soleil plaque l'ombre des grands oiseaux découpés au rasoir dans un étrange métal sombre », « les soirs brûlants et madrilènes, d'autant plus brûlants qu'ils sont traqués par “Franco la Muerte” », le public de Montréal, « public français du bout du monde qui brûle sous son épaisse fourrure de neige et se roule dans l'or et le sang des étés indiens », les poissons dégustés au Portugal à Nazaré « où les femmes font onduler leurs jupons colorés superposés, froncés et brodés durant les longues journées d'hiver[1] » et, sur la plage, guettent l'instant où leurs hommes reviennent de la pêche, tandis que des attelages de bœufs attendent les bateaux sur le sable pour les tirer hors de l'eau. Les soirées passées à savourer les langoustes grillées et à boire du *vinho verde,* en écoutant la voix sublime d'Amália Rodrigues.

Juliette qui, depuis l'adolescence, dévore la littérature russe, Tolstoï, Dostoïevski, Tchekhov, Maïakovski, rencontre Evtouchenko lors d'un cocktail à l'ambassade

1. Juliette Gréco, *Jujube, op. cit.*

de France. Il est élégant, charmant, séduisant, elle lui sait gré d'avoir dénoncé les atrocités commises fin septembre 1941 par les nazis et leurs sympathisants locaux aux abords de Babi Yar, près de Kiev, où 30 000 juifs ont été exécutés. Dans les rues, ce sont les femmes qui, inlassablement, « vêtues comme des couvre-théières », enlèvent la neige accumulée et se livrent aux travaux de terrassement les plus épuisants. Les Russes la surprennent, eux qui adorent la vie et n'aiment rien tant que rire, boire, parler, danser !

D'autres souvenirs sont plus amers, telle cette tournée en Égypte avec, en première partie, Philippe Clay. Tous deux, vêtus de noir, désorientent ce public qui, en guise de désapprobation, allume la salle en plein cœur de la représentation ! Pour se consoler, accompagnée d'Henri Patterson, elle ira voir les Pyramides, s'émerveillera de la plus belle à ses yeux, celle de Sakkarah, flamboyante au coucher du soleil, quand le ciel embrase l'horizon à perte de vue. Plus on descend vers le sud, dira toujours Juliette, plus les publics sont difficiles à conquérir. En témoigne ce récit qu'elle écrivit d'une délicate soirée sous le ciel d'Espagne : « Villa Rosa, boîte de nuit suprêmement élégante, parfumée par une roseraie doucement éclairée ; assises aux tables, de jolies femmes admirablement déshabillées-habillées, des hommes en tenue de soirée. Sur la scène, les Bluebell Girls. Elles plaisent. Gréco fait son entrée. Un bruit de ruche s'élève des tables fleuries. Qu'est-ce que c'est que ce fantôme ? Après les longues jambes nues et les poitrines avenantes des demoiselles qui la précédent, elle ne fait au propre comme au figuré pas le poids…

Les briquets s'allument, le ton monte. Gréco n'est pas une poupée gonflable. Elle diminue de plus en plus, rétrécie par la houle, mais la flamme monte en elle. Il faut gagner le silence. Elle gagnera celui des hommes. Celui de certaines femmes aussi. Fort peu. Elle ne plaît pas aux femmes ce soir-là. Elles ne se sentent pas en sécurité. Contre la beauté, on peut se battre, contre l'étrange cela devient plus compliqué[1]. »

Avec le public germanique, il faudra du temps à Juliette pour qu'elle se laisse doucement apprivoiser. Première artiste française à chanter en Allemagne aux lendemains de la guerre, elle ne cache pas que ce fut douloureux. Les cendres étaient encore brûlantes et les souvenirs un fardeau bien lourd à porter. À chaque instant, un mot, une intonation la faisaient sursauter, ravivaient des blessures qui avaient bien du mal à cicatriser. Le jour de son premier concert, les jeunes gens et les jeunes filles viendront lui demander s'il est vrai qu'elle éprouve pour le peuple allemand de la haine. Émue et troublée, elle répondra que la vérité est ailleurs, à l'intérieur du passé de leurs parents, car en ce qui concerne leurs pères ou leurs mères elle ne peut répondre de rien. Eux seuls détiennent la réponse. Pour elle, la plaie reste ouverte.

Mais le pays avait changé. Pouvait-on en vouloir aux nouvelles générations de la barbarie de ceux qui les avaient précédées ? En 1966, elle donne, à l'invitation d'Herbert von Karajan, un récital à la Philharmonie de Berlin. Le tour de chant se clôt sur vingt minutes

1. Juliette Gréco, *Jujule*, *op. cit.*

d'applaudissements, du jamais vu à ce jour. À l'aube des années 2000, 60 000 personnes se lèvent dès son entrée dans la lumière, pour l'applaudir dans cette salle qui vibre des mêmes émotions : « Un terrible coup de canon, si bien que je me suis protégée avec mes bras. Je me souviens que, dans les coulisses, il y avait deux jeunes mecs à genoux qui baisaient le bas de ma robe, une horreur ! »

Éclats de vie

« Lorsque j'étais jeune, j'étais très complexée. J'étais maigre comme un clou, trop grande pour mon âge, avec des cheveux longs. Je ne ressemblais pas aux chanteuses américaines d'alors, pulpeuses, avec des choucroutes blondes sur la tête… et puis j'ai découvert Juliette Gréco, j'ai vu des photos d'elle. Ce fut un choc. J'ai immédiatement voulu m'habiller et me coiffer comme elle, avoir la même frange. Je ne pouvais pas m'identifier à Marilyn Monroe. Avec Gréco, si. Elle m'a débarrassée de mes complexes. »

Patti Smith
(propos recueillis par Egon Kragel, 2015)

De l'album de la vie de Juliette comme des tiroirs de sa chambre, surgissent, dans un joyeux désordre, mille photographies qui, toutes, racontent un instant éphémère volé à une vie fabuleuse : sa première apparition à New York, le 9 avril 1952, au Waldorf Astoria, à l'occasion du très élégant bal « April in Paris », donné au profit de l'hôpital français de la ville. En robe noire, elle chante « Je hais les dimanches », mais revient en robe fourreau lamé or avec « La Fourmi » de Desnos. La soirée est ainsi commentée dans la presse new-yorkaise : « Le show initial consistait en un spectacle de trois heures, composé de cinq tableaux, dirigé par Stuart Chaney, mettant en scène des troubadours à la cour d'Aliénor d'Aquitaine au XIIe siècle, l'entrevue d'Henri VIII au camp du Drap d'Or, Louis XIV à Versailles et un défilé de quatorze créations de couturiers parmi lesquels Jacques Fath. La plus grande partie de la collection de mi-saison du créateur Jean Dessès était présentée en avant-première du défilé de mai à Paris. Fous du roi, chanteurs, danseurs en nombre, nains lutteurs et animaux dressés, prêtés par John Ringling, ainsi que trois douzaines de joueurs de cornemuse écossais s'ajoutaient aux attractions. Les vedettes françaises Juliette Gréco et Jean Sablon, Beatrice Lillie, John Loder et bien d'autres s'étaient déplacés pour l'événement. Maxwell et Lillie, déguisés en maharajah indien enturbanné et en femme de harem, arrivèrent avec seaux et balais, suivant un éléphant. Le prix du ticket de vestiaire surprit les spectateurs. Il se montait à 0,35 dollars pièce, au lieu des 25 cents habituels. »

« D'autres artistes français sont présents : Léo Marjane, Charles Boyer, Claude Dauphin, Hubert de Givenchy et Pierre Balmain, lequel rivalise avec Jean Sablon pour camper le personnage de Louis XIV au sein d'un tableau historique compris dans la revue jouée ce soir-là. Le public, qui compte également la reine Juliana, Rex Harrison et Laurence Olivier, ainsi que quelques milliardaires, ovationne Juliette qui fait là sa première apparition américaine. Plus tard, en décembre 1963, c'est en Angleterre que Juliette participe au Jean Sablon show pour la BBC à l'occasion des fêtes de fin d'année. Il qualifie Juliette, "amie de longue date", d'artiste majeure, chanteuse à l'origine, devenue également actrice tant au cinéma qu'à la scène. Occasionnellement lectrice de poèmes à la radio française, elle récite pour Jean "The Owl and the Pussy Cat" d'Edward Lear, dans sa langue originale. Un poème qui ne sera publié en français que trois ans plus tard, sous le titre "Minette et le Hibou".

Figures emblématiques de générations différentes, les deux personnalités ont peu de chansons communes à leur répertoire. Jean enregistra cependant "Jolie Môme" et interpréta "La Cuisine" au théâtre Daunou, à Paris, mais aussi à Buenos Aires et à Montevideo. Jean Sablon a réalisé un enregistrement des "Feuilles mortes" à New York dans l'été 1947.

Juliette et Jean comptent parmi les rares interprètes français à la carrière réellement internationale[1]. »

Une autre photographie s'envole et l'on y entrevoit le merveilleux éclat de rire de Juliette en ce soir de 1967 à Londres lorsque Manitas de Plata, à la veille d'une tournée internationale, lui montre, sur sa guitare, un dessin signé Picasso dont la vocation est de lui porter chance… Il y a aussi la beauté de Juliette à son zénith quand, irrésistible, elle chante en duo « Déshabillez-moi » avec un Henri Salvador des plus

1. Philippe Jadin et Charles Langhendries, texte adressé à l'auteur, 12 septembre 2019.

délirants… et, pour la télévision encore, la chanson « Dis, quand reviendras-tu ? » qu'elle partage avec Barbara, qu'elle aime si tendrement. C'est Amália Rodrigues que Juliette prend par la main sur un plateau de télévision en cette fin de janvier 1959, pour lui dire combien elle aime la musique du Portugal et sa manière de chanter le fado.

Ce sont les images du *Top à Gréco* que lui offrent en 1973 Maritie et Gilbert Carpentier, on y découvre une Juliette en smoking entourée des ballets d'Arthur Plasschaert, une autre malicieuse effeuillant, avec un Francis Blanche en col roulé bleu ciel, la truite de Schubert réinventée, une autre encore en duo avec Ferrat pour « Une femme honnête n'a pas de plaisir ».

Sa chanson « Alouette » a depuis cinq ans déjà propulsé Gilles Dreu dans les étoiles quand il invite Juliette, toute d'azur vêtue, à venir jusqu'à lui : « Descendez l'escalier que je vous voie Juliette / Descendez l'escalier / Il paraît même mais ça je ne l'ai pas entendu / Que vous ne seriez plus pucelle, Juliette… » « Savez-vous ce que Juliette s'est écriée ? », me glisse Gilles Dreu. « "Si je descends l'escalier comme ça, on dira que je suis une grognasse ! D'ailleurs je suis une grognasse !" » Et le souvenir ébloui lui revient d'une longue tournée où, à l'aube de son chemin, il partageait l'affiche avec Raymond Devos et Juliette Gréco !

Michel Piccoli a chipé les mots de Maurice Fanon pour faire sienne l'éblouie : « C'est une femme en un instant qui m'a fait faire le tour du monde », « Tant que ma vie me dure j'entendrai chanter l'enchantée… »

Sur la piste du Cirque d'hiver, le 29 mars 1959, Gilbert Bécaud, dompteur d'un soir, donne le fouet à des danseuses de l'Opéra déguisées en chevaux. Jacques

Charon et Robert Hirsch s'inscrivent dans la mémoire collective avec une hilarante parodie du *Lac des cygnes.* Juliette, elle, sort d'un chaudron brûlant sur lequel se penche un chef indien qui psalmodie, sous les traits de Jean Le Poulain ! Elle n'est jamais en reste, Juliette, quand il s'agit de s'amuser, de prendre des risques, et là, ce sont les deux choses à la fois. On la reverra en cycliste funambule pour le Gala de l'Union 1964, l'année où Johnny Hallyday étonne avec son numéro de cheval twist. Téméraire plus que tout autre, en cuir noir et cuissardes, en 1972, elle affronte dans leur cage deux tigres, réussit, à l'aide de leur dompteur, à les faire se dresser, s'asseoir et quitter la piste, sous l'œil inquiet de Maria Callas et Vittorio De Sica. Dans les gradins, Michel Piccoli a allumé une cigarette. Il n'a pas quitté un instant des yeux une Juliette qui salue, fière et rassurée tout à la fois. Son premier baiser sera pour lui. Dans la journée, sur les ondes d'Europe 1, qui suivait les répétitions du gala du soir, on avait annoncé que le troisième tigre ne participerait pas à ce numéro réglé par Firmin Bouglione : il avait bien failli croquer Juliette ! Pour sa dernière apparition au Gala de l'Union, en 1990, entourée de petites souris en tutu blanc, ce sont des chats qu'elle choisit de dompter et de faire traverser un cerceau de feu. Au bord de la piste quand je la photographie, elle me sourit : « Indomptables, les chats ! mais pas tant que moi ! »

« Tabarin, cour des miracles, lustres humains, vaisseau fantôme. Pièges de femmes rousses qui descendent du ciel dans les boules de cellophane. Pièges de fêtes qui se déroulent sous les ordres d'une grande fille rousse en costume de Cagliostro, éclairée par des valets de satin blanc brandissant des candélabres. » Tel est le souvenir que Jean Cocteau garde de Tabarin, music-hall né avec le siècle, quelque part dans le IXe arrondissement. Le temps a peu à peu effacé les fresques de Willette, *Colombine enlevée, Danseuse de corde,* qui ornaient les murs. Tabarin, depuis treize longues années, s'est endormi sous la fine poussière de l'oubli quand, le 3 juin 1966, il s'apprête à revivre pour un seul soir avant l'assaut assassin des bulldozers. Sous l'écharpe rouge de Bruant, on reconnaît René-Louis Laforgue et sa « Julie la Rousse », Colette Brosset a revêtu les vaporeux atours de la Loïe Fuller, Tessa Beaumont ceux de Jane Avril et, dans la foulée d'un sketch désopilant de Francis Blanche déguisé en Indien, Juliette Gréco, Yvette Guilbert d'un soir, robe de gris perle, longs gants noirs jusqu'aux épaules, ressuscite « Madame Arthur » et partage une coupe de champagne avec une autre Juliette, crinière rousse et regard azur, dont l'époux, Marcel Achard, a frappé les trois coups pour déclarer ouverte la fête ultime. Les chevaux de Tabarin, attraction qui ont connu leur heure de gloire, surgissent d'une trappe en un carrousel où tournent de très jeunes acrobates joliment dévêtues et scintillantes de lumière.

Trois petits tours et puis s'en vont… Voici Juliette à la salle Richelieu, le 16 novembre 1953. Autour d'elle, on aperçoit Claude Winter, Bernard Blier, Pierre Brasseur, Jean Piat, Claude Gensac, réunis autour de Béatrix Dussane pour sa soirée d'adieu à la Comédie-Française. La comédienne a tenu à sa présence et avant qu'elle ne chante « Si tu t'imagines », c'est avec ces mots qu'elle la présente : « Vers 1943-1944, en ces temps troublés, des élèves de ma classe m'amenèrent un jour une jeune enfant, car c'était encore une enfant ! Brune, pas très grande, et qui voulait jouer Agrippine, Athalie, et pire encore si elle pouvait ! Je lui ai conseillé d'attendre, de grandir un peu. Elle m'a regardée d'un air farouche. Je ne sais pas si elle me crut. Je la perdis de vue quelque temps, j'avais de ses nouvelles de temps en temps. Et puis un beau jour elle avait trouvé sa voie, qui n'était pas tout à fait la tragédie, mais qui était une bonne voie quand même car elle était devenue… Juliette Gréco ! »

La revoilà entre un Jacques Brel en héros de *La Bande à Bonnot,* chapeau melon, lunettes cerclées de métal, redingote et fusil à pompe, donnant une étrange allure au « Petit Chemin » de Mireille et Jean Nohain, devenu une voie sans issue conduisant au carrefour des pendus, et le duo Guy Bedos-Sophie Daumier dans une illustration poétique de la « Demoiselle sur une balançoire » : Juliette emprunte aux mêmes auteurs « Et pourtant je l'ai vu », rencontre insolite, au détour d'une nuit, avec le diable, pieds fourchus, front biscornu, qui mange des crapauds et des enfants tout crus…

Quelques années plus tard, elle fait un détour par *Le Grand Échiquier* que Jacques Chancel consacre à la grande pianiste Yvonne Lefébure, pour laquelle elle vient chanter « Les Feuilles mortes », tandis que Jacques Debronckart offre à la virtuose éblouie le texte qu'elle lui a inspiré, « On l'appelle la patronne, Yvonne / Moi je l'appellerai "La Passionata" »… Heureuse époque du *Grand Échiquier,* émission culte à laquelle Gréco a déjà participé à plusieurs reprises pour les soirées consacrées à Guy Béart (« Il n'y a plus d'après »), Félix Leclerc (« Mon fils chante »), les Quipalayún (« Voir un ami pleurer », « Non Monsieur je n'ai pas vingt ans »), Pierre

Seghers (« Le Voyou »), le chef d'orchestre Michel Plasson pour lequel elle chante dans le cloître de la cathédrale Saint-Sauveur d'Aix-en-Provence, les chirurgiens Jean Judet et Raymond Vilain (« Déshabillez-moi ») et Francis Huster (« Les Feuilles mortes », « La rue des Blancs-Manteaux ») dans l'émission tournée le 5 mai 1989, intitulée *10 ans avant l'an 2000.* Elle est seule ou presque à chanter dans des émissions où l'on croise Louis Leprince-Ringuet, Maïa Plissetskaïa, Yuri Boukoff, le pianiste Jean-Philippe Collard, la cantatrice Christiane Eda-Pierre, Léopold Sédar Senghor, ou encore la très jeune Isabelle Carré. Dans les émissions où elle paraît, on peut entendre, d'une émission à l'autre, bien peu d'artistes appartenant au monde de la chanson, mais ce sont Claude Nougaro, Catherine Sauvage, Marc Ogeret, Jean-Roger Caussimon, Cora Vaucaire, ou bien encore Maxime Le Forestier. Tous des classiques ou presque !

Incorrigible Juliette qui, le 24 février 1981, improvise, devant les yeux éberlués des spectateurs du *Tribunal des flagrants délires,* émission culte de France Inter, une délurée « Bécassine », née de la plume de Jean-Jacques Debout et offerte quelques mois plus tôt à Chantal Goya ! S'aventurer en terre inconnue l'a toujours amusée, c'est ainsi qu'elle enregistre des chansons coup de cœur qu'elle ne chantera jamais en scène : « L'Encre de tes yeux » de Francis Cabrel ou bien encore « Message personnel », écrite par Michel Berger pour Françoise Hardy.

Elle éprouve un malin plaisir à donner une interprétation très atypique de refrains aussi éloignés de son répertoire que la chanson de Sheila « Le Folklore américain » ou encore celle de Claude François « Le Jouet extraordinaire », avant de retrouver Michel Legrand autour d'un piano pour une jolie évocation de l'instant où Guy annonce à Geneviève son départ pour l'armée dans *Les Parapluies de Cherbourg* de Jacques Demy : « Non je ne pourrai jamais vivre sans toi / Je ne pourrai pas ne pars pas j'en mourrai / Un instant sans toi et je n'existe pas / Mais mon amour ne me quitte pas. »

Le couturier Christian Saint Gilles vit et travaille en Chine depuis une quinzaine d'années. Un soir d'automne, en 2005, alors qu'il est attablé dans un bistrot de Canton, un serveur s'approche. Intrigué par sa blondeur nordique et ses petites lunettes rondes cerclées de métal qui lui donnent un look tellement fun, il voudrait bien savoir de quelle contrée lointaine il peut bien venir. « Paris ! — J'adore les chansons françaises ! » Christian s'attend à ce qu'il fredonne une chanson d'Hélène Rollès (*Hélène et les Garçons*), tellement populaire là-bas. Mais voilà qu'il entonne en riant « Déshabillez-moi » et « Un petit poisson, un petit oiseau », à la grande stupéfaction de Christian. Juliette n'est jamais allée en Chine, et pourtant certaines de ses chansons ont franchi les océans…

Souviens-toi, Juliette… Un peu de folie au fil des jours…

Le 4 janvier 1967, aux côtés de Gilbert Bécaud, Jerry Lewis et Sammy Davis Jr., tu participes à la 38th Royal Variety Performance, devant la reine d'Angleterre. Le lendemain, avec Michel Piccoli, tu t'envoles pour l'Union soviétique : 24 récitals à travers le pays, à Kichinev, capitale de la Moldavie, à Leningrad, à Tallinn. Tu emportes avec toi une chanson de Jean Dréjac et Philippe Gérard, « Octobre », écrite pour le 50e anniversaire de la Révolution russe de 1917 ! Tu es très fière : *L'Humanité* publie le texte de ta chanson, que tu n'interpréteras… plus jamais !

Pour l'émission *À la croisée des chemins,* diffusée le 31 décembre 1969, Michel Legrand, au piano, joue un air de Marius Constant, extrait du ballet *Cyrano de Bergerac,* dont Roland Petit a signé la chorégraphie en 1959. Et toi, l'air de rien, contente de toi, tu chantonnes sur sa musique une recette que vous venez de lire dans *France-Soir* : « Suprême de volaille aux crevettes » ! L'as-tu essayée, Juliette, cette curieuse recette ?

Un jour de 1978, tu me sors un flingue : « Jure-moi que, si un jour je suis très malade, tu me tueras ! Il n'y a que Françoise Sagan et toi qui m'aimez assez pour le faire, mais… elle a la main qui tremble ! » Merci, Juliette !

Un jeudi d'été à Ramatuelle. Je viens déjeuner avec toi. Tu m'ouvres la porte, pas maquillée, les cheveux ramassés dans un élastique, si mignonne dans la lumière de l'été : « Je me suis trompée ! Je croyais que c'était demain ! » Et tu disparais… Quelques minutes plus tard, tu reviens « en Gréco », cheveux dénoués, œil de biche, tout ça pour moi, fallait pas !

Au Japon, en 1986, tu rends hommage à Makoto Ōoka, poète et conférencier japonais, avec « Le Chant de la flamme » et tu réveilles, avec un texte de Daniel Thibon, le souvenir de Matsuo Munefusa, poète du XVIIe siècle, dit « Bashô », le moine voyageur, fondateur du haïku.

On t'aime folle, excessive, fantasque, imprévisible !

Une envie, Juliette ? « Je ne connais la Chine qu'au travers des livres. Alors, peut-être un voyage en Chine ? Aussitôt que j'aperçois une valise, je suis heureuse. Train, bateau, avion, même en France, tout me va. Parce que l'ailleurs est toujours une promesse de rencontres. »

Ta pensée le matin au réveil ? « Merci de vivre. Merci de m'avoir donné aujourd'hui, on verra bien demain. Je me lève avec le sourire, souvent très tôt. Je dors peu depuis toujours. Pour ne rien rater. »

Le plus bel âge de la vie ? « Le plus bel âge, c'est l'instant où l'on aime, le moment du partage. »

Michel Piccoli ? « Il disait de moi que j'avais le vent de mon côté. Pour lui, j'étais de celles qui réussissent. J'étais une femme libre et je l'assumais. »

Si on jouait ? Dis-moi, Juliette, si tu étais…

Un plat d'enfance ? « Les confitures de ma grand-mère, transformées en caramel, et que l'on mange avec les doigts ! »

Un dessert ? « Les choux à la crème, avec plein de chantilly. Je n'aime que ça au monde ! »

Un vêtement ? « La mer… oui, l'eau de mer, c'est ce qu'il y a de plus seyant. »

Une nationalité ? « Je serais italienne. J'aime beaucoup les Italiens. Élégants, raffinés, esthètes. »

Un instrument de musique ? « Le violoncelle. »

Une ville ? « Paris ! »

Un fleuve ? « La Loire. Douce et violente à la fois. »

Une couleur ? « Le noir. Tu ne t'attends tout de même pas à ce que je dise le rose ? »

Une planète ? « La Terre. La seule dont je suis sûre. Mais je crierais très fort parce qu'on lui fait très mal. »

Un arbre ? « Je ne peux pas être un arbre. C'est d'une telle force, d'une telle splendeur ! Un arbuste, peut-être… »

Un joueur de foot? « Absolument Zidane. Je le trouve superbe. Il arrive même à me faire regarder le foot! »

Une religion? « Aimer. C'est la seule qui ne soit pas sanglante… en général. »

Un juron? « Plein! N'importe lequel est le bon, ça fait partie de mon folklore. »

Un personnage de bande dessinée? « Le professeur Tournesol. Je suis si distraite! »

Une scène? « N'importe laquelle, pourvu qu'il y ait du monde dans la salle. Ou peut-être L'Odéon, un rêve d'enfance… »

Un livre? « Un livre blanc. Un livre sur lequel les autres écrivent. »

Une fleur? « La tubéreuse. »

Une arme? « Un poignard. »

Un talent? « Peindre et sculpter. »

Un petit coin de paradis? « Une fenêtre ouverte sur la mer. »

Un autre chanteur? « Ella Fitzgerald. Un véritable oiseau. »

Une chanson? « Elles sont plusieurs. Celles à qui je vais donner naissance bientôt. »

Un regret? « Je n'en ai pas, sauf que mon poulet n'était pas cuit à midi! J'ai fait ce que j'ai pu pour avoir ce que j'aimais. »

Une curiosité? « J'aimerais bien savoir ce qu'il y a après la mort. Mais en fait ça m'embête un peu, parce que je crois qu'il n'y a rien. Mais peut-être que l'âme reste? Si l'on a, durant sa vie, dégagé des ondes positives, elles ne s'en vont pas avec le vent. »

Juliette pose devant l'objectif du photographe à Montpellier, vers 1930. (d.r.)

Avec son grand-père maternel adoré. Auprès de lui, rien ne peut lui arriver. (d.r.)

La Marcaudie, entre Lalinde et Bergerac, dite « la maison des mères ». La mère de Juliette, qui y cachait des juifs, est arrêtée par la Gestapo en 1943. (d.r.)

Juliette, rue Servandoni. (d.r.)

Juliette dans le jardin du Luxembourg à la fin des années 1940. Son rêve : être comédienne et entrer à l'Odéon. Elle y chantera en 1999. (d.r.)

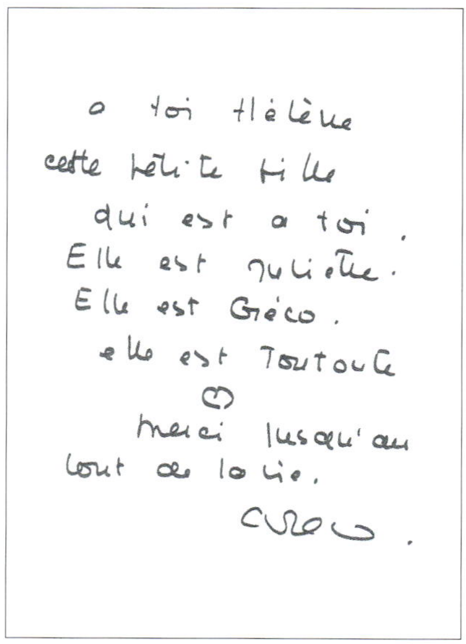

à toi Hélène
cette petite fille
qui est à toi.
Elle est Juliette.
Elle est Gréco.
elle est Toutoule
merci jusqu'au
bout de la vie.
Gréco.

Avant de devenir comédienne, Hélène Duc a été la professeure de français de Juliette à Bergerac. En 1943, elle la recueille à Paris, dans une pension de famille de la rue Servandoni. « Je dois tout à Hélène. C'est elle qui m'a construite. » (d.r.)

Juliette et Miles Davis en 1950
au club Saint-Germain. Leur amour
est entré dans la légende.
(ph. Andre SAS/Gamma-Rapho/Getty Images)

Au théâtre Antoine, le 8 novembre
1955. Juliette dans les coulisses,
en compagnie de sa mère,
lors de la générale d'*Anastasia*
de Marcel Maurette.
(ph. Ullstein Bild/Getty Images)

Georges Wilson, directeur du TNP,
Juliette, Georges Brassens et
Jacques Canetti, le 14 juin 1966
lors de la présentation de la saison.
Gréco et Brassens y partageront l'affiche
du 16 septembre au 22 octobre.
(ph. Gamma-Keystone/Getty Images)

Avec son premier mari, le comédien
Philippe Lemaire, rencontré en 1952
sur le tournage de *Quand tu liras
cette lettre*. Leur fille Laurence-Marie
naît en mars 1954. (ph. Reporters associés/
Gamma-Rapho/Getty Images)

Juliette et sa fille Laurence-Marie, à la fin des années 1960. (d.r.)

Avec Michel Piccoli, son deuxième mari, à la première du film *Les Demoiselles de Rochefort* à L'Olympia, le 7 mars 1967.
(ph. Reporters associés/Gamma-Rapho/Getty Images)

Gréco et Sagan, deux grandes amies, lors de la générale de *Bonheur, impair et passe* au théâtre Edouard VII, le 17 janvier 1964.
(ph. Reporters Associés/Gamma-Rapho/Getty Images)

Juliette Gréco dans sa loge à Bobino en 1972. (ph. Françoise Piazza)

En scène dans les années 1970. (ph. Françoise Piazza)

Johnny Hallyday, Juliette Gréco, Sacha Distel, Petula Clark et Jean Yanne réunis lors du « Sacha Show » en 1969. (ph.Tony Frank/Sygma/Getty Images)

À la Fête de l'Humanité en 1974 : Francesca Solleville, Juliette Gréco, Leny Escudero et Francis Lemarque. (d.r.)

Une main de fer dans un gant de soie.
(d.r.)

Une pause entre deux répétitions. Juliette et Keiko Nakamura, sa tourneuse au Japon, au théâtre nô Tessenkai, à Tokyo, en mars 1984. (ph. Kaku Kurita)

Tokyo, le 24 septembre 2014. À la fin de son récital au Sumida Triphony Hall, Juliette Gréco salue entre Jean-Louis Matinier, son accordéoniste, et Gérard Jouannest, son pianiste, qu'elle a épousé en 1988.
(ph. Kaku Kurita/Japan pool/Gamma-Rapho/Getty Images)

Juliette Gréco et Armande Altaï,
à la librairie L'écume des pages,
le 1er avril 2009, lors de la signature
du livre de Françoise Piazza, *Juliette Gréco. Merci !* (d.r.)

Le 17 janvier 1998, au théâtre
Saint Georges, Juliette et sa sœur
Charlotte Aillaud à la première
de la reprise de *Château en Suède*,
pièce de Françoise Sagan créée en 1960.
(ph. Bertrand Rindoff Petroff/Getty Images)

Une des photos préférées de Juliette Gréco :
« À la fin de mon tour de chant, je suis détruite. »
(ph. Françoise Piazza)

Fragile

Juliette a brûlé toutes les lettres d'amour qu'elle a reçues, pour que jamais un regard étranger n'effleure ses secrets. L'inventaire à la Prévert de ce qu'elle a gardé surprendrait celles et ceux qui ne la connaissent pas vraiment. Au fond d'un tiroir dorment des cailloux et des coquillages, témoins silencieux de rencontres éphémères, d'amours ardentes et de pas désunis, sa légion d'honneur, « comme une fleur de sang en hommage à une mère déportée », une boule de Noël, un minuscule bouquet de fleurs séchées, un camée, un bouton de nacre, un tout petit miroir, un chromo d'une petite fille aux cheveux enrubannés. Au fond de ses yeux rieurs passe un oiseau qui, telle une flèche, traverse à tire-d'aile le ciel d'été. Verderonne est le royaume de Juliette les soirs d'automne ou d'hiver, quand elle ne chante pas. C'est le refuge des faisans à l'heure de la chasse, des chats venus d'ailleurs se lovent un instant au creux de son canapé, un petit tour et puis s'en vont… Un piano joue. La musique descend l'escalier, envahit la maison, il y a du thé ou du champagne, des orchidées, des bouquets de fleurs blanches et cette douceur de vivre qu'il est si difficile de quitter à la fin du jour.

Juliette a, les jours de chagrin, toutes les audaces pour que vole en éclats la détresse dans les yeux de l'autre. Un peu gitane, un peu sorcière, il lui arrive de lire en vous mieux que vous-même. Alors, entre inquiétude et douceur elle ramène en vous d'un mot, d'un geste, l'apaisement. Mais cette force qui s'éploie pour la tenir debout ne saurait cacher son extrême fragilité. L'amour qu'enfant elle n'a pas reçu a ouvert une blessure jamais refermée, une plaie que rien n'a jamais pu cicatriser. Est-ce un hasard si Juliette a toujours froid ?

Des coups, elle en a reçu. Submergée par la souffrance, elle se terre alors comme un animal, tait ses vertiges, ne dit rien de ses chagrins.

Elle n'a que dix-neuf ans le soir où, dans l'escalier du Tabou, les yeux verts de Jean-Pierre Wimille, enfant prodige de l'âge d'or de la course automobile, le plus grand pilote français de son temps, se posent sur elle. Le coup de foudre est instantané et sans appel. L'amour qui naît entre eux sera vécu clandestinement – Wimille, quarante ans, a épousé la championne de ski Christiane de la Fressange qui lui a donné un fils, François, en 1946. Juliette ne sait rien de lui, ni son désir, lorsqu'il n'était qu'un adolescent, de devenir marin, ni les victoires remportées sur Bugatti aux 24 heures du Mans, en 1937 avec Robert Benoist, et en 1939 avec Pierre Veyron, ni son appartenance, pendant la guerre, à un réseau de résistance associé aux services secrets britanniques, le réseau Chestnut. Seul Wimille en est revenu, ses deux condisciples ayant payé leur engagement de leur vie : Robert Benoist a été exécuté à Buchenwald en 1944 et le Britannique William Grover-Williams, vainqueur du Grand Prix de Monaco, en 1945, au camp de Sachsenhausen.

Comme toute femme amoureuse d'un coureur automobile, Juliette vit avec la peur au ventre. La première nuit qu'ils passent ensemble dans l'appartement du pilote, elle rêve de sa mort : « Je marchais nue dans une rue en pente. La nuit avec des lumières partout et tout le monde me regardait. Tout d'un coup, j'ai vu Jean-Pierre dans sa voiture, la cage thoracique écrasée par le volant[1]. » Après la guerre, Wimille court pour l'écurie Alfa Romeo. Lors d'un voyage en Italie, il emmène Juliette à Capri. Invitée à choisir une paire de chaussures italiennes, elle opte pour des sandales blanches toutes simples et gardera, précieuse entre les kyrielles d'objets minuscules qu'elle affectionne, une toute petite guitare, cadeau de son amoureux. Sur le chemin du retour, l'Alfa Romeo bleue fait halte pour une nuit à Antibes. Au matin, Juliette se prélasse au soleil lorsque Wimille vient lui caresser le visage, et les mots maladroits qu'il murmure – « Comme il est long, ce beau nez ! » – seront la source de son premier chagrin, mais aussi de la décision qu'elle prendra ultérieurement : confier à la chirurgie esthétique, alors encore à ses premiers balbutiements, de soin de rétablir l'équilibre de ses traits.

Le 29 janvier 1949, de ce bel amour tout neuf, ne restera, entre les mains de Juliette, qu'un petit mouchoir blanc avec, brodées en bleu, les initiales JPW. Jean-Pierre Wimille s'est tué lors d'un tour d'essai avant le Grand Prix de Buenos Aires. Il s'est déporté pour éviter des spectateurs qui s'étaient trop approchés

---

1. Juliette Gréco, *Jujube, op. cit.*

de la piste, sa Simca Gordini a fait une embardée et s'est retournée sur le pilote, qui a succombé à ses blessures à son arrivée à l'hôpital, à 8 heures du matin. À cet instant précis, dans la chambre de Juliette, à l'hôtel Bisson, quai des Grands-Augustins, son portrait est tombé du mur et s'est fracassé sur le sol. La solitude, seule compagne de son enfance et de ses très jeunes années, a refermé sur elle ses ailes noires. Elle ne dira rien du désespoir qui l'envahit, mais Daniel Gélin dira l'avoir vue s'endormir, serrant contre son cœur les gants de boxe que Wimille lui avait donnés.

Le 8 mai 1949, dans les coulisses de la salle Pleyel où Michèle Vian, la blonde épouse de Boris, l'a invitée pour le Festival international de jazz qui réunit Charlie Parker, Sidney Bechet, Claude Luter, Juliette s'immobilise : « Je n'avais jamais vu un homme aussi beau. Je le voyais de profil : un dieu égyptien. » Elle a vingt-deux ans, Miles Davis un an de plus et, pour la première fois, il a quitté les États-Unis où il a laissé sa femme, Irene, et ses deux enfants. Né sur les rives du Mississippi dans un milieu aisé – son père est chirurgien-dentiste –, il a grandi au côté d'une mère qui joue du piano et du violon. Sa grand-mère est professeur d'orgue dans l'Arkansas, son frère et sa sœur étudient la musique. Il a dix ans quand il apprend à jouer de la trompette. Juliette l'éblouit. Jusqu'à la fin de sa vie, il répétera : « Je l'aime. Elle est mon premier amour. »

Le lendemain de leur rencontre, cédant aux caprices de la mode, clin d'œil à l'amour qui se noue, Gréco se fait une ceinture avec la cravate de Miles. Tous deux vont vivre trois semaines d'une passion fulgurante. « Je n'avais même pas vu que Miles était noir », dira-t-elle chaque fois qu'elle évoquera cette rencontre, et lui s'émerveille d'un pays où un Noir peut se promener main dans la main avec une Blanche sans que les autorités interviennent. Il ne quitte presque jamais sa trompette, « il joue même du Bach dans la baignoire », affirme Juliette. Pour Miles, le retour à New York sera difficile, la dépression qui suit la séparation d'avec sa belle est le premier pas qui va l'entraîner sur le chemin de l'héroïne et de la toxicomanie.

Acte II de leur histoire. Avril 1952, hall du Waldorf Astoria. Miles n'a qu'une seule envie : prendre Juliette dans ses bras, elle est si belle, plus belle encore que dans son souvenir. Mais il traverse une crise de manque, lui demande de l'argent, elle lui donne le peu dont elle dispose. Il s'en va. Rideau.

1957. Miles est devenu une étoile montante du jazz, mais n'a pas chassé ses démons. Il est venu retrouver Juliette au Birdland avec John Coltrane. Juliette les convie à dîner avec leurs enfants, mais la soirée vire au cauchemar quand le serveur rechigne à s'occuper d'eux : pas de Noirs parmi la clientèle de cet hôtel de luxe ! Miles Davis met fin à leurs projets de se revoir, c'est impossible en tout cas sous le ciel américain. Ils se retrouveront pourtant quelques jours plus tard, apothéose de ce séjour de l'autre côté de l'Atlantique : un maître d'hôtel refuse à Juliette l'entrée du restaurant quand il découvre qu'elle est accompagnée de Miles. Alors elle lui demande d'ouvrir sa main, elle crache dedans et la referme. Adieu l'Amérique.

Juliette Gréco et Miles Davis se laisseront, au fil des années, de brefs messages dans tous les hôtels du monde, à la faveur du concert de l'un et du récital de l'autre, jusqu'à ce jour de printemps 1981 où, de passage à Paris, le musicien, au zénith de sa gloire mais en proie à la maladie, vient lui rendre visite dans le petit hôtel particulier où elle habite désormais, 21 rue d'Alésia. Arrivé dans une immense limousine aux vitres fumées, il en repartira deux heures plus tard, laissant dans son sillage ces mots qui appartiennent à leur légende : « Cette femme, de dos, où qu'elle soit dans le monde, je la reconnaîtrais. » Pour les caméras de la télévision, dans le cadre de l'émission *Sacrée soirée* animée par Jean-Pierre Foucault, le 17 octobre 1990, il viendra l'embrasser, jouant pour elle, rien que pour elle, la mélodie des « Feuilles mortes ». Il meurt à Santa Monica, le 28 septembre 1991. Juliette m'a parlé quelquefois de ses balades sur les quais de la Seine, main dans la main avec lui : « Un soir, il neigeait. On se promenait sur le quai des Grands-Augustins. Une Blanche, un Noir sur la neige, c'était poétique, c'était bien… »

« Remonter le film à l'envers, c'est douloureux. C'est un chemin glissant, cru, plein d'embûches, les larmes qu'on a essayé d'oublier reviennent, les vies dont vous parlez vous font comprendre qu'elles ne sont plus là. » Pourtant, tu le refais inlassablement, Juliette, le chemin à l'envers, quand les micros se tendent et que l'on te dit : « Racontez-nous… » Alors tu remues les éclats sanglants des douleurs enfuies, la violence se mêle à la tendresse, l'espérance se teinte des couleurs du désespoir.

Fragile ?

Juliette se souvient d'un soir terrible dans les arènes de Béziers, alors qu'elle était très jeune encore : « En tournée avec Robert Lamoureux au zénith de sa popularité, j'étais en vedette américaine, juste avant l'entracte. 20 000 spectateurs et une trentaine de mètres à parcourir pour arriver au micro. On a vu arriver dans la nuit, éclairée par un blafard projecteur, une jeune fille avec un visage très pâle, assez mince, les cheveux très longs, et qui ressemblait à un dessin pour faire peur aux enfants. Ils se sont demandé ce qu'ils voyaient, ils ont commencé à siffler, à hurler. Mes larmes coulaient. J'ai chanté deux ou trois chansons. Je n'en pouvais plus. Je suis partie à reculons. Le public a commencé à changer d'avis, comme la mer qui peut être dangereuse et mouvante, un autre vent s'est levé et ils ont scandé : "Gré-co ! Gré-co !" Ils m'ont rappelée après m'avoir chassée. Je suis revenue et j'ai chanté une autre chanson. Je suis repartie en larmes, terrassée par la douleur d'avoir été à ce point humiliée. » Est-ce de ce soir sous les étoiles que t'est venue cette vulnérabilité qui ne t'a plus quittée ? « Je suis d'une fragilité extrême. Mortellement fragile. Un rien peut me tuer. Une porte qui s'ouvre au fond du théâtre, avec une lumière qui apparaît, le silence qui se brise. »

« Quand je suis dans la réalité, ça m'est tellement cruel que j'essaie de repartir le plus vite possible. La réalité est cruelle, ou alors somptueuse, mais ce sont des instants si courts… » Dans sa maison de Verderonne, comme dans son hôtel particulier de la rue de Verneuil autrefois, les automates peuplent ses nuits souvent difficiles de leur rassurante présence. « J'ai la passion des automates. Tout ce que j'aime est là, le goût de la perfection, de la beauté, l'approche de l'humain par le rêve. J'ai beaucoup vécu avec eux, je leur parle, je n'aime pas beaucoup qu'on les touche. Ils ne peuvent pas se défendre ! Et puis, comme dans tout amour, il y a un sens de la possession. Il y en a un auquel j'ai peut-être parlé encore plus qu'aux autres, plus qu'à la petite fille qui porte son mouchoir à ses yeux pour apaiser son chagrin, plus qu'au Pierrot qui écrit une lettre d'amour, plus qu'au Nubien qui porte une tasse à ses lèvres : c'est un grand Noir qui fume. J'étais une très jeune femme quand je l'ai vu dans une vitrine, je suis entrée dans la boutique et j'ai demandé si on pouvait me le garder. J'ai donné à l'antiquaire tout ce que j'avais dans les poches et ce n'était pas grand-chose. Mon innocence et ma jeunesse ont dû le toucher, il me l'a gardé. » Il y a aussi quelques poupées anciennes que Juliette chérit. Pour l'une d'entre elles, Jean Guidoni, dans les années 1970, a même écrit une chanson, « Marie-Valentine » !

La maladie aussi fragilise. Pourtant, quand le médecin a prononcé le mot « cancer », tu n'as pas réagi. Alors, il t'a demandé : « Vous ne pleurez pas ? Tout le monde pleure ! » Toi, non. Comme tu n'as plus Oursine pour te protéger, j'ai voulu te donner Teddy, l'ours en peluche de mon enfance. Tu n'as pas voulu. « C'est ton ours, il est à toi. » Tu as rassemblé tes forces, tu as traversé le feu, tu as attendu que ton corps accepte, que ton corps rassemble les pièces du puzzle, comme tu dis, tu as attendu de renaître à quelque chose de plus fort. Et tu as bien fait, puisque tu es là.

Ce qui te fragilise aussi, c'est l'inquiétude, la peur que tu lis dans les yeux de celle ou de celui que tu rencontres pour la première fois, qui te semble mal à l'aise, en attente de ce qui se cache derrière tes yeux de jais. La faute en revient toujours à la statue que l'on a érigée à tes dépens, et qui n'est pas du tout « toi ». Il suffirait juste qu'ils poussent un peu la porte, mais ils n'osent pas toujours. Leurs vingt ans parfois leur en donnent l'audace et, là, tu cesses d'être une fleur éphémère et tu deviens une main qui se tend dans un sourire qui vous chavire. Ce qui te rend parfois vulnérable, c'est cette fracassante beauté dont les autres s'étonnent et dont tu n'as toujours pas conscience, alors tu peux tenir ce genre de propos : « Peut-être que je deviendrai belle quand je serai une très très vieille dame, parce que j'aurai vécu une vie qui vaudra la peine de devenir belle, avec le contenu formidable d'une existence et cette espèce de rayonnement qu'apporte l'âge. »

Quand tu perds un de tes amis, tu ressembles soudain à une fleur fanée et, dans cette douleur secrète, avec ces larmes qui coulent à l'intérieur, nul ne peut te rejoindre, on peut seulement tenir tes mains soudain glacées, comme si le sang de la vie s'était retiré. Je le sais, deux fois je t'ai accompagnée pour un dernier adieu, l'adieu à Pierrot, ton régisseur lumière qui avait quitté Montand pour faire la route avec toi, et l'adieu à l'un de tes accordéonistes, Joe Rossi, que tu aimais tendrement. D'ailleurs tu ne vas presque jamais aux enterrements, sauf lorsque tu l'as promis, tu préfères penser que tes proches se sont absentés, qu'ils sont partis en voyage. Pour toi, la mort de l'autre, c'est ne plus pouvoir lui parler au téléphone, il faut alors savoir te laisser en proie à ce violent chagrin d'enfant. Seul le silence te ressource et les pièces du puzzle doucement reprennent leur place.

Parfois, tu nous dis : « J'ai bien conscience que le temps qui me reste est assez restreint », tu as soudain envie de rendre un peu de ce temps et de l'offrir à quelqu'un qui en aurait besoin, tu envisages une épitaphe malicieuse, « À bientôt », ou une autre, teintée de nostalgie, « Nous nous sommes tant aimés ».

En fait, tu te défends contre le temps qui passe, tu nous fous les boules et, quand le cœur nous serre, tu éclates de rire et tu nous dis : « Fragile, ouais ! Mais violente aussi, je suis très violente, il m'est arrivé de me battre, mais j'ai toujours choisi de grands gaillards qui me regardaient comme si j'étais une mouche dans un verre de lait, mais qui ont gardé le souvenir d'un poing assez précis et adroit ! J'ai une chance folle : la vie m'a dotée d'un coup de poing américain ! »

Fragile, Juliette ?

Parfums de femmes

« Ça tient du chat et de la rose
Ça tiendrait au creux de la main
Ça ouvre les yeux sur les choses
En caressant des enfants blonds… »

Guy Bontempelli, « La Femme »

Entre le chat et la rose, il y a toutes les femmes que chante Juliette Gréco, femmes secrètes, femmes violentes, femmes brisées, femmes de l'ombre et de la lumière, kaléidoscope s'ouvrant à l'infini en un éventail nacré. Il y a l'oiseau blessé de Bernard Dimey dont « le cœur en déroute ne bat que d'une aile et bat comme un volet les soirs qu'il fait du vent », la nymphe qui s'effeuille dans les bras de Valentin « pour un raisin rouge éclaté entre ses dents… »

Il y a les enfants de la jolie môme, de plus en plus jeunes au fil des années, qui attendent, énamourés, que le rideau s'ouvre. Il y a les enfants de la jolie môme qui lui écrivent au long des nuits fiévreuses, et leurs lettres sont pour elle comme des bulles de savon qui montent vers le ciel. Enfin aimée, la petite fille d'autrefois s'émerveille de tant de beauté chavirée.

Dans la nuit de l'hiver, la neige tombe en légers flocons. Au Châtelet, Juliette, entourée de ses amis, souffle les bougies de son gâteau d'anniversaire. Mélanie vient d'avoir seize ans. Venue là par des chemins détournés – « parce que j'aime Gainsbourg, il est si beau ! » – pour l'amour de Serge et de sa javanaise, elle a voulu découvrir une artiste dont elle ne sait rien ou presque. Émouvante virginité. Mélanie me parle de ses mains, « virevoltant comme deux papillons luminescents », de « son émotion en voyant en elle, l'espace d'un instant, l'enfant d'il y a longtemps qui jouait sous un banc ». Je ne m'en étonne pas : j'en ai tant vu, des filles de quinze ans, fredonner la chanson de Léo Ferré sous les arbres du printemps, j'en ai tant vu, des inconnus qui pleuraient certains soirs dans des loges de fortune, effleurant la soie de sa robe noire. Juliette glissait la main dans leurs cheveux pour chasser les ombres et effacer leurs larmes. La farandole n'en finit pas, de ces visages qui renaissent dans les plis des rideaux rouges de tous les théâtres du monde, de ces mains qui se tendent vers la frêle silhouette qui entre dans la lumière.

Un peu plus loin, ce même soir, je croise Stéphanie, jeune comédienne, fille du journaliste Philippe Tesson, aujourd'hui directrice artistique du théâtre de Poche. Elle découvre Juliette. Le lendemain, elle m'écrira cette lettre, que Juliette depuis a toujours gardée : « C'est Josette Samson François, la veuve du fougueux pianiste, elle-même grande amie des artistes d'hier et d'aujourd'hui, qui m'a permis d'assister à ce concert.

Gréco, je l'avoue, n'était qu'un nom un peu mythique, qui n'éveillait alors en moi qu'un regard noir aux yeux de biche et quelques notes graves saisies au vol à travers une fenêtre ouverte ou dans l'une de ces soirées parisiennes où les voix d'antan ont leur place. Gréco est née pour moi ce soir de 2007, en plein Châtelet, grande prêtresse d'une époque révolue où l'art était fait de beauté, où les artistes étaient des dieux. Elle est apparue, quasi-sublimation d'elle-même, longue statue descendue de son socle, le pas à peine un peu fragile et la voix tellement intense qu'elle en était presque palpable. Un pur symbole d'élégance. Un exemple d'abandon tenu. Une icône en noir et blanc, à laquelle le temps n'avait rien retiré de sa grâce singulière, ni de son audace farouche. Je l'ai bue du regard comme on fait des gens d'exception qui transforment en vous quelque chose. Voilà ce qu'on appelle "occuper une scène" me disais-je en la considérant, silhouette porteuse de chansons, porteuse d'un nom gravé dans l'Histoire, se donnant toute à son public avec une simplicité grave, flottant sans un seul artifice dans son écrin bordé de noir, flottant avec la densité des souvenirs à fleur de mémoire. Ainsi, dans mon petit lexique de scène, "à la Gréco" signifierait désormais cette façon entière et souple, droite et légère, d'emplir l'espace, corps et voix[1]. »

À La Haye, élégante ville du bord de la mer du Nord, où l'on promène les enfants le long des canaux et des avenues bordées de tilleuls, les amateurs d'art découvrent, émerveillés, Vermeer et sa *Jeune fille à la perle,* ou encore *La Leçon d'anatomie* de Rembrandt. Elly Ekkart a grandi là, entre la plage de Scheveningen

1. Stéphanie Tesson, 10 février 2007.

et les moulins de Kinderdijk. Un soir, à la radio, Juliette fredonne « Accordéon » : « Un vrai coup de foudre ! J'avais dix-huit ans. Le lendemain, j'ai acheté un 30 cm, *Juliette Gréco à l'ABC.* Sur la pochette, une Juliette un peu farouche lutte contre le vent, blottie dans un imperméable noir. Dans ses mains, un bouquet de renoncules roses. » Elly découvre « Paris canaille », « Jolie Môme », « Le P'tit Bal perdu… »

« Le 10 mars 1966, j'ai eu la chance de la voir chanter à l'Alliance française, mais c'est seulement un an plus tard, à Rotterdam, que j'ai frappé à la porte de sa loge. Je n'ai pas oublié son premier sourire… En ce temps-là, la chanson française était très en vogue aux Pays-Bas, on aimait Jacques Brel, Brassens, Patachou, Guy Béart, Mouloudji… Juliette Gréco est restée celle que je préférais et j'ai commencé à tout collectionner, les articles, les disques, les photos. Je voulais tout savoir d'elle[1] ! »

J'ai toujours vu Elly venir embrasser Juliette après ses récitals, j'ai toujours lu dans le regard de Juliette ce « merci » qu'elle lui murmurait pour tant d'années de présence et de fidélité. Je lui ai demandé l'autre soir quelles étaient ses chansons préférées… Elle a réfléchi quelques secondes et elle m'a dit « Avec le temps » et « J'arrive », mais aussi « Les Années d'autrefois » et « L'Embellie ». Dans les chansons moins connues, Elly avoue avoir un faible pour « Ma fille, bonjour », « L'Ombre », écrite par François Mauriac et « C'est l'hiver », d'Henri Gougaud. Et puis elle s'en est allée, s'est évanouie dans la nuit de Paris, à l'heure où le théâtre de la Ville fermait ses portes, après le plus beau récital de l'hiver.

1. Propos échangés avec l'auteur, 10 septembre 2019.

Francesca Solleville a toujours affirmé haut et fort son âme de combattante. Si elle célèbre la poésie – Baudelaire, Apollinaire, Genet, Paul Fort –, elle marque surtout la chanson par ses prises de position contre le nazisme, le franquisme, la guerre du Vietnam. Elle rend hommage aux cent ans de la Commune de Paris en participant à l'album *La Commune en chantant,* enregistré avec Mouloudji et Armand Mestral, et à Pablo Neruda avec *Chants d'exil et de lutte,* au côté de Marc Ogeret. Interprète privilégiée de Jean Ferrat, elle a toujours partagé les combats de Juliette: « La première fois que je t'ai rencontrée, à une signature de disques, tu as été si accueillante, si peu "vedette" que j'ai pensé qu'on pouvait rester fidèle à soi-même. Une femme libre vivant de façon si impertinente que tout m'a semblé possible dans ce métier de chanteuse. Et toutes ces années de guerres diverses, de luttes syndicales, tu as toujours été du bon côté, c'est-à-dire du mien (ne ris pas!) Ton choix de textes et de musique, toujours de belle facture, tu peux en être fière. Tu n'en as jamais fait qu'à ta tête, et ta tête est bonne et libre. Je l'affirme, je signe et je t'embrasse[1]. »

Elle en a fait du chemin, Diane Dufresne, depuis ce soir des années 1960 où, dans une loge de fortune, elle rencontre pour la première fois Juliette Gréco: « Elle m'a demandé mon nom. J'étais tellement impressionnée que je ne m'en souvenais pas[2]. » Diane suit

1. Francesca Solleville, « Lettre à Juliette », 3 octobre 2008, écrit pour *Juliette Gréco, « Merci ! »*, Éditions Didier Carpentier, 2009.
2. Propos recueillis par l'auteur, 10 septembre 2019.

alors les cours de théâtre de Françoise Rosay, étudie le chant avec Jean Lumière, fait les beaux soirs des petits cabarets parisiens avec des textes de Gilles Vigneault, Claude Léveillée et Jean-Pierre Ferland. En 1978, elle interprète Stella Spotlight dans *Starmania* de Luc Plamondon et Michel Berger, aux côtés de Daniel Balavoine (Johnny Rockfort), France Gall (Cristal) et Fabienne Thibeault (La Servante automate). Une carrière fabuleuse vient de prendre son envol. Suivront des tournées mondiales, « En liberté conditionnelle », et « Terre planète bleue ».

En 2001, Juliette, fan de la première heure de la belle Canadienne, traverse l'Atlantique pour lui remettre la médaille de Chevalier des arts et lettres du gouvernement français. Aux Francofolies de Montréal, Diane et elle chantent en duo « La Javanaise » devant 3 000 personnes. Dans *Le Journal de Montréal,* Philippe Rezzonico commente ce moment exceptionnel :

« De voir deux femmes, ces deux-là, se chanter les yeux dans les yeux cette chanson d'amour d'un autre temps avait quelque chose d'interdit. C'était un duo de rêve, un moment de grâce, une rencontre mythique comme on n'en voit que quelques-unes dans une vie[1]. » Elles revivent cet instant béni le 4 août 2007 au théâtre Maisonneuve de Montréal, toujours dans le cadre des Francofolies. La journaliste canadienne Laurence Aloir s'éblouit : « Deux dames punks qui rivalisent de complicité, de douceur et du plaisir d'être ensemble. » Diane Dufresne se plaît à descendre dans la salle tout en chantant, pour découvrir le visage de celles et ceux qui sont venus l'écouter : « C'est comme quand t'es

1. Philippe Rezzonico, *Le Journal de Montréal,* 27 juillet 2001.

sur le quai d'une gare. La personne que tu attendais va descendre. Tu serais prête à l'arracher du marchepied, mais tu gardes ça en dedans.» Au Châtelet, elle s'avance vers le public quand, soudain, elle y découvre Juliette. «La reine est ici», dira-t-elle simplement, faisant d'une inflexion de voix se lever les spectateurs. Juliette me montre un jour un tableau que Diane lui a offert: «Regarde. C'est magnifique. Elle a tous les talents, cette coquine!»

Il est des femmes qui aiment Juliette depuis des années. Ainsi la costumière Mine Barral-Vergez, que je connais bien pour être allée chercher à plusieurs reprises les sublimes robes de scène qu'au fil du temps elle confectionne pour elle. Mine, «star de l'ombre, sourire de soleil sous un regard de jais», ainsi que la dépeint Valérie Minetto dans *Mine de fil en aiguille,* le film qu'elle consacre à son métier en 2009, a travaillé pour les plus grands: Béjart et Noureev, Bob Wilson et Carolyn Carlson, Robert Hossein et Patrice Chéreau, Juliette Binoche, Isabelle Adjani, Barbara, Jane Fonda, Fanny Ardant. Mais «si je fais ce métier, me dit-elle, c'est grâce à Juliette Gréco!»

Son regard effleure les arbres de l'automne et leurs feuilles qui vont mourant sur la place du Palais-Royal. Elle a le prénom d'une héroïne de Colette qui aurait perdu un de ses «n» en chemin. C'est une femme ardente qui évoque ses passions avec pudeur et élégance. Elle me raconte ses années d'autrefois: «J'ai passé mon enfance non loin de Montpellier. Adolescente, j'ai commencé à écouter la radio à longueur de journée et je suis tombée amoureuse de deux voix: celles d'Yves Montand et de Juliette Gréco. Saint-Germain-des-Prés me fascinait! À treize ans, je me suis fabriqué une longue jupe violette avec deux poches. Sur l'une, j'avais brodé le prénom “Yves” et sur l'autre “Juliette”. C'est le temps où, dans la rumeur fiévreuse des foules, j'allais écouter Gérard Philipe dans la cour d'Honneur du palais des Papes ! »

Mine a retiré ses lunettes. Le gris vert intense de son regard s'avive à l'évocation de ces trois géants, Yves, Gérard et Juliette, qui lui donnèrent l'envie de monter à Paris. Un temps mannequin, c'est très naturellement, sans jamais avoir appris à coudre, que son désir de création la conduit à travailler avec René Allio et André Reybaz pour *Le Trompeur de Séville et l'Invité de pierre*[1] de Tirso de Molina, qu'ils créent à Montauban avec Pierre Richard. La fluidité des pantalons de velours de Barbara, c'est elle. Les somptueux costumes de *Peer Gynt* à Chaillot, c'est elle. Les costumes de *L'Échange* de Claudel dans une mise en scène d'Anne Delbée au début des années 1970, avec Geneviève Page et Martine Chevallier, c'est elle. Et c'est ainsi qu'elle sera la marraine d'Émilie, la fille d'Anne, devenue l'une des danseuses des ballets Béjart, à Lausanne. « Le jour où l'on m'a dit que j'allais habiller Juliette Gréco, j'ai commencé à trembler, poursuit Mine. Si j'avais fait ce métier, c'était grâce à elle et voilà qu'elle me revenait comme un cadeau ! Et si elle n'était pas à la hauteur de “ma” légende ? Me voilà rue de Verneuil. D'un geste, d'un rire, elle a tout balayé ! Et puis elle est venue chez moi. Dans un coin de salon, il y avait une robe qui se balançait sur un cintre : “ma” robe du soir, que j'adorais et que je m'étais confectionnée pour les soirées chic. “Je peux essayer ?”, a demandé Juliette. Et elle ne

1. Pièce qui crée le mythe de Don Juan.

l'a plus quittée. Adieu ma robe : je n'allais quand même pas sortir avec "la robe de Juliette Gréco" » !

Mine me dit encore son émotion à l'élection de Barack Obama à la présidence des États-Unis : « J'en ai pleuré de joie ! J'ai un petit-fils métis. » Mais toujours elle revient à Juliette : « Comment mettre des mots sur ce que je ressens pour elle ? Je l'adore ! Je ris tellement avec elle ! » Et elle me parle des fous rires des essayages, du trac qui la prend quand « sa » Juliette entre en scène, de son émotion quand elle a chanté à Pleyel : « Je ne pouvais plus m'arrêter de pleurer, c'était si beau, si déchirant. Cette femme est un bonheur[1] ! » En guise de cadeau, Mine me crayonne, sur une nappe de bistrot, l'esquisse de la robe de Juliette, celle dont, enfant, elle n'aurait même pas osé rêver de la dessiner un jour, et elle me tend le croquis : « C'est pour vous. » Au fond de ses yeux, un bref instant, a virevolté la jupe violette de ses treize ans, avec, brodé sur une poche, le prénom de celle qu'elle aime tant.

Pleyel, c'est aussi un soir de rendez-vous entre Petula Clark et Juliette Gréco. La délicieuse Petula chérit Juliette depuis bien longtemps mais, si les deux artistes se sont parfois croisées pour les caméras de la télévision et notamment dans les émissions de Maritie et Gilbert Carpentier, elle ne l'avait jamais vue en scène : elle court le monde, de l'Australie au Canada et du Royaume-Uni aux États-Unis, icône absolue depuis qu'elle est devenue, à six ans, la voix de l'Angleterre, en chantant à la BBC durant la Seconde Guerre mondiale.

1. Propos recueillis par l'auteur, 20 septembre 2008.

Petula n'habite plus en France et ne vient que rarement à Paris embrasser l'une de ses filles, Kathy. En novembre 2007, nous allons ensemble écouter Juliette salle Pleyel. Claude Wolff, son mari, nous accompagne. Moi qui voulais fixer en coulisses leur rencontre sur la pellicule, je n'ai pas pu : Petula, en larmes, avait bien du mal à parler, Juliette la taquinait : « Eh bien, pétulante Petula ?... » et, pour la faire sourire « Oh ! Le beau mari ! » Petula écrira : « La grande Gréco à la salle Pleyel ! Quelle inoubliable soirée ! Tout était parfait, et quels musiciens ! Alors, dans sa loge remplie de fans en adoration, je me suis retrouvée près d'elle – Juliette – chaleureuse, drôle et humble. Quand j'ai quitté sa loge, j'étais une fan en adoration de plus ! Merci pour votre art et votre grâce[1]. »

Des mots tendres en écho à ce que Juliette avait écrit deux ans plus tôt, illustrant une photo d'elles deux, en noir et blanc, sur un plateau de télévision : « Chère Petula, pouvions-nous imaginer ce jour-là qu'au bout de mon doigt et de vos cils il y avait l'incroyable spectacle de nos vies, que nous serions encore là aujourd'hui, riches de nos larmes, de nos incertitudes et de nos bonheurs fous ! Avec mon amitié. Juliette[2]. » Ce soir-là, entourées, pour le finale de l'émission, de Johnny Hallyday, Sacha Distel et Jean Yanne, toutes deux chantent « Alouette, je te plumerai ». Ou plutôt chacun des artistes effeuille la chanson en lui insufflant un peu de son univers, Juliette parvenant à dessiner,

1. Françoise Piazza, *Juliette Gréco, « Merci ! », op. cit.*
2. Françoise Piazza, *Petula Clark, une baladine,* Éditions Didier Carpentier, 2007.

sous l'œil des caméras captivées, une alouette suggestive et délurée qui est restée dans les mémoires.

« Maria Callas m'aimait bien. Elle venait me voir à l'Olympia quand j'y chantais, avec un petit enregistreur sur les genoux. Un jour, elle me lance : “Vous n'avez pas de corset ? – Non, pour quoi faire ? – C'est bon pour la colonne d'air.” Elle avait l'air de se dire “Elle fait ce qu'elle veut !” Et c'est vrai, il n'y a pas de rigueur chez nous comme c'est le cas chez les musiciens classiques, c'est notre liberté. »

Dans la vie de Juliette, il y a une Josyane. Avec un Y. Josyane Savigneau. Elle a longtemps été responsable du *Monde des livres.* Grâce à Juliette, jeune journaliste, elle a pu approcher Simone de Beauvoir et mener une interview de main de maître : « Je ne sais pas parler d'elle, écrit-elle, parce que je ne sais pas parler des gens que j'aime, et sans doute aussi parce que j'ai pour elle, non seulement de l'admiration, mais un infini respect. Il y a trente ans maintenant, nous avons commencé, un peu par hasard, une conversation qui aurait dû se terminer par un travail de journaliste – le mien. Le travail n'a jamais été fait mais la conversation, elle, ne s'est jamais arrêtée. Ce qui m'a étonnée et séduite dès que je l'ai rencontrée, c'est sa manière de déjouer tous les clichés auxquels je souscrivais sur les célébrités, et leur éloignement des choses banales du quotidien. Elle fait, avec le plus grand naturel, les courses et la cuisine.

Elle est un mythe, mais elle est restée une personne : elle sait où est le réel, où sont les apparences. Elle ne se ment pas ; elle est libre, farouche, profondément secrète. Qui la connaît vraiment ? On n'a pas envie de pousser sa porte. Mais, si elle l'ouvre, elle est d'une fidélité inébranlable et elle sait, d'un mot, remettre chacun et chaque chose à sa juste place. J'aime qu'elle soit à la fois très civilisée et très sauvage, très forte et parfois fragile, très violente et très tendre[1]. »

Il est vrai que deux Juliette cohabitent : l'une, secrète, préserve son mystère et tait ses blessures. L'autre, rieuse et gaie, vous ouvre les portes de sa maison et rend plus belles les choses de la vie. Visages de femmes, surgies en un joyeux désordre, de la mémoire de Juliette et de la mienne, souvent entrelacées.

Ainsi le regard d'ambre de Clémentine Célarié, un soir de 2004, à l'Olympia. « Elle est vraiment belle, cette Clémentine ! », ne cessait de me dire Juliette. « Je voudrais vraiment rencontrer Juliette, mais j'ai la trouille ! », me répétait Clémentine. Ce soir-là, elles se rencontrent pour la première fois. « Clémentine, VOUS êtes là ! », s'enchante Juliette. « TU es géniale ! » Clémentine Célarié écrit :

« J'ai une photo de Juliette et de moi, dans les bras l'une de l'autre. Je l'ai toujours gardée depuis ce soir où je suis allée l'écouter. Je me souviens que j'étais assise à côté de Lambert Wilson, que j'ai eu la chance de rencontrer depuis et je me souviens aussi que j'ai pleuré pendant tout le concert. Pleuré comme une fillasse, de joie, d'émotion, de je ne sais quoi de bonheur de pouvoir regarder quelqu'un d'aussi beau que Juliette, d'aussi puissant, d'aussi charismatique ! C'est dans les coulisses que nous nous sommes embrassées, et c'est drôle comme cela

1. Françoise Piazza, *Juliette Gréco, « Merci ! », op. cit.*

me paraissait évident de la serrer dans mes bras comme une amie de toujours. On se reconnaissait, je la reconnaissais… Je l'admirais profondément et simplement et, l'ayant entendue chanter, l'ayant vue vivre devant nous et nous donner toute cette magie, cette grâce, forcément je me sentais moins seule, comme tout le monde. On ne peut qu'aimer Juliette et avoir envie qu'elle vous tienne dans ses bras[1]. » Avec Lambert Wilson et Hélène Duc, Clémentine croqua avec gourmandise les macarons de Ladurée, offerts par l'artiste dans de jolis coffrets noirs avec le nom de Juliette Gréco inscrit en violine, l'une des couleurs qu'elle affectionne.

Dans *Le Nouvel Observateur,* au lendemain du 92e anniversaire de Juliette, Sophie Delassein l'évoque, elle aussi, avec beaucoup de tendresse : « Ces dernières années, elle a connu la maladie et les deuils. La première a brutalement interrompu sa tournée d'adieu il y a trois ans ; les seconds me font penser que je ne la reverrai jamais, parce que le cœur n'y est plus. Sa voix grave de tragédienne n'enchantera plus les poètes sur les scènes ici et d'ailleurs, il faut se faire une raison. Fini, aussi, les interviews au bar du Lutetia ou dans une suite du Raphaël, ses espiègleries et ses larmes parfois, sa passion pour Françoise Sagan et cette tendresse infinie qu'elle avait pour Abd al Malik. Elle m'appelait "gamine" et j'aimais ça[2]. »

Et puis il y a les femmes que Juliette Gréco a chantées. Bien peu en vérité. Si elle a prêté sa voix à la

---

1. Texte adressé à l'auteur, 22 octobre 2008.
2. *Le Nouvel Observateur*, 8 février 2019.

marquise de Sévigné pour les *Lettres à sa fille* enregistrées pour la « Bibliothèque des voix » aux Éditions des femmes, et à George Sand pour sa correspondance avec Frédéric Chopin, elle a chanté peu de textes de femmes, ne se reconnaissant pas souvent dans ce qu'elles écrivent. Sur près de cinq cents chansons, une vingtaine font exception comme, par exemple, « Daphénéo », un poème de Mimi Godebska mis en musique par Michel Legrand – « Dis-moi, Daphénéo, quel est donc cet arbre / Dont les fruits sont des oiseaux qui pleurent ? » ou encore « Le Square » –, on entend sa voix-off dans cette pièce de Marguerite Duras que jouent Édith Scob et René-Jacques Chauffard au théâtre des Mathurins. Michelle Senlis et Claude Delécluse, auxquelles on doit, entre autres, « C'est beau la vie » et « Venise sous la neige », ont brodé pour Juliette, avec « Rachel », la vie d'une fille des pavés de Paris qui meurt en Argentine sans avoir revu la rue des Rosiers et, avec « La Fête est finie », un amour qui s'éteint quand naît le petit jour. Manouchka-« Monette Triadou », la future épouse de Boby Lapointe – et Henri Patterson – imaginent avec « Le Gros Lulu » l'improbable rencontre d'une jeune fille de seize ans en proie à un désespoir amoureux avec un homme bien plus âgé qui, sans toucher à « sa princesse », lui redonne le goût de vivre.

En 1974, Juliette écrit cinq chansons mises en musique par Gérard Jouannest : « Le Mal du temps », « Pays de déraison », « L'Amour trompe la mort », « Fleur d'orange », fleur humaine, fusion de l'ange et de l'archange, et « L'Enfant secret », fruit pulpeux et doux, enfant rêvé, enfant-mirage magnifié par l'écriture, enfant de rires, de vagues et de coquillages, enfant qu'elle n'aura plus. Dans ces textes magnifiques s'irradie la tendresse de Juliette-la-vie, celle qui se brûle et vous brûle, océan de tendresse qui vous submerge, passagère d'un voyage secret dont il est bien difficile de revenir. Ces mots-là, pudique, Juliette, en scène, ne les chante pas. Pour son récital à l'Olympia en 1991, Charlotte, sa sœur, son double, « la référence absolue, ma sœur jumelle en quelque sorte », lui écrit deux chansons, « La Sieste » et « Le Voyageur ». Françoise Mallet-Joris et Marie-Paule Belle signent pour elle « Rivière ». Il faudra attendre quelques années pour que Olivia Ruiz, Marie Nimier, Amélie Nothomb, à leur tour, écrivent pour Juliette.

Au tout début des années 1970, avec son orchestre rock – musiciens vêtus de noir, outrageusement maquillés, chargés de chaînes et de colliers de chien –, Armande Altaï crée l'événement en assurant la première partie de la tournée de Claude François : « C'est la saison des corridas. Dans les arènes de Lunel, qui sentent l'urine et le sang, face aux gitans aux yeux rouges qui ont envie d'en découdre, je sens Claude nerveux. Je déboule sur scène la première, sous les sifflements. Quelques canettes s'écrasent à mes pieds. Je reçois des écrous, des vis, saisis le micro comme si c'était une arme et me mets à hurler. Au lieu de reculer, je me précipite vers ceux qui grimpent sur scène et me mets à les menacer avec le pied de mon micro. Ils renoncent. Claude François, pour la première fois de sa carrière, n'entre pas sur scène comme en terre conquise. Les insultes fusent. La foule le hue. C'est le combat dans l'arène. Soudain il arrête tout, fait braquer les lumières sur le public et balance : "J'ai voulu voir qui vous étiez. J'ai vu. Je m'en vais."

À peine a-t-il fini que les arènes explosent. Instinctivement, je me jette dans l'encadrement de la porte que Claude François n'a même pas eu le temps de claquer. Comme un raz-de-marée, les gens déferlent au-dessus des barricades. Quelques-uns me tombent dessus, hésitent un instant. Juste ce qu'il faut aux policiers pour prendre le relais. Claude n'oubliera pas mon geste pour le protéger[1]. »

La belle Armande, au look imperceptiblement assagi, deviendra Marie-Madeleine dans l'opéra rock *Godspell* aux côtés de Dave et Daniel Auteuil ; la reine de Pologne dans *Ubu à l'opéra* de Georges Wilson ; Desdémone dans *Othello ou le Maure de Venise*, dans la cour d'Honneur du palais des Papes ; partenaire de Jacques Higelin dans une folle tournée aux quatre coins de la France ; impressionnante interprète de « La Chanson de Solveig » du *Peer Gynt* d'Edvard Grieg.

La belle rockeuse est depuis toujours une amoureuse de Juliette. Dans ce petit salon de thé du quartier du Marais où elle m'a donné rendez-vous, Armande Altaï pose sur les êtres et les choses un regard gris-bleu qui s'avive par éclats de transparences nacrées. Je l'ai toujours vue dans les loges de Juliette, les soirs de première, visage de poupée russe aux faux airs d'une Brigitte Bardot de légende, drapée dans une étole de cachemire ou de soie, mains gantées de dentelle noire, maniant avec une élégance surannée un éventail brodé venu tout droit de son Orient natal, sophistiquée et rieuse, impuissante à dissimuler l'émotion qui l'étreint.

1. Armande Altaï, *Paris Match,* 2 décembre 2008.

J'avais tellement envie qu'elle me parle d'elle ! « Quand je vois Juliette, j'ai les larmes aux yeux... Je la vois comme la réincarnation d'Isis, surgie de nulle part et comme revenue sur ses terres d'origine. Derrière son âme qui voyage, il y a une petite fille qui a envie d'être aimée, et cette petite fille est bouleversante. Un soir à l'Olympia, elle est entrée sur ces mots écrits pour elle par Gérard Manset : « Lorsque j'étais petite, je jouais sur un banc / J'ai trouvé quelque chose et c'était un carrosse / Personne ne m'a vue, je suis montée dedans / Et le carrosse allait sur les pavés glissants... » C'était d'une telle beauté ! Juliette ressemblait soudain à une rose noire dont on aurait coupé la tige.

Et puis il y a eu ce soir de février, c'était au Théâtre du Châtelet, où elle a chanté dans une sorte d'urgence, c'était, comment dire ? C'était comme un dernier cri, il y avait une incroyable force et une immense fragilité derrière ses faux-cils d'acier trempé. Et moi, je tremblais. Quand je l'ai vue en coulisses, j'étais pétrifiée, je ne pouvais rien dire, tout juste balbutier. »

Je n'ai rien dit. Juliette n'avait pas encore, cette année-là, évoqué ce combat contre le cancer dont elle était en train de sortir victorieuse. Je ne pouvais pas lui dire que, quelque temps auparavant, c'est une Juliette épuisée que j'étais allée embrasser dans sa maison de Verderonne et que, devant mon regard interrogateur, la douce et vaillante Julia avait simplement murmuré, confiante : « Tu sais bien que Madame est un miracle[1] ! »

1. Propos recueillis par l'auteur, 12 juillet 2008.

J'ai bien souvent revu Armande. Petits dîners dans les bistrots parisiens et toujours Juliette au cœur de nos échanges.

Et puis, un soir, elle est venue avec un jeune homme dont l'éclatant charisme m'a très vite donné envie de le connaître mieux. Comment ne pas aimer quelqu'un qui vous dit, un sourire au fond des yeux : « Mes fréquents séjours en Amérique du Sud m'ont pétri un cœur de cordillère » ? Egon Kragel, kilt écossais, guitare andalouse, qui me parle de ses dîners avec Andy Warhol et David Bowie, fan de Pier Paolo Pasolini, de la poétesse américaine Sara Teasdale et de l'Argentine Alfonsina Storni, Egon à genoux devant Juliette au théâtre de la Ville, en ce 7 février 2016 où elle fête son quatre-vingt-neuvième anniversaire, lui murmurant, alors qu'elle lui disait sa fragilité : « Si vous arrivez là-haut la première, s'il vous plaît, gardez-moi un strapontin… »

Pour une interview destinée au journal *Préférences Mag*[1], le 29 septembre 2004, Egon a rendez-vous à l'hôtel Raphaël avec Juliette, qui revient juste de l'adieu à Minnie Cooper, disparue cinq jours plus tôt. En osmose avec Egon dès le premier regard, elle se livre à lui sans détours, abordant à bâtons rompus des sujets jusqu'alors à peine effleurés. De cet échange tendre et spontané à une heure de si grand chagrin, naîtra entre le jeune homme et sa muse une douce amitié.

1. *Préférences Mag.* N° 5, novembre-décembre 2004.

Entretien avec Egon Kragel
avec la complicité de Jean-Philippe Card

Juliette au bord des ombres – Mes années Gréco

« Je lui dois mes plus beaux souvenirs. » Rendez-vous volés, furtivement galants, à l'ombre de grands théâtres. Janviers affûtés de givre, qu'un Olympia tendu de pourpre éclaire soudain d'un bleu de flamme. Je lui dois mes jardins d'embellies, cœur battant, tremblements de paupière close. Des tours de chant ébouriffants, libérateurs, comme des rires de vin gai. Des émotions moins sages, rencontres de gestes tus, de brouillard retenu. Je lui dois ce goût des mots. Mots de gravier crissant, d'azur immobile, soie d'araignée qui prend au cœur, dans la grande connaissance de l'amour enfin nommé. Quand Juliette se veut tragédienne, ses mains esquissent un ciel flamand, gansé de ce mauve en uniforme qu'on voit aux catafalques. Quand Juliette se veut légère, l'été orchestre une pavane, une caresse de lis des sables. Ça peut faire chanceler. C'est un risque. On se sent à la fois vainqueur et prisonnier, libre et possédé, troublé comme un corps éveillé qu'une fièvre négocie à lents frissons. Des janviers aux juillets de ma vie, tant de souvenirs l'accompagnent. Il me suffit – pour cela –, de feuilleter mes agendas secrets.

Janvier 1988 : café de la Danse, Paris. « Ma première fois. » Je l'avais croisée en cours d'enfance, sur les sillons d'un gros disque noir qui soufflait. Mais soudain la voici, à quelques mètres, révélée sous le masque kabuki, vivante. Je me souviens de tout : la braise d'un regard noir, l'insolence du phrasé, la silhouette d'encre mouvante, dans l'arc des lumières. Et tous ses mots qui dansent, et tous ses mots qui pensent, conspiration de parfums crus, qui font naître malgré moi un amour solide, neuf, qui n'aura pas de fin.

Juillet 1991 : Paléo Festival, Suisse. Un public jeune, consciencieusement débraillé mais armé d'une saine insolence vient d'applaudir Joe Cocker, Suzanne Vega et Arthur H. C'est alors qu'elle s'avance, traqueuse, sur la grande scène nyonnaise. Une programmation frondeuse l'a désignée pour clore la soirée. Qu'à cela ne tienne ! Elle s'agrippe au micro et chante « La Javanaise ».

Peu à peu, 10 000 briquets embrasent l'assistance d'un crépitement de soie. Gréco triomphe, toujours inquiète, les joues barrées de larmes. Je la rejoindrai plus tard, pieds boueux, dans une caravane minuscule qui ressemble à un jouet d'enfant.

Juillet 2004 : Ramatuelle. La nuit tombe, le festival prend fin. Gréco chante, cigale brune. Et sous le ciel provençal, soudain déclos, il pleut des galaxies. Gréco tend les bras, calvaire de poche vu des gradins. Puis soudain, portée par la houle des mots, elle s'improvise goélette, voile tendue, prête à l'essor, à l'abordage. Je lève les yeux et je vous jure que je ne mens pas : de son plafond de nuit, Cassiopée se détache, et d'une volte précise, fait un diadème précieux et provisoire sur le front de l'Artiste.

Septembre 2004. Dans le ventre lambrissé d'un palace parisien, nous avons rendez-vous. Un monde de capitonnage, d'or soufflé, de sons amortis. Jean-Philippe m'accompagne, valeureux artisan d'une *Intégrale Gréco* en 20 CD, parue chez Universal. Juliette nous accueille avec ce sourire tendre qu'on lui connaît, qui lui plisse joliment le nez. Nous nous blottissons aussitôt autour d'elle, comme autour d'une flamme. « Juliette, raconte-nous… »

Le temps fait alors le gros dos, s'ébrouant d'un nuage de secondes, semant autour de nous sa pluie de flocons nourriciers. Dans la tiédeur des confidences, Juliette s'épanouit. Rose persane pour la beauté carnée. Laurier-tin pour le parfum, les innombrables fleurs blanches et les baies noires, toxiques à l'étourdie, mais dont on tirait autrefois une belle encre à poèmes. On la dit souvent nocturne, lunaire. Je la sais méridionale, de craie et de bois noir. « Juliette, bulle de tendresse, parle-nous… » C'est plaisir que de s'instruire et se bercer dans ses velours. Leçons revigorantes d'amour, de tolérance, de liberté. Une Juliette plus que jamais nécessaire, indispensable à tout, à l'instant, aux enfants de demain. D'un battement de syllabe, la voilà qui vous prend par la main. Et on se laisse guider, vers son pays à elle, où tout est chaud, où tout est tendre. Dans un pays de rêves candis, d'amadou, un peu sorcier, très loin là-bas, au bord des ombres…

Egon Kragel : *Dans ce magazine, vous avez dû le noter, nous parlons beaucoup de garçons…*

Juliette Gréco : Moi je ne suis pas un garçon, mais j'aime aussi les garçons. Et puis j'aime les garçons qui aiment les garçons !

— *… Et d'une famille que vous connaissez bien, que vous avez parfois rejointe…*

— Oui. Et c'est une famille qu'il faut défendre absolument parce qu'elle est en danger. Contrairement à ce qu'on pourrait imaginer, tout cela est extrêmement fragile. Nous sommes en train de régresser. L'intolérance devient maîtresse. J'ai très peur.

— *La surmédiatisation de l'homosexualité, à l'heure actuelle, pourrait aussi devenir une menace. Qu'en pensez-vous ?*

— J'ai peur aussi de ça. Ça peut refermer les portes du ghetto. Pourquoi ne pas accepter, tout simplement ? J'avais dit un jour aux gens de *Gai Pied* – le premier journal homosexuel – « Si je suis amoureuse de ma bicyclette, pourquoi ne ferais-je pas l'amour avec elle ? » Pendant des années, j'étais amoureuse d'une œuvre d'art, les *Tournesols* de Van Gogh, et je me disais : « J'aimerais passer une nuit avec ce tableau ! » C'est aussi simple que ça. De quel droit peut-on juger l'autre ? Et qui donne ce droit ? Qu'est-ce que l'autre sait de l'âme ? Mais l'autre juge, indifférent au droit. Il peut être blessant, violent… Comment faire pour éviter ça ? Je pense que tout devrait débuter à la base, quand tu es enfant. Il faudrait alors enseigner la tolérance. Tu es noir : comme c'est joli ! Tu es jaune : comme c'est doux ! Tu es blanc, tu as les yeux bleus : c'est pas mal non plus ! Comment ne pas accepter tout ce qui t'est offert, alors que tout est beau? Et puis tu as ce feu purifiant, qui préserve de tout, et qui s'appelle l'amour… De quel droit se mêle-t-on du corps de l'autre? Bien sûr, quand tu aimes, c'est différent. Le corps de l'autre devient un univers, un monde à part. C'est magnifique. Tout à coup ton doigt se pose sur un grain de beauté, et c'est une île!

— *Quand avez-vous réalisé que l'homosexualité pouvait déranger? Je n'ai jamais eu conscience de la différence. Sincèrement. Vous avez grandi dans un milieu tolérant?*

— Ma mère était une femme libre. Et courageuse. Et homosexuelle. Je pense effectivement que tout ça, à la base, est un problème d'initiation, de vérités à dire. Nous étions un jour dans un restaurant chinois, ma mère, un enfant de huit ans et moi-même. Soudain l'enfant a vu un homme noir accompagné d'une femme blanche qui entraient pour manger. Il les a regardés, très surpris.

Ma mère a alors dit cette chose magnifique: «Tu vois si je prends le couteau, que je coupe ton poignet, le sang qui en coulera est rouge. Comme le sang de cet homme et de cette femme.» Nous sommes faits de la même terre, du même sang, de la même chair. Ce qui est important, c'est le désir, c'est l'attirance, c'est l'amour, c'est l'envie! Ce qui est important c'est la vie! Le désir justement… Le désir n'a pas de limites, pas de règles! Le désir n'est enfermé en rien! Le désir est la liberté! Dès l'instant où tu réalises ça, tu vis de manière courtoise et heureuse. Enfin, aussi heureux qu'on puisse l'être dans cette vie de merde! Tu prends simplement le bonheur qui t'est offert.

— *Si vous aviez un garçon aujourd'hui et qu'il vous avouait son homosexualité, quelle serait votre réaction ?*

— Si j'avais un fils, je lui dirais : « Et alors ? Quelle importance ! » Je ferais tout ce que je peux pour l'aider à être calme, qu'il ne soit pas trop vulnérable. Je ferais tout pour l'aider à assumer ses plaisirs, ses bonheurs et ses souffrances. Il faut protéger les gens, et surtout les garder dans leurs désirs. Surtout ne pas les en détourner ! Le rôle d'une mère est avant tout la protection. Il en aura visiblement besoin face aux attaques, aux doigts tendus. Oui je sais. C'est une honte. Les : « Y'a un pédé ! Y'a une gouine dans la famille ! », c'est une horreur ! Je ne peux pas comprendre. J'essaie pourtant, mais je ne peux pas. Je n'ai pas les moyens... Et puis il y a le fantôme de cette maladie qui rôde et qui n'arrange rien... Oui. J'ai vu des gens en mourir. J'ai plein de copains homosexuels, et ça a été très, très douloureux !

— *Et si ce fils vous disait un jour qu'il désire se marier... Vous pensez quoi du mariage gay ?*

— Moi, je suis un animal sauvage qu'on ne peut pas mettre en cage. Maintenant si les gays ont envie de se marier, qu'ils se marient ! Mais ils ne savent pas à quoi ils s'exposent ! Je ne pense pas que le mariage soit une bonne solution. Je trouve que c'est trop bête, ça n'en vaut pas la peine. Mais s'ils ont vraiment envie de s'épouser, qu'ils le fassent. En tout cas, je ne conseille pas le mariage, ni aux hétéros, ni aux homos...

— *Vous vous êtes pourtant mariée trois fois.*

— Oui. Et c'est bien pour ça que j'ai divorcé.

— *Est-ce que vous croyez à l'amour de toute une vie?*

— Oui, j'ai vu ça entre mon grand-père et ma grand-mère. Sinon que mon grand-père donnait de sévères coups de canif au contrat. Je pense que l'émulation est salutaire. Il n'y a de limite à rien, sauf au malheur de l'autre. Si tu commences à être destructeur, alors là, ça ne me plaît pas du tout.

— *Comment expliquez-vous qu'il y ait tant d'homosexuels dans votre public?*

— Parce qu'ils savent parfaitement que je les respecte. Et que j'ai pour eux une immense amitié. J'ai même défilé dans la rue pour les défendre, et c'est pourtant une chose que je déteste... On m'a craché dessus et traité de « salope », mais je m'en foutais éperdument. Je défendais une cause à laquelle je suis extrêmement attachée: la liberté d'amour. Pour cette raison, comment peut-on ne pas adhérer à la cause homosexuelle? Je ne peux pas comprendre l'aveuglement, l'intolérance, l'illogisme absolu... La différence est si belle!

— *Vous avez croisé beaucoup de ces gens « différents »! La preuve, une incroyable photo où l'on vous voit avec Mishima.*

— Mishima m'aimait beaucoup. Il savait très bien qui j'étais. Ce fut une rencontre incroyable dans une ville improbable du Japon. Moi, j'étais absolument éblouie. Le regard de Mishima, sur cette photo, est pour moi un cadeau sans prix. Il regarde. Il voit quelqu'un de vivant. Il ne pense pas à lui. Ça c'est inestimable. Moi je suis comme une gamine, avec les yeux écarquillés. Il m'a dit des choses très positives, réconfortantes et flatteuses. Il était venu me voir chanter. Il n'était ni malhonnête, ni mal élevé. C'était un être magnifique.

— *Qu'avez-vous pensé de sa mort si violente ?*

— Je ne l'ai pas supportée. Ce n'est pas ma culture, donc se faire harakiri est pour moi une chose insupportable… Maintenant, qu'il ait choisi cette façon de mourir, je peux presque le comprendre. Ce poignard dans le ventre. C'est de l'ordre de la dignité, de la noblesse. Et puis c'est une pénétration, une auto-pénétration étrange…

— *Vous avez également connu Jean Genet ?*

— Oui bien sûr. Il était hyper séduisant. C'était un séducteur-né. Il avait un magnifique regard de prédateur. C'était un homme secret et violent, étrangement laid et étrangement beau. Ça dépendait des instants et de ce qu'il ressentait. Son visage était probablement le miroir de son âme, ce qui est assez rare… Et puis, il était capable d'amour. Je l'ai rencontré au Montana ou au Flore, je ne sais plus. Enfin dans un café ! C'est Cocteau qui l'avait amené.

— *Vous qui avez vécu la Libération, les ouvrages de Genet qui célébraient les amours clandestines des collaborateurs et des officiers nazis devaient être irrecevables.*

— Rien n'est recevable dès qu'il s'agit d'une histoire d'amour. Ce n'est pas jugeable. L'amour excuse tout ? Ça brûle tout ce qui est laid. Je ne vois pas pourquoi on a fait un procès à Arletty parce qu'elle était amoureuse d'un officier allemand. Je trouve ça ahurissant. Bon, effectivement, ce n'était pas le moment ! *(rires)* Mais tout ça pose un problème plus profond : est-ce que la pensée politique – si le mec est bien – peut empêcher d'aimer ? Je crois qu'on peut pratiquement tout faire par amour…

— *Ces propos sont assez surprenants, venant de vous qui avez souffert de l'occupation allemande*[1].

— Moi je n'aurais pas fait ça. Bien sûr que non ! Mais je n'étais pas une femme. J'étais une toute jeune fille. Mais d'avoir vu, à l'époque, ces femmes tondues, ça m'a totalement bouleversée. Comment peut-on humilier de la sorte ? Je ne comprenais pas. J'étais déchirée. Est-ce humain de faire ça ? Est-ce justifié ? Et le corps ? Et le cœur ? Je suis sûre que ma mère n'aurait pas été d'accord. Et je suis sûre que ma sœur n'est pas d'accord. Il y a un être humain derrière tout ça, faut chercher un peu…

— *Tolérance rime aussi avec liberté. Vous êtes l'incarnation de la femme libre.*

— Je suis une femme libre, essentiellement libre depuis sa naissance. On n'a jamais reconnu aux femmes le droit d'être debout. Moi, même couchée je suis debout. Je suis née libre. Et comme l'a toujours dit ma mère, le premier mot que j'ai prononcé c'était « non ». Il faut se battre sans cesse. Ça m'épuise et parfois j'ai envie de renoncer. Mais le lendemain, j'y retourne. C'est un combat de tous les instants. C'est l'amour de l'autre.

Le luxe de l'aimer, de le servir ? J'ai toujours dit : « Je suis la servante de mes seigneurs. » Je sers les gens que

1. La mère et la sœur de Juliette Gréco ont été déportées, en janvier 1944, dans les camps de Ravensbrück et d'Holleischen en Allemagne. Elles recouvreront leur liberté en mai 1945.

j'aime, leurs musiques, leurs mots, leurs pensées… Je vis de désirs, d'envie de partages, d'envie de rencontres, je vis d'amour de ceux que j'aime, qu'ils me soient proches ou non. Je vis du désir de rendre les gens heureux. Je déteste le malheur.

Hôtel Raphaël, Paris,
29 septembre 2004.

Des mots sur un tableau noir

« Je voudrais être un tableau noir et que chacun y écrive ce qu'il veut, ou bien un sapin de Noël où chacun viendrait accrocher une bougie, une petite lumière... »

Juliette Gréco

Sur les ardoises inaltérables du temps qui passe, te souviens-tu, Juliette, de ces mots jetés au vent du soir et qui t'ont rendu parfois la vie plus douce ? En voici quelques-uns, rassemblés en un bouquet superbe, et que tu reliras quand l'envie t'en viendra, juste pour rire, parce que la nostalgie, tu ne sais même pas ce que c'est, veinarde, toi qui portes en ton cœur les joyaux d'une vie de rencontres à nulle autre pareille...

Le 24 novembre 1990, Frédéric Mitterrand réunit tes amis, dans son émission *Étoile Palace,* et les mots qu'il choisit ce soir-là pour parler de toi à ceux qui te connaissent ou à ceux qui savent à peine qui tu es, tu ne les as jamais oubliés :

« Vous qui aviez, au sortir des années cruelles et noires, donné spontanément le visage inconnu de Juliette Gréco à votre désir de vivre, je crois que vous serez heureux de voir qu'en elle rien n'a changé, que votre confiance a été tenue et que, si vous l'aimez toujours, vous avez bien raison.

Vous qui avez toujours sa voix dans la mémoire quand il vous arrive quelque chose de violent, de tendre ou de gai, je pense que vous serez heureux d'en retrouver la part intacte et qu'en la sentant si fraîche à votre cœur vous vous direz que vous l'aimez toujours et que vous avez bien raison.

Vous qui défiliez dans les rues il y a quelques jours, entre fumées, incertitudes et Walkman, et qui savez spontanément qu'elle est dans votre camp et dans le regard de ceux que vous commencez à découvrir autour de vous, je suis sûr que vous l'aimez aussi et déjà, et vous avez bien raison.

Tenez, elle est prête, écoutez-la, c'est la jeunesse à tout le monde qui revient enfin vous prendre.

Allez, Amour, tu peux chanter !

Tu n'auras jamais aussi bien mérité ton nom

JULIETTE GRÉCO. »

Un soir, tu es venue dans un collège. Celui où j'enseignais. C'était le 14 mai 1994. Vingt-deux adolescents avaient imaginé pour toi une « rue Juliette-Gréco », et un étudiant aux Beaux-Arts avait reconstitué pour eux, sur des toiles peintes, le joli quartier de Saint-Germain-des-Prés, l'église, les Deux-Magots, le café de Flore. Sur des tables de bistrot improvisées, les bougies étaient comme des petites flammes qui tremblaient dans la nuit. Ton accordéoniste Sergio était venu, quelle jolie surprise ! Écoutant en boucle sur leur platine presque toutes tes chansons, ils avaient fait ce soir-là des choix surprenants, privilégiant parfois des textes méconnus. Tu avais été bluffée par une Séverine de seize ans qui redonnait à « Chambre 33 » un éclat de jeunesse. Ils ont reçu de toi ce mot d'amour, posté trois jours plus tard de Ramatuelle :

« Bien chers enfants, Merci à vous tous. C'était une soirée magique, comme est magique votre talent, votre amour du théâtre, de la chanson, de la poésie. Je suis encore émue par votre belle et diabolique jeunesse. Continuez. Vous êtes notre espoir et je le trouve beau. Tendresse. Gréco. »

Des années ont passé. Ton image, à leurs yeux d'enfants devenus grands, a gardé l'éclat du diamant. Un peu de courrier, Juliette, en ce matin d'été ? Voici ce qu'ils t'écrivent, quelque vingt-cinq ans plus tard : la jeune interprète de « Chambre 33 », pour ouvrir le bal :

« Très chère Juliette,

Les si bons souvenirs que vous m'évoquez se reflètent en moi comme un miroir et m'aspirent à une éternelle jeunesse. La douce saveur des mots échangés, ancrés dans ma mémoire tel un tatouage indélébile, m'ont animée et n'ont jamais cessé depuis d'exister. Moi, jeune fille si timide mais si confiante en Françoise, me retrouvais devant une femme aux talents multiples et incontestables, d'une beauté envoûtante, brillant de mille feux, comédienne émérite, visage emblématique de la chanson française, n'ayant d'égale que sa gentillesse. Je ne vous remercierai jamais assez du temps que vous nous avez, à tous, accordé, et de mon cœur de midinette d'une quarantaine d'années je vous envoie mes plus belles pensées et mon profond respect.

Séverine. »

« J'entre en scène et je ne vois que ses yeux noirs. Elle est là, légende vivante ! Mais… que fait-elle ici ? Mon regard croise le sien, je tremble, je frissonne… et si elle n'aimait pas ce que je fais de "ses" textes ? Trop tard, j'avance dans la lumière, ses mots deviennent les miens. Elle dira : Merci ! Merci ! Mais c'est à vous, Madame, que ce merci doit aller, un merci qui vous revient, et pour toujours après tant d'années.

Christelle. »

« Regarde bien, petit ! Là-bas, dans l'ombre des projecteurs, cette dame en noir, c'est celle qui te fera aimer les poètes. Au fil des ans, chaque fois que tu la verras dans la lumière, elle te donnera un mélange de force et de fragilité, tout ce qui fera de toi un homme.

Christine. »

« Juliette, dame étoile qui a guidé mes pas vers ma féminité. Le théâtre comme excuse pour être plus près de vous. Une artiste dans l'âme, une femme de cœur, lovée pour toujours au creux de mes quinze ans.

Aurélie. »

« Des années après, la rue Juliette-Gréco n'a pas bougé. La lumière du réverbère se fait toujours aussi nette pour accueillir les tendres mots susurrés aux amants d'autrefois. Les filles de la rue me rappellent chaque fois que le chemin est long avant la rencontre de l'embellie. Juliette, depuis cette rue, votre présence à mes côtés ne m'a jamais quitté.

Gregory. »

« C'est un coin de la rue des Blancs-Manteaux et de la rue Juliette-Gréco que certains soirs je vous aperçois, jolie môme comme toujours vêtue de noir. Envoûtée, je m'arrête. Je me laisse porter par votre élégance et la douceur de vos mots. Au croisement de ces deux rues, je vous écoute, et je souhaite que cette saison des amours dure toujours.

Marie-Éléonore. »

Tu aimais bien José Artur, ton vieux complice du temps de Saint-Germain-des-Prés. « J'ai rencontré la terre entière », disait-il, et c'était vrai. Au Bar noir de la maison de la radio, puis dans le salon Louis-Delluc du Fouquet's, durant quarante années, il a offert son micro de nuit à tous ceux qui dessinaient un fastueux monde artistique dont on oublie à présent jusqu'aux contours. Mais, quand c'était toi qu'il recevait, un petit quelque chose de plus brillait derrière ses lunettes à fine monture, et tu posais la main sur son écharpe blanche. Il m'a écrit un jour pour me parler de toi. « Écrire, disait-il, m'est plus facile que vous parler. »

« Un être, c'est une balance de Roberval. Chez Juliette, le bon touche la barre, les défauts, on les “atone”. J'ai rencontré Matisse et Picasso, j'ai suivi leur travail quand ils peignaient, par exemple, un taureau, un taureau avec la chair, les muscles, les cornes...

Au fur et à mesure de leur génie, le trait s'épurait. Le dernier taureau de Matisse, un taureau qui charge, ce sont sept traits qui s'entrecroisent sans se couper, un dessin d'une incroyable pureté et qui va à l'essentiel. Je regarde avec la même admiration la trajectoire de Juliette Gréco, l'une des premières à avoir compris à quel point étaient importantes la sobriété de la tenue de scène, l'économie de gestes et d'intonations qui esquissent quelque chose de pur et de très dépouillé. Au fil du temps, elle est devenue de plus en plus belle. Il en fallait, de la personnalité et du talent, pour résister à la vague yéyé, au temps turbulent et sympathique de *Salut les copains* ! Elle a traversé ces turbulences avec cette dignité un peu surannée, cette lucidité et cet amour des mots et des chansons de poètes. Elle était le fanion féminin d'un quartier marginal qui l'avait choisie pour emblème. Elle est aujourd'hui la survivante éclatante de notre jeunesse, une merveilleuse artiste qui continue de briller dans la lumière[1]. »

« Elle est la fille du siècle, comme furent enfants du siècle les moins de vingt ans après les fastes de l'Empire, auxquels s'identifia Alfred de Musset, pour nous dire leur mélancolique désespérance », a dit de toi la journaliste Colette Save, dès l'année 1957. « Moi, enfant du siècle ? » Tu ris, tu hausses joliment les épaules, tu me prends par la main et tu m'emmènes voir les roses de ton jardin.

1. José Artur, 22 décembre 2008.

Mais je n'en ai pas fini, Juliette, avec ces mots d'amour ! Richard Cannavo a écrit deux chansons pour toi, « Lola la Rengaine » et « Il est trop tard ». D'autres textes aussi je crois, mais qui sont restés inédits. Je ne sais pas grand-chose de lui, sinon qu'il a un jardin où vivent en harmonie des tortues et des abeilles, ce qui n'est déjà pas si mal, qu'il voyage à travers les pages des livres, aime l'écriture parce qu'elle est silence, trouve que « La mer, c'est comme les livres, c'est l'infini à portée de regard, on peut s'y perdre et s'y noyer ».

Je ne le connais pas, mais j'ai souvent fredonné « Les Années d'autrefois » : « Un pont sur la mer / Nos pas sur les canaux / Une chambre d'hôtel / Nos passions apaisées. » J'aime qu'il s'interroge quand il pense à toi : « Que savons-nous, sinon qu'elle est une interprète de grande race à la tendre ironie qui, du cri au chuchotement, bouleversante, semble effleurer les mots de sa voix nue, cette voix sans égale qui est à la fois ombre et lumière ? Que savons-nous, sinon que la vie a passé et qu'aujourd'hui Gréco a le visage que la vie lui a fait, avec ce regard intense, avec ses yeux, superbes, qui semblent parfois tournés vers l'intérieur, porteurs d'autres voyages, d'autres amours ? »

Je sais les mots qui te plaisent, ceux de Jean-Bernard Hebey, par exemple : « J'aime Gréco parce que cette femme est un voyou. Sous des allures fragiles, graciles, policées, elle peut vous tuer en une phrase si elle en a envie », et c'est tellement vrai ! On ne sait pas forcément à quel point tu aimes rire, à quel point tu es joyeuse, à quel point, comme tu dis, tu ne plombes pas l'atmosphère !

« Je pourrais vous parler de nos fous rires dans une chambre d'hôtel, après une interview un peu trop arrosée », me dit Jean-Philippe Card, un de tes fans les plus fidèles devenu un de tes proches, « je pourrais vous parler de sa voix grave au téléphone le jour où elle se fit passer pour mon plombier, de sa voix de gamine farceuse fredonnant "La Complainte du téléphone" sur mon répondeur téléphonique qui offrait, en guise de message, le premier couplet de la chanson. Ainsi le sphynx que j'admirais tant pouvait devenir la plus drôle et la plus imprévisible des complices[1]… »

Quand Jean-Philippe rencontre Juliette, en 1999, il sait déjà tout de son parcours artistique et collectionne depuis des années disques, photos, programmes, articles de presse, affiches, un véritable trésor ! Il sacralise les années 1950-1970, l'âge d'or de Gréco me dit-il. Il aime qu'au fil du temps sa voix se nuance, se moire, se bronze. De Juliette il aime tout : « Je suis un inconditionnel ! » Dans son panthéon personnel, il y a les classiques, bien sûr : la « Jolie môme » de Léo Ferré, la sensuelle « Javanaise » de Gainsbourg, l'incontournable « Il n'y a plus d'après » et l'irrésistible mélancolie du « P'tit bal perdu »…

Mais il y a aussi les chansons de Sagan en 1956, l'album audacieux contant les voyages pittoresques de Mac Orlan paru en 1964, sans oublier quelques chansons plus légères et presque inattendues dans le répertoire de celle que l'on nomme « La Gréco » : « De

1. Jean-Philippe Card, propos recueillis par l'auteur, 25 septembre 2019.

Pantin à Pékin», ou bien encore, «La Complainte du téléphone» dont l'accompagnement musical d'André Popp tient davantage de la musique contemporaine que de la chanson…

S'il est devenu, aux yeux de tous, «la mémoire» de l'artiste – et ça tombe bien car elle n'en a pas! – il évoque aussi «sa» Juliette, «réservée, intransigeante, ambiguë parce qu'à la fois forte et fragile, tendre et violente». Attachante Juliette, aussi. Et généreuse, soucieuse de l'autre: «Elle me rapportait des petits cadeaux du Japon. Je me souviens en particulier d'une représentation miniature d'une scène impériale… Et chaque présent qu'elle offrait était toujours accompagné d'un petit mot tendre, personnalisé, presque intime. J'ai souvent vu cette femme se maquiller, à l'abri de sa loge feutrée, avant un concert. Fatiguée ou malade, parce que la veille, elle était sur une autre scène, en Allemagne ou ailleurs, et qu'elle avait attrapé froid à quelques milliers de kilomètres de là… Elle entrait en scène et le miracle opérait: des scènes prestigieuses aux théâtres de banlieue les plus isolés, elle avait à cœur de donner le meilleur, à chaque fois. Pour moi, si la dignité et le courage avaient un visage, ils auraient assurément celui de Juliette.»

François Bellair, le fils de Marie Dubas, me rappelle ce souvenir: «Au cours des années 1950, ma mère, sollicitée afin de désigner un nouveau nom féminin de la chanson lors d'une émission radiophonique, choisit Gréco comme l'artiste de la nouvelle génération qu'elle admirait le plus. Les raisons de son choix étaient multiples, qui lui faisaient voir en Gréco, au-delà des années et des modes qui les séparaient, quelqu'un de sa "famille" : ce subtil mélange d'insolence et de tendresse, d'humour corrosif et de violence contenue. Je me rappelle les deux chansons qu'elle avait retenues : "Les Dames de la Poste" et "Romance", en plus, bien sûr, de "Si tu t'imagines"[1] »

Te souviens-tu, Juliette, de ce 13 août 1953 où pour toi la vie bascula ? C'était à Deauville, au Grand Prix de la Chanson. Tu reçus le prix d'interprétation pour « Je hais les dimanches », qu'un jeune inconnu, Charles Aznavour, en ce temps homme à tout faire de Piaf, t'avait apportée à la Rose rouge, un soir où, ulcéré par l'aimable remarque d'Édith à qui il l'avait proposée – « Ta chanson, tu peux te la mettre où je pense ! » –, il cherchait, pour ce texte auquel il croyait, une autre interprète. Heureux hasard, tu remportas ce prix dénommé le prix Édith-Piaf, et la Môme, déstabilisée par ton succès, se hâta d'enregistrer à son tour la chanson, prévenant son auteur : « Je vais lui montrer comment on la chante ! » Tu t'en amuses aujourd'hui et tu me dis « Piaf ne m'aimait pas. D'ailleurs elle n'aimait pas les femmes. Elle en a détruit plusieurs, pas moi ! J'admire infiniment l'artiste, cette voix incroyable, sa présence en scène si stupéfiante, mais je n'aime pas la femme ! » Il faut dire que tu es son contraire absolu, toi qui as toujours peur de déranger, toi pour qui l'orgueil est une qualité mais la vanité une calamité, toi qui sais rendre la vie si douce à ceux que tu aimes, ni esclave ni porte-bagages autour de toi, tu avances, solaire et droite, toujours debout au cœur des plus éprouvantes tempêtes.

1. François Bellair, texte adressé à l'auteur, 24 septembre 2008.

Au lendemain de ton triomphe, voilà ce qu'écrivit un certain E. Moineau : « Violence, franchise, un tact infini, une sensibilité merveilleuse, une jeunesse contagieuse, c'est à toutes ces qualités que la jeune et brune chanteuse doit son premier prix d'interprétation au Grand Prix de la chanson de Deauville. La lascive aventurière qui s'explique du poing dans les romans noirs, boit et jure comme un gangster, c'est elle. Et si mille jeunes filles portent aujourd'hui les cheveux interminablement longs et raides sur les épaules, des pantalons et des tricots moulants, entièrement noirs, c'est qu'elles ont compris à quel point cela leur était nécessaire pour conquérir, par cette ressemblance, des cœurs qui ne battent que sur le rythme des chansons de Gréco, égérie de l'existentialisme. »

Il était une fois un petit garçon qui t'aimait infiniment. Il avait huit ans. Il s'appelait Jonathan. Il se glissait dans ta loge après les concerts, tu le prenais dans tes bras, il riait aux éclats, une fois même, à Senlis, tu nous as emmenés dans une pizzeria et c'est lui qui a commandé… une pizza au saumon fumé ! Il était tombé amoureux de toi en écoutant « La Chanson des vieux amants ».

« Quand j'attendais que Juliette ouvre la porte de sa loge, j'étais ému, bien sûr, mais j'étais surtout impatient ! Simplement je l'aimais, c'était quelqu'un que je venais retrouver, l'artiste, sans doute, mais plutôt… comment dire ? Plutôt Elle. Et je la regardais. Je la trouvais si belle, si charismatique, elle m'embrassait, je n'ai pas oublié son parfum, et elle parlait sans détours.

Enfant, déjà, je sentais qu'elle ne disait que ce qu'elle vivait, ce qu'elle sentait.

Juliette m'a accompagné tout au long de ma vie, elle m'a aidé à devenir adulte. Comme tout le monde, j'ai connu des passages orageux, c'était chaque fois son image qui me revenait. Et cette force de caractère incroyable. Alors, comme elle, je n'attendais pas, j'affrontais, j'allais de l'avant. Je voulais être digne d'elle et de toute cette tendresse qu'elle m'avait donnée, même si je ne le formulais pas vraiment avec des mots. Je me souviens de son jardin au printemps. Des milliers de fleurs, jamais je n'avais vu un jardin comme celui-là, ce ne pouvait être que le jardin d'un artiste ! Ce jour-là, elle attendait des journalistes qui devaient faire un reportage sur sa vie. Et moi je dévorais les petits-fours. Je me souviens qu'elle m'a dit : "C'était pour les journalistes, mais tu peux tout manger !" De toute façon, c'était trop tard. Gérard Jouannest répétait tout le temps, sa musique tournait en boucle et j'ai demandé à le voir. Il ne fallait pas le déranger mais j'ai insisté et j'ai pu monter le petit escalier et aller jusqu'au piano. J'ai vraiment grandi avec Juliette. Un soir, j'avais douze ans, j'ai assisté à son tour de chant depuis les coulisses du théâtre de Saint-Quentin-en-Yvelines. Mon oncle connaissait le directeur et tout le monde savait mon amour pour Juliette. Alors, avec son impresario à côté de moi, quand la salle a été éteinte, j'ai traversé un souterrain et je me suis retrouvé derrière les rideaux, assis sur une petite chaise. C'était merveilleux. Je voyais les gens applaudir, je les entendais réagir. En sortant de scène, Juliette m'a frôlé sans me voir : elle était encore dans son monde.

La dernière fois que je l'ai vue, c'était à l'Odéon, il y a quelques années. Je regardais Gérard Jouannest et je me disais : Il ne faut pas le déranger ! Mickey travaille ! Elle n'avait pas changé ? Un amour de Juliette[1]. »

L'enfance ne t'a jamais vraiment quittée. Tu ris, tu t'émerveilles, tu caches tes amis derrière des fauteuils pour qu'ils surgissent, comme des diables d'une boîte, quand Gérard entre dans la maison, le jour de son anniversaire. Même en scène, il t'arrive de ne pas résister ! Ainsi, le soir de ta dernière à Bobino, Claude Véga finissait la première partie, inénarrable dans son imitation des dames qu'il chérissait – Delphine Seyrig, Edwige Feuillère, Elvire Popesco, Zizi Jeanmaire, Nana Mouskouri, Barbara, Maria Callas – et chantait à sa manière, ironique et décalée « Déshabillez-moi ». Médusée, j'écoute ce que me raconte Claude : pour une fois, ce soir-là, je n'étais pas venue !

« Alors que je faisais son imitation, un silence s'est fait, impressionnant. Terrible. Et puis un fou rire collectif a secoué la salle. Elle était derrière moi, faisant les mêmes gestes que ceux que je faisais pour l'imiter. Aussi, à la fin de son tour, alors qu'elle chantait "Paris canaille", tous les garçons, cravatés, costumés, vêtus de noir et chapeaux hauts-de-forme, nous nous sommes mis derrière elle simulant une troupe de boys, ça avait de la gueule ! » Claude me parle aussi de la fragilité de Juliette à l'instant de son entrée en scène, quand ses mains soudain sont glacées et qu'il lui semble qu'elle va défaillir, et il me montre ce qu'il a écrit dans son livre *Couleurs, la mémoire des autres,* où sa vie de

1. Jonathan Bourgain, propos recueillis par l'auteur, 27 juillet 2008.

saltimbanque est illustrée par de délicieux croquis aux crayons de couleur, à la manière d'une mise en scène de théâtre : « Traqueuse, sensible, généreuse, elle assistait dans les coulisses au déroulement de mon tour. Pour son passage, nous étions là, nous lui connaissions un trac très difficile à assumer, et c'était une joie de l'entendre. Mais, un soir, elle n'a pas pu entrer en scène : "Non ! Je ne peux pas ! Je ne peux pas !" Le rideau venait de s'ouvrir, le spot était prêt à l'éclairer. Mon régisseur, Joël Nuffet, malgré son extrême timidité d'alors, la ceinture par la taille, la soulève et la porte face au public, étonné ! Plus étonné encore quand il vit Juliette prendre un fou rire nerveux, au bord des larmes. Elle enchaîna et finit heureusement par un triomphe. Elle nous remit sur pied plus tard avec du champagne. Le trac est un grand mystère[1] ! »

De l'atmosphère fantastique des « Coiffes noires » de Louis le Cunff, où vibre le souvenir obsédant des légendes bretonnes, au délicieux « Et je cousais » de Marie Noël, tendre évocation d'un coup de foudre d'où va dépendre toute une vie, Juliette a toujours chanté les poètes – Aragon avec « Allons sur la Prée » et « Le Roi Pluie », Verlaine avec « Le Petit Berger », Desnos et ses « Roses de Bagatelle » ou bien encore Pierre Seghers qui lui offrit « La Panthère », « Adieu à toi », « La Rose et l'Ancolie »… Yann Aubry ne l'a pas oublié, lui qui travailla longtemps au côté de Juliette pour l'iconographie de l'ouvrage imaginé par Sophie Agacinski et Michael Delmar, *Saint-Germain-des-Prés.*

---

1. Claude Véga, *Couleurs. La mémoire des autres,* Ovadia, 2015.

S'il garde en mémoire ses rendez-vous avec elle dans sa maison de l'Oise ou dans les cafés du Quartier latin, il revient avec émotion aux sources de sa découverte d'une légende : « Si je n'avais croisé un jour, à l'aube de mes dix-huit ans, la voix de Juliette Gréco, je n'aurais probablement pas le même amour pour cette langue française que j'adore aujourd'hui comme une caresse, et non un coup de fouet, comme dans mes années scolaires. Des milliers de mots résonnent et raisonnent dans la bouche de Gréco. Ce sont ces mots qui m'ont donné le goût de la poésie que je ne cesserai jamais de lire et d'écouter. Je pense tout particulièrement à cette chanson écrite par elle, "Le Mal du temps" et à ces vers qui, pour moi, définissent le mieux Juliette : "Mon temps : Il est fait de tendresse / d'amour de don de moi." »

Le très jeune Olivier Lapidus, à l'aube des années 1990, t'a découverte en lisant *Jujube* lors d'un voyage en Amérique du Sud – et il est tombé en amour, comme disent joliment les Québécois. Et voilà que, pour te faire entrer dans sa lumière, il dévoile sa collection automne-hiver 1992-1993 : de petites Juliette en pagaille déboulent sur ses plateaux, toutes plus jolies les unes que les autres, émouvantes répliques de ce que tu étais à vingt ans. Elle est intitulée « Sur un air de Saint-Germain des Prés ».

« Être kool, écrit le jeune couturier pour présenter sa collection, c'est penser que la culture n'a ni lieu ni temps et que nous sommes complices du Saint-Germain-des-Prés de l'après-guerre. Le new kool, c'est le moment où les jupes rallongent et où toute une génération voudrait entendre parler de joie de vivre, d'espoir et de tolérance[1]. »

On y retrouve les rats des caves de ce Saint-Germain des légendes, robes d'ingénues à bustier et talons plats. Certains modèles portent les titres de romans de Boris Vian (*L'Arrache-cœur, L'Écume des jours, L'Automne à Pékin*), d'autres sont empruntés à l'œuvre de Cocteau (*Orphée, Les Enfants terribles, La Machine infernale*). Cachemire et pékin de soie, moire blanche et soie tourterelle. Une robe ouverte en velours et satin noir est baptisée « Rose rouge », « La Rue Dauphine » se drape autour d'une jupe en crêpe de laine mauve portée sous un manteau de cachemire ardoise. Prévert s'est invité à la fête avec « Oiseau-Lyre », « Rappelle-toi Barbara », « Les Feuilles mortes ». Il est des mannequins qui ont volé pour un soir leur prénom au temps qui passe, « Anouk », « Bettina », « Simone », « Annabelle », d'autres qui portent comme une oriflamme le souvenir d'une musique, « Nuages », « Petite Fleur », ou le nom d'un de ces lieux qui enchanta ta jeunesse, « Club Saint-Germain », « Les Deux-Magots »...

Le défilé, qui s'est ouvert sur une redingote portant sur fond noir des lettres de diamant, s'achève, 55 modèles plus tard, avec un tailleur pantalon en satin blanc brodé, « Il n'y a plus d'après ». Je te revois, Juliette, revenir de ce voyage à l'envers les larmes au bord des cils, et comme toujours, chercher, dans le regard de l'autre, le reflet de l'émotion qui te submerge. C'est avec ces mots que tu évoques ce cadeau magnifique : « C'est très émouvant pour moi de voir naître cette

1. Olivier Lapidus, catalogue de l'exposition « Sur un air de Saint-Germain-des-Prés », 22 mai 1992.

collection. La tendresse et la ferveur du jeune Olivier Lapidus pour cette époque qui est celle de ma jeunesse m'émerveille, de même que son talent. Il a traité ce sujet difficile avec délicatesse et humour. J'aime la grande simplicité d'une robe noire toute pure. Somptueux, le clin d'œil brodé à la littérature. La coupe est superbe. Olivier Lapidus a transformé les ciseaux cruels en ciseaux oiseau. Merci de votre amitié. La mienne est à vous. Gréco. »

Un peu plus tard, te souviens-tu de cette soirée de printemps ? Les Bateaux Parisiens te fêtent sur la Seine en donnant ton nom à l'un de ces bateaux-mouches qui sillonnent en tous sens ce fleuve, reflet des amours de tes jeunes années. Quelques embarcations amies – *Charles Trenet, Yves Montand, Jeanne Moreau* – naviguent dans ton sillage, tu me regardes, une lueur malicieuse s'est allumée dans tes yeux, voilà que tu es navire à présent, « Ils vont se promener sur mon dos »…

Tous ces mots, tous ces soirs, toutes ces fêtes tournent dans ta tête comme des chevaux de manège… Ne t'en va pas… Regarde, Juliette… Il restait un tout petit coin sur le tableau noir de nos mémoires. Juste la place pour que Laurence, ta fille chérie, écrive ces mots :

« Si elle était un animal, elle serait une otarie, lisse, noire, joyeuse. Si elle était un homme elle serait Jacques Brel, comme lui allergique aux mauvaises qualités d'âme. Si elle était un geste, elle serait deux mains qui se rejoignent pour un baiser donné au public et disent “merci d'être venu”. »

Le temps d'une chanson

« Il y a quelque temps de cela, Jean-Philippe Allard a mis ma main dans la sienne pour me guider à travers une promenade magique au pays de la si particulière musique de la ville de New York. C'était son désir. Ça a été un des plus beaux cadeaux que j'aie pu recevoir dans ma vie. Découvrir le visage, les yeux, les mains, le corps de la musique, la voir bipède et humaine : quel privilège ! Cela m'a rajeunie de près de soixante ans ! Oui ! Oui ! C'était comme après la Libération, quand j'ai vu débarquer au Tabou, sans prévenir, ce que le jazz comptait de plus génial : Miles Davis, Charlie Parker, le Modern Jazz Quartet, Madame Ella Fitzgerald... La liste serait trop longue, trop belle. Mon émotion était intacte. Bien au chaud, protégée par Jean-Philippe Allard. J'ai partagé leur travail avec lui et Gérard Jouannest, et je reste éblouie par cette lumière blanche et noire. En ce moment, avec l'équipe de chez Polydor, à Paris, ceux qui me protègent, nous vivons une aventure peu ordinaire, humainement et artistiquement, forte, très forte.

Merci Jean-Philippe Allard. Vous me faites briller les yeux[1]. »

À l'automne 2006, Juliette Gréco s'envole pour New York. Elle y enregistre, avec *Le Temps d'une chanson,* douze mélodies surgies de la malle aux trésors, esquisse de douze petites Juliette que les miroirs d'une vie reflètent à l'infini. Pour Gérard Jouannest, c'est la première expérience d'enregistrement dans un studio new-yorkais : « J'avais déjà joué avec Juliette et avec Brel, surtout au Carnegie Hall. J'ai trouvé très simples les solistes américains, qui ne se prennent pas pour des dieux. Au départ, on a juste enregistré le piano et la voix à la maison. Puis on a envoyé la bande à New York. Gil Goldstein a fait l'orchestration d'après mes mélodies au piano, parce qu'il ne fallait pas que Juliette soit trop perdue au moment de chanter là-bas. Lui ne parlait pas le français et moi je ne parle pas l'anglais, mais la musique est un langage universel qui permet de se comprendre. »

« Utile » de Roda-Gil ouvre ce disque auquel elle tient tant.

Les mots de « Né quelque part », « On ne choisit pas les trottoirs de Manille / De Paris ou d'Alger / Pour apprendre à marcher », résonnent comme autant de petits signaux d'alerte. Maxime Le Forestier, venu écouter Juliette au Châtelet, est bouleversé par la dimension que prend soudain sa chanson et comprend le vrai sens du mot « interprète », rejoignant Serge Gainsbourg

1. Juliette Gréco, présentation du CD *Le Temps d'une chanson,* Polydor, 2006.

qui disait : « Cette javanaise, si incomprise parce que j'y parlais javanais, je l'ai écrite pour Juliette Gréco. Je pense être un auteur privilégié puisqu'elle m'a chanté, et je pense qu'il n'y a pas un auteur digne de ce nom ou ayant un tant soit peu de tenue littéraire qui n'ait souhaité écrire pour elle. »

D'aucuns s'étonneront de trouver ici « Over the Rainbow », standard américain écrit pour Judy Garland en 1939 et qu'elle interprète dans *Le Magicien d'Oz,* désir d'une adolescente d'échapper à la grisaille du monde pour s'ouvrir, au-delà de l'arc-en-ciel, à un monde où l'espérance est reine, où les soucis fondent comme des sorbets au citron. Refrain qui symbolise, aux yeux des soldats américains partis pour le front, cette terre lointaine vers laquelle ils reviendront quand la guerre sera finie, la mélodie signée Harold Arlen et Herbert Stothart fera le tour du monde, reprise par les plus grands, de Phil Collins à Ray Charles, Johnny Mathis, Ella Fitzgerald, Shirley Bassey, Barbra Streisand et, en duo sur le disque *Derrière l'arc-en-ciel,* Eddy Mitchell et Melody Gardot.

Il est déconseillé de fredonner des chansons américaines au beau temps de la Libération. Et ce qui est interdit… Juliette se revoit à dix-huit ans, place Saint-Sulpice, entonnant à pleins poumons « Over the Rainbow », à l'heure où la jeunesse envahit les rues et crie son bonheur d'une liberté retrouvée. La retrouver sous le ciel new-yorkais dit à quel point la vie se dévide vite à l'écheveau du temps !

Tout aussi surprenante est la présence ici des « Amants d'un jour », dont Michelle Senlis et Claude Delécluse avaient écrit les paroles et Marguerite Monnot composé la musique pour Édith Piaf en 1956. « Si je te donne la chanson, avait dit Marguerite à Juliette, Piaf me tue! » Un demi-siècle plus tard, lorsque, en scène, Juliette chante « On les a retrouvés se tenant par la main / Les yeux refermés vers d'autres matins », beaucoup de visages sont inondés de larmes.

J'ai vu pleurer Clémentine Célarié et Lambert Wilson, Armande Altaï et Sonia Rykiel, j'ai vu pleurer des hommes et des femmes de tous les âges, des adolescents et même des enfants cloués par tant de fragile beauté. « Tu n'as pas honte ? — Je ne m'en rends pas compte. » Et je sais que c'est vrai. L'émotion s'avive encore avec sa bouleversante interprétation de la chanson de Léo Ferré, « Avec le temps ». Sur les mots du poète, devenus dans sa bouche bijoux d'or et de fièvre, chacun revoit le chemin parcouru, les visages que la mort avait un moment effacés, les amours perdues qui ne reviendront plus. Quand les larmes ravagent le beau visage de Juliette, l'émotion est presque insoutenable.

Revoilà Mouloudji. « Il symbolisait l'enfance rayonnante. C'était un homme très poétique, pudique, hors du temps. » « Moulou » était un enfant aux beaux jours de Saint-Germain-des-Prés. Une mère internée pour troubles mentaux, un père analphabète qui vivait dans une chambre de bonne, un frère aîné à la santé fragile, les fées penchées sur son berceau ne l'avaient pas épargné. Pourtant il aima son enfance au bord du canal Saint-Martin. Quand il n'était qu'un gosse en culottes courtes, la voix de Tino Rossi dévalait les rues, emplissait les cours, le linge séchait aux fenêtres, les petites filles chantaient. Lui, il vendait des oranges, jouait aux billes sous le préau de l'école de la rue Simon-Bolivar, chantait déjà « L'Internationale » et, à douze ans, le dimanche, assistait aux réunions politiques au mur des Fédérés. Le doux rêveur à l'éternelle écharpe rouge reconnut un jour le visage de la chance. Il avait les traits de Jean-Louis Barrault qui cherchait un enfant pour l'adaptation scénique du roman de Faulkner *Tandis que j'agonise,* et l'hébergea dans son atelier du quai des Grands-Augustins. Prévert déploya au-dessus de lui une ombrelle protectrice : « Quand j'ai rencontré Mouloudji, c'était un enfant, un petit garçon. Il n'avait pas ce qu'il est convenu d'appeler une jolie voix, mais une voix vraie, vibrante, troublante, drôle et parfois déchirante, c'était la sienne, la voix des rues, la voix du cœur, il a grandi mais il chante pareil. De là son charme. » Il le conduisit à Marcel Carné qui lui offrit, dans *Jenny,* le rôle d'un petit chanteur des rues. Quand il disparaîtra, en 1994, Catherine Sauvage dira : « Moulou savait tout faire, il écrivait, il chantait, il peignait, il posait sur le monde un regard de poète, arrivait très souvent en retard, préférait aller se promener seul quand il faisait beau. » Et Juliette : « Il a vécu une vie très en dehors de tout, très différente. C'était un prince, et dans ce métier il y en a peu, très peu[1] ! »

En 1954, Mouloudji connaît un immense succès avec « Un jour, tu verras », dont il signe les paroles sur une musique de Georges van Parys, chanson du film à sketches collectif *Secrets d'alcôve,* réalisé entre autres par Ralph Habib (sketch « Riviera Express »), dans lequel il incarne Ricky, partageant l'affiche avec Jeanne Moreau, Richard Todd, Martine Carol,

1. *France-Soir*, 15 juin 1994.

Françoise Arnoul et François Perier ! Juliette l'enregistre dans *Le Temps d'une chanson*, tendre clin d'œil au Moulou de sa jeunesse.

Quand Gréco choisit « Syracuse », bien des images lui reviennent de Bernard Dimey, son côté ogre chaleureux qui brûle sa vie par les deux bouts, et ce jour où, ayant abusé du whisky, il glissa sous le canapé de la rue de Verneuil ! Travailler avec lui autrement que ponctuellement fut impossible à Juliette, mais elle aima son « Bestiaire de Paris », mis en musique par Francis Lai, et enregistra avec Pierre Brasseur en 1962 cette promenade, en 66 quatrains, à travers un Paris enchanteur et désormais révolu, qui fera l'objet d'un nouveau disque en 1984, avec les voix de Mouloudji et Magali Noël.

Juliette offre aussi une version insolite de « Volare », chanson qui représenta l'Italie au concours Eurovision de la chanson en 1958, « La Chanson de Prévert » de Serge Gainsbourg, « Mathilde » de Brel, « Les Mains d'or », hommage de Bernard Lavilliers à ceux qui sont privés de travail et de dignité (« Un grand soleil noir tourne sur la vallée / Je voudrais travailler encore / Forger l'acier avec mes mains d'or »). Juliette aime Bernard Lavilliers, lui trouve une tendresse et une délicatesse exceptionnelle. Lui s'émerveille : « J'entends rarement ce que j'écris chanté par d'autres. Je l'avais déjà accompagnée pour enregistrer "La Rose et le Réséda", et elle donnait tout d'elle à ces mots d'Aragon qu'elle dit comme personne, sans doute parce qu'elle a vécu cette époque et qu'elle sait de quoi elle parle. On ne croise pas toujours des gens qui ont cette sensibilité, cette intelligence, cette classe ! »

Avec « La Folle complainte », elle fait plaisir à sa fille, Laurence : « Quand j'entends cette chanson, je pense toujours à ma mère ! » Une manière aussi pour Gréco de remercier Trenet dont elle chanta, dès 1954, une chanson inspirée au poète par un lieu chéri de son enfance, à Narbonne, ce « Coin de rue » qu'il acheva pour elle sur la nappe d'un bistrot. Trenet dont elle fredonna aussi « La Mer », écrite dans le train qui va de Montpellier à Sète, « Où sont-ils donc ? » et « L'Âme des poètes », hommage du Fou chantant à Max Jacob, arrêté par la Gestapo et mort au camp de Drancy le 5 mars 1944, trente heures avant sa déportation programmée pour Auschwitz et six mois avant la Libération. Sur un papier à en-tête de la villa La Carrière, route de Saint-Meymes, à Antibes, Trenet, un jour d'été, griffonna ces mots que précieusement elle garda :

« Le chemin de Juliette Gréco m'enchante particulièrement, ce chemin parisien qui, de la Rose rouge, conduisit notre muse dans tous les jardins du monde. Oui, ce chemin parisien, car Juliette Gréco n'a cessé d'exprimer ce que je j'aime le plus dans la chanson française : l'âme de Paris. De ce navire-école dont elle est à la fois le capitaine et la figure de proue, Juliette jette l'ancre dans les ports les plus vastes. Mais il arrive aussi – et c'est là la marque du génie – que la Caravelle se transforme en chaloupe de calanque. L'immense Gréco du TNP retrouve alors les dimensions de la petite Juliette du cabaret, sans perdre un instant de son charme et de sa grandeur. »

Un jour d'hiver, à Verderonne, à l'heure où la nuit enveloppe le jardin, un coussin sur les genoux, avec, près d'elle, trois petits ours en peluche en goguette sur son canapé, Juliette me fit écouter *Le Temps d'une chanson* et m'offrit la maquette du disque quelques jours avant sa sortie : « Pour toi, Françoise, ce bébé auquel je tiens tant. Juliette. »

Une belle jeunesse

De nouvelles plumes vont se retrouver autour de Juliette Gréco dans les années 2000 et, d'un disque à l'autre, redessiner les soleils et les ombres d'une jolie môme dont ils osaient à peine rêver qu'un jour elle les chanterait. D'*Aimez-vous les uns les autres ou bien disparaissez* (2003), à *Je me souviens de tout* (2009), Juliette va, sans réserve, puiser aux sources de leur belle jeunesse.

De la plume de Gérard Manset, dont tout le monde se rappelle avoir fredonné un jour ou l'autre « Il voyage en solitaire », naissent des mots de poète, quand il parle d'« un navire ancré dans le ciel, qui vit dans l'ombre du soleil », des hommes qui ont « les cheveux qui fument comme des chevaux couverts d'écume », de l'espoir « quand le jour s'achève, de retrouver l'amour blessé au fond du tiroir où on l'avait laissé ». Il est des violons comme les siens qui adoucissent une musique plutôt rock, des textes qui parlent d'ailleurs, comme le « Voyage au bout de la nuit », composé pour Jane Birkin, ou bien encore « Hôtel de l'univers », offert à Raphaël. Manset écrit, voyage, de l'Asie à l'Amérique latine, coup de cœur pour le Siam et pour la Birmanie, pour fuir, peut-être, la nostalgie de l'enfance et une trop pesante mélancolie. Il n'avait jamais rencontré Juliette quand, un jour, il déposa chez Polydor une chanson écrite pour elle, « Je jouais sur un banc » : « Je ne pouvais plus bouger de mon canapé. Ce mec avait tout compris de l'enfant que j'avais été, de l'enfant que je suis encore. » Ce sera pour un temps sa chanson d'entrée en scène : « Lorsque j'étais petite je jouais sous un banc / J'ai trouvé quelque chose et c'était un carrosse / Personne ne m'a vue je suis entrée dedans / Et la carrosse allait sur les pavés glissants… » « Juliette plonge, enveloppée de songe, dans les eaux de l'enfance. Déploie un conte magique, sur trois notes minimales de Gérard Manset. Qui ponctuent son dire, sans le recouvrir. L'on nage dans le merveilleux des flaques d'enfance, elle monte dans un caillou trouvé sur un banc. S'installe sur la banquette rouge, bien décidée à continuer sans être réveillée[1]… »

Juliette va faire une moisson d'enfants : Marie Nimier, Olivia Ruiz, Orly Chap, Adrienne Pauly, Benjamin Biolay, Abd al Malik, Christophe Miossec… Et chacun de ces jeunes artistes se teinte des couleurs de son amour pour Juliette, qui cueille dans ses mains ouvertes leurs tendres émois.

De son père, Roger Nimier, dont l'Aston Martin s'est écrasée contre le parapet d'un pont du côté de La Celle-Saint-Cloud le 28 septembre 1962, il ne reste

1. « Gréco dans la lumière de l'Olympia », www.lexpress.mu, 23 février 2004.

à sa fille Marie que bien peu de choses et tant à la fois, « une montre qui sonne les heures, un stylo dont la plume penche à droite et cette carte postale où il demandait en lettres capitales : QUE DIT LA REINE DU SILENCE ? » Il n'avait que trente-six ans, juste eu le temps d'écrire *Les Épées, Le Hussard bleu, Les Enfants tristes.* Elle avait cinq ans à peine et déjà la couleur des mots qui coulait dans ses veines, il suffit pour s'en convaincre de relire les titres de ses premiers spectacles, du temps où la danse dans sa vie était reine, « La Fête des mers », « 24 heures de la vie d'une gare »... La rencontre de Juliette et de Marie Nimier sonne comme une évidence et se fait tout doucement, comme on s'apprivoise, avec, en 2003, un premier texte, « Pour vous aimer », écrit en collaboration avec Jean Rouaud, l'auteur des *Champs d'honneur*, la même année qu'elle propose la « Lettre à Milena » à Art Mengo. Un petit détour avec « Paloma dort » pour Eddy Mitchell et la revoilà en 2009 avec « Le Testament rose », où elle invite Juliette à y coucher tendrement le nom de ses amants : « À vous mes étincelles mes plaisirs de dentelle / À vous mon cœur qui brûle derrière ce paravent / À vous tous les velours les odeurs de santal et les feux de Bengale... » Marie Nimier vint quelquefois à Verderonne. « Marie m'apaise, me disait Juliette, comme Keren Ann. Elles me sont bénéfiques. » Keren Ann, co-auteur, avec Benjamin Biolay, de « Chambre avec vue » et « Jardin d'hiver », et qui espérait écrire un jour, pour Juliette, une ou deux chansons.

En 2001, lorsque Juliette entend Benjamin Biolay chanter « Rose est si seule / Au soir de sa vie / Les nuits sont longues pour Rose Kennedy», elle a d'emblée envie de rencontrer ce jeune auteur. Biolay va écrire pour elle cinq chansons: «L'Amour flou», «Déjeuner de soleil», «Comme si de rien n'était», «Même» – «C'est un texte d'une noirceur épouvantable, dira Juliette, cette femme n'est pas du tout moi, mais j'y ai vu l'occasion d'un formidable travail de comédienne» – et «Deux au monde» («C'est un dimanche de pluie sans un coin de ciel bleu / Un dimanche de trop où ton cœur amoureux / Frissonne sous la pluie / quelle tragédie»), «qui appartient à un registre plus léger».

Avec cette chanson, poursuit-elle, il est l'enfant de Trenet. «Le chemin sera très beau, mais il faut qu'il laisse la cigarette de Gainsbourg dans le cendrier.» Quant à Benjamin Biolay, présent au Studio Feber, il apporte son témoignage, dans l'émission *Contre-courant*: «Juliette est super rock'n'roll, jamais précieuse, jamais là à gonfler les gens, je veux ci, je veux ça... Elle n'a pas redécoré le studio, elle n'a pas mis des bougies. Elle est dans un réduit d'un mètre. La plupart des chanteurs qui ont vendu plus de 20 000 exemplaires auraient fait une crise de nerfs en demandant pourquoi ils sont dans ce bouge. Elle, elle en a rien à foutre. La plupart du temps les collaborations sont déshumanisées, mécaniques. Juliette essaie des choses, avec elle on fait des chansons comme ça se faisait avant. J'étais très impressionné. Quand j'ai entendu ce qu'elle faisait de "Même", j'ai été stupéfait: jamais encore on n'avait donné un tel relief à l'un de mes textes. Une transformation saisissante. J'y vois des similitudes avec la façon dont Bashung et Arno peuvent faire claquer leurs phrases.» Et il ajoute, définitivement conquis: «Elle est plus humaine que les autres[1]. » Pourtant leurs chemins bientôt vont se défaire, l'intransigeante Juliette ayant taxé d'inélégance certains propos de Benjamin Biolay confiés lors d'une interview ou peut-être déformés, comme cela arrive parfois sous l'une ou l'autre plume journalistique.

D'Adrienne Pauly, on a écrit qu'elle était une Gréco avec des ailes. Qu'elle était cabossée, avec une voix éraillée, rocailleuse, une voix de fumeuse pas sûre d'elle, ni de ses amours, ni de ses détours. « L'esprit toujours indompté, au parfum des chanteuses réalistes d'antan », ajoute la journaliste Valérie Lehoux. « Elle a un profil paradoxal, couvert de cicatrices douloureuses dont on ignore la source », confirme le photographe Rémy Artiges. Fille de la scénariste Odile Barski et du réalisateur Marco Pauly, elle revendique son appartenance à « une famille Addams, tout de noir vêtue, où l'on se marre et s'aime beaucoup en entremêlant réalité et fiction ». À vingt-six ans, ses chansons « J'veux un mec », « L'Amour avec un con », « La Fille au prisunic », cartonnent dans les hit-parades et attirent l'attention sur sa personnalité atypique où des textes très élaborés prennent les accents du rock'and'roll.

Elle a longtemps rêvé de chanter avec Bashung ou Higelin, aime « Marcia Baila » en fond sonore, Jeanne Balibar pour sa magnétique présence, la voix rugueuse de Paolo Conte, se dit dingue de Fréhel et Damia : « De vraies punks, ces filles-là ! » Juliette, quand elle découvre la jeune artiste, s'exclame : « Une beauté ravageuse,

1. Jaci Judelson, *Je m'appelle Gréco,* France 2, 2004.

cette Adrienne ! Aussi barrée que moi. » Ce qui, en langage Juliette, signifie qu'elle est séduite par cette jeune femme décalée qui ne ressemble à personne, souhaite la rencontrer et espère qu'elle lui écrira une chanson. Ce sera « Ha ! Le temps » pour le disque *Je me souviens de tout* : « Et on se sent si vain, d'attendre sur notre peau / La caresse qui vient pas, alors on pense à d'main… »

Celle qui chantait si bien « J'aime pas l'amour » et « La Femme chocolat » sort son troisième album, *Miss Météores.* Délicieuse sur la photo de la pochette, elle s'envole, en jupon blanc et bottines rouges, sur la balançoire de son enfance. Olivia Ruiz connaît bien Jean Corti, dont la contrebasse accompagna tour à tour Brassens, Barbara, Tachan et Bashung. Pour son album *Versatile,* elle a chanté « La Javanaise ». Sur *Fiorina,* toujours de Jean Corti, elle choisit d'immortaliser à son tour cette « Jolie Môme » qu'elle aime tant. La rencontre de Juliette et Olivia fera des étincelles. « Olivia est venue à la maison, petite fille jolie, et elle m'a raconté l'histoire de cette boîte à souvenirs dans une chambre de dame et elle m'a profondément émue… » « Je t'ai vue passer comme un abat-jour, lui dit un soir Juliette, et il y avait une lumière dedans. — Je trace ma route », a répondu Olivia. Avant de travailler à une comédie musicale autobiographique, *Volver,* mi-Almodóvar, mi-Kusturica, qu'elle va jouer à Chaillot, Olivia écrit pour Juliette « L'Ombre du vent » et « Dans ma chambre de dame », qu'elle chantera en scène : « Dans ma chambre de dame / J'ai une boîte en carton / Elle renferme les états d'âme / Qui n'ont pas de place dans la maison […] / Le souvenir du premier caprice dont je fus l'amphitryon». Et Juliette, émerveillée, me demande: «Comment une si jeune fille a-t-elle pu deviner un peu de celle que je suis vraiment?» Comment Juliette n'aimerait-elle pas l'exquise Olivia, qui confie un peu plus tard à son blog: «En attendant je rêve à ce champ de jonquilles qui laissera faner en moi la jeune fille, ce petit talisman pour que mon être s'assemble, tout ce que je voudrais, moi, c'est qu'il te ressemble.» Y a-t-il plus lumineuse manière de partager le bonheur qui s'en vient?

Au printemps 2005, Bénabar avait rejoint Juliette dans un studio de Saint-Germain-des-Prés pour enregistrer une chanson qui devait figurer entre un refrain de Biolay et un autre de Miossec, mais qui sera finalement en bonus sur le DVD de l'*Olympia 2004* : «Les Beaux Jours reviennent». Juliette avait auparavant décliné l'offre d'une première chanson, «Les Jolis Mensonges», mais elle avait aimé ce nouveau texte qui parlait de rencontres sous une porte cochère, d'amour sous le soleil et sous la pluie. Elle avait travaillé cette chanson avec Jouannest à Verderonne: «Sa main frôle la sienne / Ça n'a rien d'un hasard / Novembre, la pluie, le froid, le vent, le tonnerre / Les beaux jours reviennent...» Bénabar n'en revenait pas: en moins d'une heure et trois prises, la chanson est en boîte et Juliette est repartie, sur la pointe des pieds, retrouver la ville qui bruisse des premiers frémissements du printemps.

Le dernier-né des enfants de Juliette Gréco, présent tout à la fois aux Victoires de la musique et sur le disque de la Jolie Môme, a choisi son nom de scène en remontant à la source de sa naissance. Son véritable prénom, Régis, signifie « roi » en latin ; Malik désigne un souverain en langue arabe. Fasciné par le charisme de Jacques Brel, il découvre au fil du temps toutes ses chansons et celui qui l'accompagna longtemps, Gérard Jouannest. « Il voulait travailler avec Gérard. Il est venu à la maison. Mais c'est moi qui ai ouvert la porte », s'amuse Juliette, qui ajoute, malicieuse : « Il paraît que, dans mon métier, on a des gens pour le faire, moi j'aime ouvrir la porte ! » Très vite, Gérard retrouve avec le jeune auteur la complicité jadis tissée avec Jacques Brel et, curieusement, ils ont la même manière de créer ensemble une chanson. « Gérard joue et rejoue en boucle les notes qui naissent sous ses doigts, quand elles m'accrochent, je prends des notes, j'écris... » Jouannest composera en 2008 pour Abd al Malik la musique de son troisième album solo, *Dante,* qui s'ouvre avec « Roméo et Juliette », chantée en duo avec Juliette. Je me souviens de Malik dans le foyer du théâtre du Châtelet. Après le récital de Juliette Gréco, il échangeait ses impressions avec Stéphanie Tesson. J'avais été frappée par sa qualité d'écoute, par sa manière directe de plonger son regard d'ambre dans les yeux bleus de Stéphanie, penchant vers elle sa haute silhouette.

Le 18 avril 2007, il chante en première partie de Juliette Gréco au palais d'Auron, au Printemps de Bourges. Bruno Lesprit est sous le charme des deux artistes : « Dans son sweater à capuche, le rappeur séduit sans peine. Par son élégance, son humour et son verbe. Et une musique orchestrale qui lorgne ouvertement la soul et surtout le jazz. [...] Juliette Gréco a toujours une présence extraordinaire à quatre-vingts ans. Ses mains défient l'espace, elles peuvent esquisser des courbes féminines, pour “Jolie Môme” de Léo Ferré, ou retomber comme un coup de trique. Le piano de Jouannest et un accordéon suffisent pour habiller un répertoire en or massif. [...] La rencontre attendue entre elle et Abd al Malik aura lieu sur “Né quelque part” de Maxime Le Forestier. Le symbole est fort : une femme et un homme, deux générations, deux origines (le Sud-Ouest et le Congo). Le choix de la chanson l’est tout autant : “Est-ce que les gens naissent égaux en droits à l’endroit où ils naissent ?” Bonne question à quatre jours du premier tour de l’élection présidentielle[1]. »

Sur la scène du Zénith, le 7 mai de la même année, aux Victoires de la Musique, Michel Drucker et Nagui remettent à Juliette Gréco une Victoire d’honneur pour l’ensemble de sa carrière, distinction qui s’accompagne d’un cadeau musical : en robe scintillante, Olivia Ruiz, propose une version personnelle de la chanson de Gérard Bourgeois et Jean-Max Rivière « Un petit poisson, un petit oiseau », Vincent Delerm offre un « Déshabillez-moi » tout en pudeur et en feinte désinvolture, Abd al Malik se promène « Sous le ciel de Paris », et Bénabar opte pour la chanson d’Henri Colpi et Georges Delerue, « Trois petites notes de musique ». Patrick Bruel, qui a fredonné avec une indicible douceur « Il n’y a plus d’après », a pris Juliette par la main et l’a conduite jusqu’à la scène. La salle, émue, applaudit de longues minutes l’éternelle icône.

Le 31 janvier 2019, soit deux ans plus tard, lors de la Fête de la chanson française, Abd al Malik, depuis la régie, s’adresse à une Juliette au bord des larmes, qui

1. Bruno Lesprit, *Le Monde,* 19 avril 2007.

cherche du regard d'où peut bien venir la voix d'un si ardent hommage :

« Parce que certains marchent à genoux et jugent à tout bout de champ comme s'ils étaient debout, la fierté a pris une part d'elle-même et lui a dit : "Sois Juliette".

Tu as été mordue par le soleil et, parce que ce venin de lumière irrigue tes veines, tu t'es enveloppée de noir pour n'aveugler personne, Juliette. Tu as craché et craches encore des merveilles au nez de puissants qui n'ont de puissance que leurs faiblesses, parce que l'âge d'or c'est de ne jamais se défaire de son enfance, et étreindre l'autre à chaque battement d'ailes de ton cœur. C'est ce que tu appelles le don de soi, acte de foi pour ceux qui, sans dire Dieu, voient le divin en chacun de nous. Je crois, Juliette.

Aucune barrière ne peut s'ériger entre les hommes et l'espérance, c'est pourquoi il n'y a rien d'improbable dans la rencontre de nos âmes, Juliette. Il y aurait tellement à écrire sur l'exemplaire, le symbolique, il y aurait tellement à vivre puisque c'est là que se dissimule le secret, Juliette. Ne permettons à personne de nous interdire de rapper, de chanter. Je t'aime, Juliette. »

« Moi aussi », peut-on lire sur les lèvres de Juliette, dans un baiser qui s'envole vers les cintres. C'est l'instant que choisit une malicieuse Olivia Ruiz, en robe de satin rose, volants de dentelles et bottines blanches, pour entonner à sa manière, délicieuse mais moins coquine que Juliette, le « Déshabillez-moi » de Robert Nyel et Gaby Verlor.

Juliette l'a souvent dit, elle aurait aimé avoir un fils, et voilà que la vie lui en a apporté un, que d'emblée elle a tenu pour sien : Miossec, l'enfant de Brest, né une veille de Noël, amoureux de la mer d'Iroise quand son regard balaie les flots gris, de la pointe Saint-Mathieu à la pointe du Raz. Luc Le Vaillant l'évoque ainsi : « Deux dames de la chanson, pour qui il fait le parolier, sont tombées en pâmoison devant le petit scabreux aux rouflaquettes de pirate écossais et au regard de découcheur venu tirer, à l'aube, sa dernière cartouche. » Birkin : « Il est moins cynique que je ne le pensais et il est plus croyant que je ne le croyais. » Gréco : « Il joue avec son corps. Il n'est pas prudent. Et puis il est très beau. Il a un physique intéressant et des yeux magnifiques. Si seulement je savais où l'embrasser pour lui faire du bien. »

Juliette ajoute : « Miossec, c'est une merveille de mec, quelqu'un de très émouvant, qui me touche profondément. C'est un enfant triste, un oiseau voyageur, il a un côté brûlé, mélancolique, c'est quelqu'un qui a beaucoup de mal avec la vie. » Christophe Miossec, de son côté, se dit cloué par la beauté de Juliette. Lors d'une séance photos organisée par un journal féminin, il se penche vers elle et lui murmure : « Je suis amoureux de vous pour de vrai. » Il écrit trois chansons pour le disque sorti en 2005, *Aimez-vous les uns les autres ou bien disparaissez* : « Couvre-Feu », « Il et Elle » et « Adieu Bohème ». Bien des années après son écriture, Juliette Gréco découvre ce texte, « Madame », qu'elle avait inspiré à Miossec. Il l'avait enregistré, mais, pudique, ne lui en avait rien dit. Il s'achève sur ces mots :

« *Elle était de ces femmes*
Qui n'ont pas le regard bleu

Dont les yeux ont versé trop de larmes
Pour croire encore aux cieux
J'ai rien dit devant cette femme
Même pas "Au fait, est-ce qu'il pleut ?"
Et l'enfant que vous êtes encore, Madame,
Me met les larmes aux yeux. »

De rive en rive

Juliette a toujours aimé Paris, a toujours adoré pousser une porte cochère et découvrir une cour intérieure, des jardins secrets, se promener sur les quais de la Seine. Pourtant, l'idée d'un nouveau disque sur ce thème ne la séduit pas. Des centaines de chansons ont déjà célébré la Ville lumière, et Juliette elle-même avec une trentaine de textes, de « À la belle étoile » à « Embrasse-moi » (Prévert et Kosma), de « Sous le ciel de Paris » (Jean Dréjac et Hubert Giraud, 1951) à « C'était Paris en 1970 » (Pierre Delanoë et Claude Bolling). En revanche, l'idée lui vient de chanter les ponts de Paris. À Jean-Luc Dambrine et Mathilde Hamet, Juliette confie : « On va tous se promener au bord de l'eau, on regarde l'eau couler sous les ponts. Comme le dit le poète, "Promeneur solitaire voit son reflet dans l'eau". Un pont, c'est aller à la rencontre, c'est quitter, c'est se suicider, c'est s'aimer, c'est revenir, c'est regarder l'eau et les souvenirs de l'eau. Dans ces chansons rassemblées, il y a la passerelle Simone-de-Beauvoir, il y a le pont Mirabeau bien sûr, c'est Mirabeau qui est couché sous le pont, ça c'est Jean-Claude Carrière ! Il y a le pont Royal du royal Sollers, et il y a le pont Marie et la petite Marie Nimier, que j'adore. Comme toutes les filles de dix-sept ou dix-huit ans, j'ai adoré marcher sur les quais avec celui que j'aimais… Je suis une passeuse de poésie, si j'ai réussi ça, alors je n'ai pas perdu ma vie et j'ai eu raison de faire ce que j'ai fait. »

Et chanter les ponts, c'est aussi rejoindre Prévert : « Quand dessous le pont Neuf le vent du dernier jour / Soufflera ma vie / Je sourirai et je me dirai / Il était une fois la Seine… »

Le pont Marie relie le quai des Célestins au quai d'Anjou, sur l'île Saint-Louis, et la première pierre en a été posée le 11 octobre 1614 par le jeune roi Louis XIII et sa mère, Marie de Médicis. Il inspire Marie Nimier : « Le pont Marie petite Marie / C'est fait pour traverser pas pour sauter / C'est ça les ponts, Marie : ça se traverse et c'est beau » Ce sont ces mots qui donneront son titre à l'album.

Avec « La Passerelle », texte écrit en collaboration avec Thierry Illouz, la fille de Roger Nimier rend hommage à « la Dame au turban », Simone de Beauvoir : « Elle qui disait le ciel est vide / La voilà immortalisée / Je jette à ses pieds une rose… » « L'Homme du pont » fait partie de ces chansons, comme Juliette les aime aussi, qui vous racontent une histoire, une de ces chansons qui auraient pu prendre la forme d'une nouvelle ou d'un roman. On se prend au jeu de cette brève rencontre, un amoureux venu d'ailleurs, bel amoureux à l'écharpe bleue, des rendez-vous sur le pont Neuf, un jour l'absence, Peter avalé par les limbes du temps, la vie et la ville devenues grises, la Seine étrangère, le pont qui se dissout et la ville qui tombe en poussière. Magnifique.

Très différente est Amélie Nothomb. Dans son bureau des éditions Albin Michel, comme tous les matins, elle répond au téléphone. Au bout du fil, des inconnus, des lecteurs, souvent des femmes, devenues presque des amies au fil du temps, en tout cas des voix familières. Et puis, un matin : « Bonjour, c'est Juliette Gréco. » « Mon Dieu, comme je voudrais parler avec cette voix-là ! » Laissons Juliette raconter la suite des choses : « J'ai demandé à Amélie, que je ne connaissais pas, si elle accepterait de m'écrire une chanson sur les ponts de Paris. Le jour de l'enregistrement, elle est arrivée sans maquillage, les cheveux défaits, habillée comme une toute jeune fille. Elle est très troublante, c'est un grand talent, ça fait plaisir de voir que la littérature n'est pas morte. Pourtant je n'ai pas chanté sa chanson, c'était impossible. » « Le Pont Juliette », évocation d'un pont imaginaire reliant la cour Carrée à la rue des Saints-Pères, est la déclaration d'amour d'une artiste à sa muse, Amélie qualifiant volontiers de « femme fatale par excellence, la femme la plus séduisante qui ait jamais existé, la première séductrice fière de l'être, à la fois très belle, très intelligente, pleine d'humour et très humble, un paradoxe vivant ».

« Le Pont Juliette » devait, c'était une évidence, être dit par quelqu'un d'autre qu'elle : « Amélie, soyons raisonnables, je ne peux pas chanter "Juliette est une diva !" » C'est Guillaume Gallienne qui prêtera sa voix à la jeune auteure : « Je connaissais très bien son père et sa mère, mais il était tout petit, et bien sûr il n'en a aucun souvenir. C'est un formidable comédien. Il nous a laissés sans voix dans le studio. Il a enregistré "Le Pont Juliette" en deux prises et il n'avait pas encore entendu la musique, il a fait ça comme un prince. »

« Notre collaboration a été inattendue, fulgurante », commente Gallienne. La première fois que je l'avais rencontrée, c'est en sortant de l'interview de Catherine Ceylac pour les quinze ans de *Thé ou Café*. Et puis un jour, elle m'a appelé : « Bonjour, c'est Juliette Gréco. » Et les choses se sont faites, très naturellement, dans un climat d'admiration et de tendresse réciproques : « Elle sait être à la fois compacte et légère, elle est drôle, elle est à la fois extrêmement sensuelle et féminine et en même temps elle a des couilles. C'est une merveilleuse passeuse de poésie. Elle est tout sauf figée. Le seul défaut de Juliette, s'il faut vraiment lui en trouver un, c'est de ne pas être immortelle. »

Née à Philadelphie en 1985, l'Américaine Melody Gardot, inspirée tout à la fois par Billie Holiday, Judy Garland, Miles Davis, Janis Joplin et George Gershwin, mélange les influences du jazz vocal, du folk, du fado et de la bossa nova. Elle aime le noir, les chapeaux, les lunettes noires qui préservent une hypersensibilité à la lumière survenue à la suite d'un traumatisme crânien à l'adolescence, la compagnie des musiciens, avoue avoir vécu dix années dans une valise avant de s'installer à Paris, à la suite d'un coup de foudre pour la Ville lumière. Puis c'est la rencontre avec Ibrahim Maalouf, la chanson « C'est trop tard » enregistrée pour l'album collectif *Elles et Barbara*, et la rencontre avec Juliette Gréco. Elles vont chanter en duo « Sous les ponts de Paris ».

Fin septembre 1914, la meurtrière bataille de la Marne a stoppé l'avance allemande et, malgré l'hécatombe des premiers temps, l'euphorie a gagné le pays, on a cru proche la victoire définitive, on a commencé à entendre dans les rues cette valse qui fleurait bon la vie d'avant. On y parlait, c'est vrai, de rendez-vous d'amour, mais l'inquiétude y était présente aussi, avec l'allusion à cette femme qui perd son logement et trouve refuge, avec ses enfants, sous l'arche d'un pont. Melody et Juliette se séduisent, et leurs voix qui, harmonieusement, s'enlacent, redonnent vie à cette chanson de Jean Rodor et Vincent Scotto, déjà rendue célèbre par Tino Rossi, Lucienne Delyle et les Compagnons de la chanson. Leurs difficiles débuts dans la vie ont-ils rapproché, sans même qu'elles en aient conscience, ces talentueuses interprètes? Privée d'amour maternel – sa mère photographe court le monde – et de présence paternelle, Melody au prénom prédestiné se dit « mendiante d'amour » : « Je chante pour qu'on m'aime », dit-elle, en écho aux mots de Juliette: « J'ai chanté pour que ma mère me regarde et m'aime peut-être un jour. C'est raté! »

Juliette, dont on sait qu'elle n'affectionne pas vraiment les duos, va mêler sa voix à celle du rappeur Féfé pour « Paris se rêve », qui surprend par sa facture classique, et à celle de Marc Lavoine pour deux chansons qu'il a composées pour elle: « C'est la la la » et « Seule avec toi ». Sensible à la beauté, elle n'a pas les yeux dans sa poche: « Marc Lavoine est beau, il rend les dames et les demoiselles assez hystériques et c'est très bien comme ça. » Mais elle ajoute: « Derrière ses yeux de mer et de ciel d'orage, c'est un homme extraordinairement attentif, généreux, grave et discret. J'ai pour lui des sentiments profonds. »

François Morel dit de Juliette: « Ce que j'aimerais avoir d'elle, c'est le goût des mots et le goût des émotions. C'est la chanson du XXe siècle. J'adore sa manière de chanter "Le Temps des cerises" et de présenter sa chanson. C'est la classe ! » Le Petit-Pont relie la rue de la Cité et le quai du Marché-Neuf, dans l'île de la Cité, à la place du Petit-Pont, sur la rive gauche, entre le quai de Montebello et le quai Saint-Michel. Morel imagine ses états d'âme : lui que n'ont jamais chanté les poètes, qui ne fut ni filmé par Carax, ni emballé par Christo, qui n'a non plus aucun zouave à ses pieds, espère qu'un jour on fera de lui une chanson.

France Inter trouve en cet enregistrement une des plus belles réussites de Juliette Gréco : « La légende de Paris ? On l'entend dans une ébouriffante jeunesse, avec "Paris se lève", chanson de pavé aux accents parigots que Féfé offre à Gréco. Ou dans la rencontre avec Melody Gardot dans "Sous les ponts de Paris", revisité avec la complicité du magnifique guitariste Christian Escoudé » – « exquise, radieuse beauté », commente Gréco.

« Dans ce festin de mots une voix que l'on n'a pas assez souvent entendue, celle de l'auteure Juliette Gréco qui signe "Le Miroir noir", un de ses trop rares textes de chanson, et qui contemple "Ma Seine, théâtre de mes larmes" dans un vaste mouvement du drame à l'espoir, un mouvement qui fait écho aux grondements de l'histoire comme aux craquements du cœur. Ce Miroir noir court sous tous les ponts de Paris et semble traverser toutes les chansons de l'album – les félicités et les joies, les éclats de soleil et les cieux d'orage et les âmes brisées. On y entend la voix de Gréco et on y sent battre le sang de la plus grande des villes. »

Dans ce texte ultime, on entend la voix de la Seine, « théâtre de (ses) larmes » et de ses « amours à grand-peine sorties de l'enfance», on voit couler, imperturbable, «cette eau miroir de désirs noirs» dont le flot nous emporte sans que nos mains puissent retenir la vie qui va et le temps qui fuit…

Belphégor, retour au Louvre

Juliette adore Antoine de Caunes, qu'elle regarde chaque jour à la télévision dans l'émission *Nulle part ailleurs* diffusée du 31 août 1987 au 15 juin 2001, en direct de Canal+, sur sa plage en clair. Ses facéties la font hurler de rire. Un soir, c'est elle qu'il reçoit en ces termes : « L'année où vous enregistrâtes le mythique "Déshabillez-moi", je vivais dans ma chair les soubresauts d'une douloureuse puberté. Tâtonnant, je commençais à m'intéresser à la femme en général et aux appas qu'elle dissimulait sous ses effets en particulier. C'est frémissant que je jouais et que je rejouais votre chanson sur mon pick-up, ne me lassant du diamant de votre voix qu'au moment où celui de mon tourne-disque rendait l'âme. Je sais que je vais vous faire sourire, Juliette, mais je peux bien l'avouer aujourd'hui, c'est à vous que je dois mon premier orgelet. Un jour où vous vîntes rendre visite à ma mère qui préparait une émission de télévision sur vous[1]. Mon fantasme se concrétisant à quelques mètres de moi, j'allais coller

1. Antoine de Caunes est le fils de Georges de Caunes et de Jacqueline Joubert.

mon œil à la serrure pour vérifier la réalité de ce que vous chantiez dans votre chanson. Hélas vous ne m'offrîtes que le spectacle d'une femme bien sage en comparaison de celle qu'avait imaginée mon esprit survolté et si, ce jour-là, vous me tapâtes dans l'œil, ce fut seulement au sens médical du terme.

Si vous m'impressionnâtes, ainsi que je le disais, vous me terrorisâtes aussi, comme vous terrorisâtes tous les garçons et les filles de mon âge, qui apprirent à trembler grâce à vous devant leur poste de télévision, hypnotisés par Belphégor. Belphégor ! Je me revois devant l'écran, avec les yeux qui s'exorbitent, tandis que se hérissent mes poils de mollets ! Je me félicite d'appartenir à la génération Belphégor.

Certes, il y a eu depuis la génération Mitterrand, mais celui qui lui donna son nom aurait-il eu seulement l'idée d'autoriser l'érection d'une grande pyramide dans la cour du Louvre si, justement, vous n'aviez hanté le musée du Louvre de votre envoûtante présence, envoûtant simultanément toute une jeunesse fascinée et exaltant soudain chez celle-ci la curiosité pour les mœurs mystérieuses de l'Égypte ancienne ?[1] »

La première fois que Juliette Gréco chante au musée du Louvre, c'est le 19 octobre 1953. Enceinte de sa fille, elle est exceptionnellement vêtue de blanc et participe au « Gala des 1 200 », première des émissions d'Aimée Mortimer intitulées *Joyaux de Paris*. Devant deux haies de gardes républicains en grande tenue,

1. Repris dans *J'aime beaucoup ce que vous faites*, Antoine de Caunes et Albert Algoud, Albin Michel, 1991.

les invités s'avancent, ministres, diplomates, ambassadeurs et quelques écrivains, Georges Duhamel, Jacques de Lacretelle, Émile Henriot. On joue « La Marseillaise », Juliette chante « Si tu t'imagines », mais aussi « La Belle Gabrielle », écrite par Henri IV pour rendre hommage à la beauté de sa favorite, Gabrielle d'Estrées. Henri Patterson l'accompagne au piano. Jacques Charon et Jacqueline Morane participent à cette soirée que Charles Trenet clôt avec trois chansons, « Revoir Paris », « La Jolie Sardane » et « La Mer ».

Au soir du 6 mars 1965, la France frissonne avec la diffusion du premier épisode de *Belphégor, le fantôme du Louvre,* réalisé par Claude Barma et Jacques Armand à partir du roman publié par Arthur Bernède en 1927, l'année même de la naissance de Juliette Gréco. Les enfants sont en proie à d'oppressants cauchemars. Quelque part en Suisse, dans la pension où elle grandit, Laurence, la fille de Juliette, a obtenu la permission exceptionnelle de regarder la télévision, à l'heure où d'habitude elle est depuis longtemps endormie. Des enseignants protestent, la silhouette terrifiante du fantôme trouble le sommeil de leurs petits élèves. Les rues et les théâtres se vident le samedi soir. Près de 15 millions de téléspectateurs ont les yeux rivés sur le petit écran et l'engouement gagne la France entière, sans distinction d'âge ni de classe sociale. C'est un événement sans précédent. Les acteurs se sont engagés par contrat à ne révéler à quiconque l'identité de ce mystérieux Belphégor qui terrorise la nuit le département d'égyptologie du musée du Louvre. Dès le premier épisode, ils sont harcelés dans la rue pour qu'ils révèlent l'identité de cette créature démoniaque, à l'origine tantôt mâle, tantôt femelle, qui hante le musée et devient un mythe au point que, dans les esprits, bien que le personnage de Belphégor soit imaginaire, il arrive régulièrement que des visiteurs demandent aux gardiens du Louvre où se trouve le fameux fantôme. Un chauffeur de taxi coince la voiture de la jeune comédienne Christine Delaroche contre un trottoir pour lui faire raconter la suite du feuilleton. Un jeune journaliste se laisse enfermer une nuit dans le Louvre et le récit de sa mésaventure fait exploser les ventes de *Paris-Jour*.

1964. C'est l'été. Paris est désert. Une nuit, Gautrais, le gardien (Paul Crauchet), au comble de l'effroi, voit se profiler dans une des salles égyptiennes du musée du Louvre une étrange silhouette vêtue de noir, dont le visage est dissimulé sous un masque de cuir. Il tire. Gautrais – « Glouglou » pour ses collègues – n'est guère crédible à leurs yeux, mais, au lendemain de son témoignage, le gardien en chef, Sabourel, est assassiné. Entre en scène un tout jeune comédien de vingt-trois ans, Yves Rénier, que l'on a entrevu en 1961 au cinéma dans *Le Comte de Monte-Cristo* de Claude Autant-Lara et à la télévision dans *Les Jours heureux* d'Arnaud Desjardins. Il campe un jeune étudiant en physique, André Bellegarde, que passionne l'affaire Belphégor et qui se laisse enfermer une nuit dans le musée en compagnie d'une jeune fille qu'il vient de rencontrer, Colette (Christine Delaroche), la fille du commissaire Ménardier (René Dary). Le spectre effleure son bras et le blesse légèrement.

Il est bientôt abordé par une femme à la séduction mystérieuse, Laurence Borel (Juliette Gréco) qui l'invite chez elle. Un coup de fil de Belphégor incite Ménardier à se rendre au Vésinet, dans la demeure d'une ancienne cantatrice, Lady Hodwin (Sylvie), qui dit connaître l'identité de Belphégor dont elle affirme aussi l'innocence. Sourd à ses menaces et son chantage, Ménardier rentre chez lui pour apprendre que sa fille, en sortant d'un cinéma avec Bellegarde, a perdu connaissance.

Lorsque le commissaire, en planque dans le Louvre, s'apprête à arrêter le fantôme, il est pris dans un filet et Belphégor prend la fuite. Laurence conduit André à un dîner chez Boris Williams (François Chaumette), un individu au charisme magnétique, féru d'occultisme, qu'importunent les allusions faites à Belphégor, sujet à la mode dans les dîners en ville. Pour dissuader Ménardier de poursuivre son enquête, on séquestre Colette au troisième étage de la tour Eiffel et on menace de la précipiter dans le vide. Au Louvre, Bellegarde et Gautrais continuent leurs investigations et découvrent, sur le socle d'un sarcophage, un bouton conduisant à une cave secrète, laboratoire où Williams manipule le fantôme qu'il envoie dans le musée à la recherche d'un secret dont la nature leur échappe encore.

Williams étrangle Lady Hodwin, qui n'est autre que sa mère, parce qu'elle désapprouve ses agissements. Le couple Hiquet, parents de Laurence et de sa sœur jumelle Stéphanie, décédée six mois plus tôt, offre un vieux document à Ménardier, qui échappe de peu à la mort sur la route du retour. Peu à peu on y voit un peu plus clair : le document en question se réfère aux Rose-Croix, société secrète qui détient les connaissances relatives au métal de Paracelse, dont un morceau est dissimulé sous la statue de Belphégor…

L'angoisse qui naît en les téléspectateurs vient des lieux plongés dans une pénombre nocturne, demeures austères, boutiques désertes, musée livré aux spectres, lieux souterrains, vieux entrepôts, fleuve où se reflètent les lumières de la ville. Juliette Gréco, en tournée au Japon lors de la diffusion du feuilleton, mesurera son impact à son arrivée à Orly, lorsque le douanier la saluera d'un amical « Passez, Belphégor ! » Antoine Duhamel, le fils de l'écrivain Georges Duhamel, qui a étudié au Conservatoire national supérieur de musique de Paris avec Olivier Messiaen et René Leibowitz, signe la musique de « Belphégor » en cette année 1965 où il compose aussi celle du nouveau film de Jean-Luc Godard, *Pierrot le Fou.*

La série sera vendue dans 16 pays étrangers : la Belgique, les Pays-Bas, la Suède, la Norvège, la Finlande, le Danemark, la Suisse, l'Italie, le Portugal, l'Espagne, l'Autriche, l'Allemagne de l'Ouest, la Hongrie, la Pologne, le Canada et le Japon. Quant à Yves Rénier, engagé par Claude Barma après que celui-ci a vu un épisode des *Cinq dernières minutes,* il peut lui rembourser l'Alfa Romeo Giulia 1600 d'occasion qu'il lui a achetée, alors qu'il n'avait pas un sou ! Dans son petit appartement de la rue Saint-André-des-Arts, trois chambres de bonne réunies sous les toits, il commence à rêver à une belle carrière !

En 2001, le réalisateur Jean-Paul Salomé offre une nouvelle version avec son film *Belphégor au musée du Louvre,* qui réunit Frédéric Diefenthal, Michel Serrault, Julie Christie, Jean-François Balmer et une Sophie Marceau somme toute assez insipide. Laurence Lemaire, la fille de Juliette, script sur ce film, suggère au réalisateur, en clin d'œil au feuilleton des années 1960 et en hommage à sa mère, que la silhouette de Juliette Gréco croise, dans les allées du Père-Lachaise, le personnage incarné par Sophie Marceau. Scène en forme de sourire. Il en reste une jolie photo. Mais la rencontre entre les deux femmes n'aura pas lieu : si Juliette trouve ravissante la jeune actrice, Sophie Marceau passe son chemin sans se retourner. On est star ou on ne l'est pas !

Juliette Gréco est de retour au Louvre dans le cadre de sa dernière tournée, *Merci.* La *Victoire de Samothrace,* mue par la force du vent, légère, altière, les ailes déployées, se dresse à la proue du navire *Liberté.* Tout en bas des marches, minuscule, s'en vient celle qui traîna tous les cœurs après elle et qui, en ce 6 février 2016, se glisse entre les arcades du musée le plus célèbre du monde et chante, pour un public de privilégiés, les refrains qui tissèrent sa vie de saltimbanque. Sur le marbre blanc de Paros se grave pour un soir le nom de « la Gréco », comme on écrivit un jour, ici ou ailleurs, le nom de « la Callas » ou celui de « la Joconde. » Le bonheur d'être là a chassé la fatigue d'une artiste qui offre ce soir-là un des plus beaux récitals de sa carrière. Elle semble voler, aérienne, inscrite pour toujours dans le halo des dentelles de pierre.

Juliette est venue là, dans l'après-midi et, à Josyane Savigneau qui l'accompagnait, ombre tutélaire et protectrice, elle a bien voulu confier ses émotions devant ces œuvres d'art qui, par instants, la chavirent. Se revoit-elle enfant, lovée au creux d'un fauteuil, dans la bibliothèque de sa mère, à cet âge où la découverte de la beauté, jaillie entre les pages d'un livre, vous submerge soudain comme une vague déferlante ? Non, décidément, elle n'aime pas *La Joconde,* lui préfère *Les Noces de Cana,* de Véronèse, mieux encore *L'Homme au gant,* de Titien, ou la *Vénus de Milo,* ou encore la déesse chatte Bastet, qui présida aux obsèques d'André Malraux dans la cour Carrée du Louvre.

Du tournage de *Belphégor,* Gréco garde aussi le souvenir de sa tendre admiration pour Sylvie, actrice de l'année 1965 aux yeux de la presse américaine pour *La Vieille Dame indigne* de René Allio, film ultime qui couronne brillamment une carrière de plus de soixante films, amorcée dès les années 1910. C'est aussi le temps où Juliette se lie d'amitié avec François Chaumette. Et que dire de ces inénarrables soirs de tournage dans une maison abandonnée, quand Françoise Sagan et Jacques Chazot venaient la rejoindre pour d'interminables parties de cartes qui duraient toute la nuit ?

Autant d'images que le temps a emportées…

Merci

Merci pour les émotions, une larme, c'est bon
Merci l'aventure, l'air, le temps, la mer
Merci pour la poésie, le vent, la vie
Merci, merci bien, Juliette, pour tout ce que vous êtes. »

Christophe Miossec pour Juliette Gréco

« Il faut savoir partir joliment. »

C'est avec ces mots que Juliette Gréco annonce au micro de RTL, le 29 janvier 2015, sa dernière tournée, intitulée *Merci,* en hommage à tous ces lieux du monde qui l'ont superbement reçue et si tendrement aimée, mais qu'il faut bien entendre comme une tournée d'adieu. « Ce qui me pousse, c'est le temps qui passe », et un cœur de plus en plus fragile qui a commencé de faire des siennes au Printemps de Bourges 1990, quand une péricardite l'a contrainte à quitter la scène après cinq chansons seulement. Je n'ai pas oublié ce soir d'inquiétude folle, la clé de sa loge dans ma poche, son sac à main sur mon épaule, la panique me jetant en coulisses, cette larme de Pierrot noir qui coule le long de sa joue, ces mots à peine audibles, « Ce n'est pas la peine si je ne peux plus faire mon métier », l'ambulance qui disparaît dans la nuit et mon retour à Paris, ravagée, dans la voiture des musiciens.

Un an plus tard, Bourges fête son retour avec, à ses côtés, Romain Didier et Juliette devant une foule émue qui l'engloutit comme la mer.

Les années ont passé, ponctuées d'ombrageuses fragilités, de combats sans cesse livrés contre une fatigue née de l'impossible renoncement. Et puis un jour… « J'étais à Ramatuelle, je regardais la mer, et je me disais : j'ai quatre-vingt-huit ans, mieux vaut partir debout… » Est-ce un hasard ou une manière bien à elle de défier l'adversité ? Après un premier concert au théâtre Pallas d'Athènes le 1er mars 2015, c'est le Printemps de Bourges que Juliette Gréco a choisi comme première étape française de sa tournée internationale. Parmi les jeunes journalistes présents en ce 24 avril 2015, il en est une qui se définit comme « une fan éblouie devant son icône immortelle ». Elle s'appelle Malika D. « Moi, Juliette Gréco, j'ai grandi avec de façon indirecte, mais quand même, son ombre aura largement plané sur la discographie de mon enfance et bien après. Je me souviens des disques chez mes parents, de cette belle brune, aux yeux noircis par le khôl… Mais c'est plus que ça, c'est une époque, c'est autre chose de plus intemporel, d'impalpable. C'est aussi la femme, forte, libre, une femme moderne du siècle dernier. Quand ses mains tremblantes longent le micro, quand sa voix rauque parle d'un autre temps, je pense aux femmes, celles qui, avant moi, entendaient l'espoir dans ces chansons. Le Printemps de Bourges propose une exposition en l'honneur de Juliette Gréco, on déambule le long d'une collection de vinyles, les couvertures de chacun d'eux retracent le parcours de l'artiste, témoins silencieux de sa carrière et de sa vie. Témoins aussi du temps qui est passé, de son visage de jeune fille, qui devient femme… Pour nous en tout cas c'est une icône, un monstre sacré qui se tenait sous nos yeux, qui a su traverser les époques et les tendances sans être désuète ou ridicule, année après année… Juliette a fait mon printemps : Gréco est immortelle. »

La soirée sera éprouvante : « J'étais émue, j'avais trop chaud. Plus je sentais que les mains et les cœurs s'ouvraient, plus je me disais *Je vais tomber.* » Sa présence l'après-midi à l'inauguration de l'exposition que lui consacrait le Printemps n'est pas étrangère à sa fatigue. Jouannest aurait préféré qu'elle s'en dispense, « déjà qu'elle était stressée plus que jamais », mais elle avait promis.

« Je suis fragile sur le souvenir. Les amours, les amitiés. J'ai revu tous ces visages disparus de l'horizon, c'était très bouleversant. Je les aime, ils sont là et j'ai réalisé qu'ils étaient vraiment partis. Tout m'est revenu en mémoire, des bouffées de souvenirs, des blessures jamais refermées, cette chance fabuleuse d'avoir vécu une vie de telles rencontres offertes… »

Le 4 mai, c'est à l'auditorium de Heichal HaTarbut Mann de Tel Aviv que Juliette fait escale. « L'ambassade de France et l'Institut français d'Israël ont le plaisir de s'associer au producteur Gad Oron Hafakot pour recevoir la célèbre artiste française, peut-on lire dans la presse. Elle sera accompagnée de son époux, le pianiste Gérard Jouannest, et de l'accordéoniste Jean-Louis Matinier. Lors de sa dernière représentation en 2011 en Israël, quand on l'avait interrogée pour savoir si elle aimait le pays, elle avait répondu : "Oui ! J'aime ce pays, j'aime le peuple d'Israël qui traverse tant d'épreuves et qui, malgré tout, aime rire, sortir, aller au spectacle, en un mot : vivre !" »

En cette année 2015, il lui faudra ne pas céder au chantage de ceux et celles qui lui demandent, comme à nombre d'artistes, de boycotter le pays en raison des souffrances affligées au peuple palestinien. Comme la star britannique Robbie Williams, elle fait fi de la campagne BDS dont elle est l'objet, rejoignant ainsi la longue liste d'artistes s'étant produits sur la scène israélienne ces derniers temps : les Rolling Stones, Kiss, Lara Fabian, Charles Aznavour, Depêche Mode ou encore Patricia Kaas, alors que d'autres, plus frileux, y avaient renoncé, parmi lesquels Vanessa Paradis, Annie Lennox ou encore Lenny Kravitz. Sa réponse est claire : elle chantera « partout où la liberté et la démocratie existent ». Fidèle à ses convictions, elle refuse désormais de se produire dans les villes dont le maire a les couleurs du Front national.

Juste à l'endroit où le fjord de Saguenay et le fleuve Saint-Laurent se rencontrent, il est un village de 800 âmes où se sont établis il y a cinq siècles les premiers Français arrivés au Québec. On y vient du monde entier pour se promener dans les impressionnantes dunes de sable, apercevoir les baleines bleues, contempler les fabuleux couchers de soleil sur la rivière. Depuis une trentaine d'années, aux premiers jours de l'été, la petite église devient pour quelques jours le lieu où vit et revit le Festival de la chanson francophone. On vient de tous les horizons. Pourtant, la route 138 est longue et sinueuse pour arriver aux confins du monde ; il faut six heures, de Montréal, pour arriver à Tadoussac.

C'est Juliette qui a tenu à commencer ici sa tournée de quatre dates pour l'adieu au Canada. Les places, au nombre de 450, ce qui est très peu pour une aussi prestigieuse artiste, ont été prises d'assaut. Une chaleur étouffante règne dans la petite église dont l'équipe de Juliette Gréco a tenu à ce que les portes restent fermées, afin d'éviter tout bruit extérieur. Cette première soirée sera éprouvante : « Elle arrive. Immuable longue robe noire qu'on dirait de velours, les yeux presque écarquillés, sourire éclatant. Un petit arrêt entre le fond de la scène et le micro qui l'attend : un signe de tête pour saluer le public à l'émotion palpable. À des milliers de kilomètres, c'est le "Bruxelles" de Brel qui reprend vie d'abord. Pétillante et légère malgré les ans et la fatigue, "la" Gréco telle qu'en elle-même, telle qu'on l'avait laissée il y a près de deux ans sur la scène de Luxey. Mais cela ne va pas durer. Cela pouvait-il durer ? Le voyage, le décalage horaire et l'énergie requise par cette tournée d'adieu pèsent bientôt un peu. "Le Prochain Amour" et "Amsterdam" s'en ressentent un brin : un blanc, une approximation… On sent ce jour-là délicat pour l'artiste. Cinq chansons de Brel plus tard, "Un petit poisson" donne la main aux "Amants d'un jour" sur les notes de "Accordéon". Le concert se poursuit sur un équilibre fragile. Trente secondes où les yeux pétillent à nouveau, où le jeu de scène retrouve sa petite folie, où la magie renaît si joliment. Puis l'effort est à nouveau de mise pour l'artiste. Pour isoler la salle du bruit extérieur, ventilos, clim et portes sont fermés. La salle est donc surchauffée. Elle doit s'asseoir quelques minutes après "La Javanaise". Le mythique mari-pianiste et le précieux accordéoniste Jean-Louis Marinier meublent. Les notes et un peu d'eau redonnent des forces : Gréco revient défendre une "Jolie Môme" gouleyante et joyeuse à souhait, un improbable et pourtant magistral "Déshabillez-moi". Elle zappe un titre, livre "Avec le temps" et "Je suis un soir d'été".

Mais son médecin accourt puis vient au micro dire que "Mme Gréco va devoir se reposer". Il ne restait que quelques chansons : le moment est douloureux pour tout le monde. Le public quitte la salle lentement, un peu désarçonné. Un chant d'anniversaire est entonné, ponctué d'applaudissements, fait d'admiration et de remerciement. Pour être venue de si loin chanter à Tadoussac[1]. »

Après ce premier arrêt en terre québécoise, Juliette Gréco chante le 14 juin aux Francofolies de Montréal, « une soirée placée sous le signe de la jeunesse. Celle de Juliette Gréco d'abord, éclatante sur les planches de la Maison symphonique de Montréal. Celle, à la fois étonnante et réjouissante, du public ensuite. De nombreux jeunes adultes avaient fait le déplacement, sans doute

1. *Sud-Ouest*, 13 juin 2015.

motivés par le côté dernière chance de voir et d'entendre cette éternelle "Jolie Môme" ». Le 16 juin, l'artiste sera au théâtre Granada de Sherbrooke et le 18 juin à Toronto. La presse encense Juliette, « gamine qui se tient droite sur la scène, blanche comme un cierge de Pâques dans sa robe de corneille ». « Juliette goûte aux vivats et à l'amour du public comme à un bon vin. Regrettant sans doute à cet instant, à cet instant seulement, sa décision de s'en aller définitivement. Avant de devenir pathétique.

Elle s'en est retournée de son petit pas. Décidément plus voûtée quand la lumière se détourne d'elle, ne la fait plus revivre. Mais belle toujours quand nous la retrouvons en tailleur-pantalon dans sa loge. Cela fait soixante-cinq ans que la Gréco distille le bonheur en étant le porte-voix des grands maîtres de la chanson. Le rossignol va s'envoler très haut sur sa branche. Un petit oiseau qui aimait un petit poisson d'un amour tendre, mais qui ne savait pas s'y prendre. Celle-là aussi elle l'a chantée. Pour nous enchanter[1] ! »

Retour en Europe. Le domaine de Rivierenhof, à Deurne, près d'Anvers, offre aux promeneurs plusieurs sentiers de randonnée, une kyrielle d'étangs, des arbres d'essences précieuses, un parc où serpente une rivière et un théâtre en plein air que Juliette a choisi pour dire adieu à la Belgique. Elle qui, presque chaque année, emmenait Gérard Jouannest savourer des moules et des frites sur la grand-place de Bruxelles pour son anniversaire, entre en scène dans l'écrin poétique de ce théâtre de verdure, en ce soir de juillet 2015 : « Dans sa robe chauve-souris en velours noir, la grande dame ne brave

1. *Ibid.*

pas spécialement la mort. Elle en rit, joue avec. Sans défiance, mais toujours avec cette même énergie, cette même intensité. Tour à tour statue antique et séductrice mutine. La nuit est tombée. Standing ovation sous les étoiles. “Merci Madame”, entend-on quelques rangs plus loin. Merci pour tout, en effet[1]. »

L'année précédente, c'est au Cirque-Royal de Bruxelles qu'elle était venue. Elle avait confié au journaliste du quotidien *Le Soir* : « C'est le premier pays où j'ai chanté hors de France au début des années 1950. J'ai gardé des souvenirs exquis de l'Ancienne-Belgique, avec ses tables en bois et ses dames en chapeau. Le public belge est un public aimant et intelligent, sans *a priori.* Il adore ou il déteste, mais il se forge son propre avis. J'aime beaucoup les Belges quand ils sont artistes. Ce sont des chercheurs, des révolutionnaires, des surréalistes[2]. »

La Belgique est liée pour Juliette au souvenir de Jacques Brel, mais aussi à l'histoire d'un opéra créé en 1991 à l'Opéra royal de Wallonie, *Les Contes d'un buveur de bière,* composé par Gérard Jouannest, sur un livret signé Ronny Coutteure. En Breughelande, au temps jadis, sept commères veillent sur le houblon. Chacune symbolise l'un des sept péchés capitaux. Zef, le benêt du village, amoureux éconduit de la belle Valentine, se console dans la bière. Les sept commères, pour le distraire, vont lui jouer les *Contes d'un buveur de bière* : si Zef accepte d'y interpréter les rôles difficiles de la Mort et du Diable, Valentine lui accordera son amour. Heureux épisode de la vie de Jouannest qui va

1. *Focus,* 22 juillet 2015.
2. *Le Soir*, 2 mai 2014.

sceller avec Ronny Coutteure une indéfectible amitié, avant d'apprendre son suicide par pendaison, le 21 juin 2000, malgré son union harmonieuse avec la cantatrice Dianne van den Eijnden, qui lui avait donné un enfant. Le chagrin de Gérard fut insondable.

Septembre 2015. De retour à la Fête de l'Humanité, Juliette interprète, entre autres, « La Rose et le Réséda » et « Le Temps des cerises », chanson à propos de laquelle l'artiste affirme : « Je chante cette chanson partout à travers le monde et il y a partout une réponse, les gens savent de quoi il est question, j'ai l'impression que, sous n'importe quels cieux, nous sommes ensemble, du même sang et du même combat. » Aux journalistes qui l'interrogent sur sa manière d'appréhender le monde, elle avoue : « Moi qui n'ai jamais peur de rien, voilà que j'ai peur. J'espère que l'accueil des émigrés ne sera pas qu'un feu de paille, j'espère qu'il est vrai qu'ils veulent bien les accueillir, que le monde va devenir pluriel. »

Derrière un discours qui se veut optimiste, on devine une immense lassitude, un épuisement qui ne veut pas dire son nom. Alors, une fois de plus, elle le répète : « Mon cœur bat à gauche, comment pourrait-il en être autrement ? Anatomiquement, le cœur est à gauche, non ? » Et elle redit son bonheur d'être là, pour cette fête qui est, comme toujours, « quelque chose de magique, un temps suspendu où j'ai l'impression qu'on se parle, qu'on s'écoute, qu'on s'entend… »

L'automne verra Juliette Gréco au théâtre Carré d'Amsterdam, à Stuttgart, Berlin, Hambourg et Francfort,

Tours, Limoges, Lons-le-Saunier, Abbeville, Châtelguyon. À Paris, fait unique, plusieurs salles l'accueillent avec, chaque fois, un public très différent – le Châtelet, la Cigale, Le théâtre des Champs-Élysées. À l'issue du récital de Juliette à la Cigale, le 19 décembre, le journaliste Jean-Pierre Vanderlinden écrit : « Un dernier signe de la main derrière le rideau rouge. Dans la salle, l'émotion est palpable et le silence reste présent quelques instants. Chacun réalise qu'il vient d'assister à un concert exceptionnel. Je sèche discrètement les larmes qui coulent le long de mes joues. Je ne suis pas le seul. Boulevard Rochechouart il fait doux, les terrasses des cafés se remplissent petit à petit, tandis que je regagne mon hôtel le cœur rempli d'un subtil mélange de joie et de tristesse. J'ai cette curieuse impression d'avoir salué sans doute pour la dernière fois une interprète dont le talent immense a bercé ma vie. Merci Madame Gréco, merci Juliette. Je vous dois bien moi aussi ces mercis et je vous souhaite bonne route. Nul doute que ce concert de la Cigale n'est en fait qu'un au revoir et nullement un adieu, car vos chansons resteront près de nous à vie, ainsi que les souvenirs de ces jolis moments partagés. Ainsi va la vie et l'âme des poètes. »

Le 7 février 2016, Juliette Gréco fête sur scène son quatre-vingt-neuvième anniversaire. Cette fois, c'est au théâtre de la Ville. Quand les dernières notes du « Temps des cerises » se sont tues, après cet instant suspendu, il en est plus d'un qui pleure, encore sous le choc de tant de fragile beauté. Dans la salle, on aperçoit Marina Vlady qui n'avait que quinze ans à

Saint-Germain-des-Prés mais garde un souvenir ébloui de Juliette, « comme si c'était hier », Bulle Ogier et son époux Barbet Schroeder, Christiane Taubira qui dira de l'artiste : « C'est un joyau incomparable. Elle s'installe dans les mots des autres. J'ai encore les yeux embués de larmes. » Juliette Binoche est venue en coulisses et, me confie Juliette : « Elle m'a dit des choses très tendres, secrètes et magnifiques. »

« Juliette Gréco termine son récital par la chanson que lui a écrite Miossec, "Merci", sous une pluie de pétales roses en papier, et sous le regard d'un public attendri. Émotion pour la muse de Saint-Germain-des-Prés qui revient encore une fois en scène, les mains sur le cœur, pour remercier un public qui lui a offert un "Joyeux anniversaire, Juliette" chanté par toute la salle[1]. »

D'autres villes, d'autres contrées s'impatientent, Londres où elle sera enfin de retour, et le Japon, où Keiko l'attend. La demande est telle que les dates s'ajoutent aux dates, jusqu'au printemps 2017. Elle prend avec Gérard la route de Ramatuelle, épuisée par ce marathon infernal où l'émotion, chaque soir, se joue à fleur de cœur. Sur mon portable, des petits mots d'amitié, de tendresse, illuminent mes jours. J'évite de l'appeler. Il n'est pas question de rompre, par une sonnerie de téléphone, ce temps de repos qui lui est si précieux. Dans sa maison douce, comme toujours, elle ne dort pas beaucoup, mais elle peut rester de longues heures à ne rien dire, à regarder la mer.

---

1. *Le Point,* 10 février 2016.

Le dernier message que j'ai reçu de Juliette date du 4 mars : « Je rentre à la fin du mois. Quand je ne suis pas sur les routes, je me repose, si on ne me trouve pas des rdv de presse pour le Japon, le Casino de Paris et autres, le Divan et les journalistes japonais, anglais, etc. qui font le voyage à Ramatuelle !!! J'ai peu de temps pour ce repos pourtant indispensable. Mais... voilà. » Trois petits emojis accompagnent ce message : une rose rouge, trois petites notes de musique et un visage qui sourit. Et je lui réponds, dans la foulée : « Apprends à te protéger. Tu es notre Juliette aimée, tellement chérie... Entrouvre la porte. Pas plus. Love always. »

Le 9 mars, Juliette chante à Nîmes, au théâtre Bernadette Lafont. Nul doute qu'elle ait eu une pensée pour cette comédienne qu'entre toutes elle adore ! Le 10 mars, elle chante à Sérignan, à La Cigalière, et le 12 mars à Saint-Estève, au théâtre de l'Étang. Ce sera sa dernière apparition sur une scène.

Le 23 mars, revenant de Ramatuelle avec Gérard Jouannest, elle fait escale à Lyon le temps d'une nuit, avant de continuer la route vers l'Alsace, où elle doit donner un concert deux jours plus tard. Le 24 mars, vers 10 heures du matin, elle s'effondre dans la salle de bains de sa chambre d'hôtel, victime d'un accident vasculaire cérébral.

Le 28 août 2016, sa fille Laurence est emportée par le cancer contre lequel elle se battait depuis cinq années.

Le 16 mai 2018, Gérard Jouannest meurt à Gassin, près de Saint-Tropez.

Juliette, qui disait en riant « Si j'étais un lieu, je serais une maison dont les fenêtres sont ouvertes sur la mer », vit désormais dans sa maison de Ramatuelle.

Keiko traverse l'océan pour venir l'embrasser.

Ses amis, cocon vigilant et protecteur, continuent de l'entourer. Le chihuahua qu'ils lui ont offert répond au joli nom de Rosebud, en hommage à Orson Welles et à *Citizen Kane*.

Mélody Gardot vient fredonner avec elle « Sous les ponts de Paris ».

Josyane descend souvent à Ramatuelle. Julie-Amour, de Roscoff où elle vit, veille sur Juliette et la rejoint dès qu'elle le peut. Dans le soir qui tombe, avant de regagner Paris, Abd al Malik lui lit les plus belles pages d'Albert Camus.

En septembre 2019, Egon et moi avons passé deux jours avec Juliette. Vigilance. Tendresse partagée. « Tu as vu comme la lumière est belle », murmurait-elle. Elle était tout entière à l'extérieur… déjà buissonnière… dans ce bleu, entre mer et ciel…

Le coucher de soleil, à perte de vue, incendiait l'horizon.

ANNEXES

Discographie

33 Tours

1952 – *Juliette Gréco chante ses derniers succès* (Philips – 76 000 R)
Romance; Je suis comme je suis; Les enfants qui s'aiment; Embrasse-moi; Sous le ciel de Paris; Chanson de Barbara; Les feuilles mortes; Je hais les dimanches

1955 – *À L'Olympia* (Philips – 76 047 R)
La rue; Tu me dirais; Ça va (le Diable); Les cloches; Dieu est nègre; Chanson pour l'Auvergnat; Sir Jack l'Éventreur; Coin de rue; La fourmi; Si tu t'imagines

1955 – *Juliette Gréco chante* (Philips – 76 020 R)
La fiancée du pirate; Les croix; Amours perdues; L'ombre; Les dames de la poste; Il y avait; La chanson de Catherine; À la belle étoile

1956 – *Saint-Germain-des-Prés* (Columbia – CL 569)
La belle vie; À la belle étoile; Les enfants qui s'aiment; Les feuilles mortes; Amours perdues; Je hais les dimanches; Barbara-Song; La fiancée du pirate; Embrasse-moi; Sous le ciel de Paris; Je suis comme je suis; Je mens

1956 – *Juliette Gréco* (Fontana – 660 208 MR)
Sans vous aimer; Méfiez-vous de Paris; Le jour; Guinguettes; Le guinche; Chanson de Gervaise; Miarka; L'amour; Mon cœur n'était pas fait

1957 – *Gréco* (Columbia – CL 992 –US)
La valse; Chanson de Gervaise; Sans vous aimer; L'amour; Miarka; Méfiez-vous de Paris; Le guinche; Guinguettes; Le jour; Vous mon cœur; Mon cœur n'était pas fait pour ça; Romance

1958 – *Juliette* (Columbia – WL 138-US)
La fête est là ; Bonjour tristesse ; Complainte du téléphone ; Musique mécanique ; La valse des si ; Qu'on est bien ; Java partout ; La marche nuptiale ; La complainte ; Chandernagor ; Que j'aime ; Les lunettes

1959 – *10 ans de chansons* (Philips – B 76 479 R)
Si tu t'imagines ; Coin de rue ; Le guinche ; Sous le ciel de Paris ; La fourmi ; Chanson pour l'Auvergnat ; Chandernagor ; Je hais les dimanches ; La fête est là ; Ça va (le Diable)

1960 – (Philips – B 76 515 R)
On n'oublie rien ; La cuisine ; Il n'y a plus d'après ; C'était bien ; Jolie môme ; Le temps passé ; Les pas réunis ; Paname ; Les imbéciles ; La famille Dupanard

1960 – *Juliette Gréco* (Columbia – ML 5088)
Tu me dirais ; Les cloches ; Dieu est nègre ; Sir Jack l'Éventreur ; La fourmi ; Si tu t'imagines ; Chanson pour l'Auvergnat ; Les croix ; Ça va (le Diable) ; Coin de rue ; Les dames de la poste ; L'ombre

1962 – *À la Philharmonie de Berlin* (B 77 485 L)
Je suis comme je suis ; Rue des chanteurs ; Madame ; Vieille ; Je hais les dimanches ; Il n'y a plus d'après ; Sous le ciel de Paris ; Jolie môme ; Si tu t'imagines ; Parlez-moi d'amour ; La fourmi ; Les feuilles mortes ; Paris-canaille

1962 – *Enregistrement public à L'A.B.C.* (Philips – B77382 L)
Les petits cartons ; Jusqu'à où, jusqu'à quand ; Jean de la Providence de Dieu ; Jolie môme ; C'était bien ; La cuisine ; Les mariés ; Accordéon ; Plus jamais ; Nos chères maisons ; Le gros Lulu ; Paris canaille

1963 – *Juliette Gréco (8e Série)* (Philips – 76 573)
La fête aux copains ; Le torrent et l'amour ; La javanaise ; Striptease ; Sur le verbe aimer ; Les canotiers ; Le monsieur et le jeune homme ; La propriétaire ; Rachel

1964 – *Avec Henri Patterson et son ensemble – À Bobino* (Philips – 840 587 PY)
In memoriam ; La fête est finie ; Parallélébipèdes ; Vieille ; Madame Bovary ; La propriétaire ; L'auberge ; La vénus du Ve

zouave ; Les quatre saisons (Je peux vous raconter) ; La fiancée du pirate ; Sur l'arbre mort ; Olga

1964 – *Les Grandes Chansons* (Columbia – 160 WL 174)
Sous le ciel de Paris ; Si tu t'imagines ; Coin de rue ; Le guinche ; Les feuilles mortes ; La fourmi ; La fête est là ; Je hais les dimanches ; Chanson pour l'Auvergnat ; Chandernagor ; Ça va (le Diable) ; La recette de l'amour fou

1964 – *Juliette Gréco chante Mac Orlan* (Philips – B 77 933 L)
Le tour du monde ; Jean de la Providence De Dieu ; Terre Promise ; Comptine ; Le pont du Nord ; J'ai dans la Caroline ; Le départ des joyeux ; Je peux vous raconter ; Matines ; Tendres promesses ; Souris et souricières

1966 – *À L'Olympia* (Philips – P 70342 L)
J'ai le cœur aussi grand ; Plus jamais ; Un petit poisson, un petit oiseau ; Vieille ; Rêveuse et fragile ; À contrecœur ; Je suis bien ; Chambre 33 ; C'était peut-être ; Nos chères maisons ; La fiancée du pirate ; Miracle à Séville ; Jolie môme ; Cimetières militaires ; Marions-les

1966 – *In Deutschland* (Philips – 842 132 PY)
Marions-les ; Madame ; Je hais les dimanches ; Accordéon ; Je peux vous raconter ; La fourmi ; Rue des chanteurs ; La fiancée du pirate ; La rue des Blancs-Manteaux ; Vieille ; Si tu t'imagines ; Jolie Môme.

1967 – *La Femme* (Philips – 844 702 BY)
Il ne faudrait pas que… ; Dans ton lit ; Je t'attends à Charonne ; Et le pays s'endort ; Une chanson comme on n'en fait plus ; Déshabillez-moi ; La femme ; Dimitri ; Marie-Violaine ; Il fait déjà ; Je suis bien

1967 – *À Berlin* (Philips – 60 598 P 9)
Jolie môme ; Parlez-moi d'amour ; Madame ; La fourmi ; Les feuilles mortes ; Je suis comme je suis ; Sous le ciel de Paris ; Rue des chanteurs ; Si tu t'imagines ; Paris canaille

1968 – *Peut-être que…* (Philips – 844 796 BY)
Peut-être que… ; Quand tu reviendras ; Le tango ; Chanson bleue ; Six soldats ; Le roi misère ; Frère Jacques ; L'or ; Quand

je serai loin; Les feuilles de tabac; Faites pas la guerre; Toi que j'attends

1969 – *Complainte amoureuse* (Philips – 849 457 BY)
Les coiffes noires; Et s'il revenait; Et je cousais; Amour; Complainte amoureuse; Les roses de bagatelle; Le petit berger; Berceuse; Le sergent Léon; Allons sur la Prée; Le roi pluie; La panthère

1971 – *Face à face* (Philips – 6311073)
J'arrive; Le sixième sens; Les pingouins; Face à face; Je ne chanterai plus; Une feuille d'automne; La chanson des vieux amants; Je me battrai toujours; Trois petites notes de musique; Ta main; Dans ton lit de cristal

1972 – *Juliette Gréco* (Barclay – 80468)
Mon fils chante; L'embellie; Tous ces gens-là sont bien gentils; Détournement; La Lelluia; Mes théâtres; Les temps nouveaux; J'en tremble; La bourrée des étoiles; La folle; L'anti-rose; Les fusils d'argent

1974 – *Je vous attends* (Barclay – 80 523)
Je vous attends; L'enfance; L'ermite; Valentin; La nouvelle Grèce; Quand je serai couleur d'automne; Au jardin d'amour; Ta jalousie; C'est l'hiver; Le monde est beau, le monde est fou

1975 – *Gréco* (RCA Victor FLP 1 0112)
Vivre; La contredanse; Paris couleur novembre; Le merle blanc; Fleur d'orange; Le mal du temps; L'enfant; Dit-il, dit-elle; La mariée sans souliers; Donne-moi; On est comme ça... Messieurs, Mesdames

1982 – *Récital / Enregistrement Public à Sogetsu-Hall* (Philips – 30 PP 1)
Sous le ciel de Paris; Romance; Parlez-moi d'amour; La fourmi; Un petit poisson, un petit oiseau ; Les feuilles mortes; Paris canaille; Non monsieur je n'ai pas 20 ans; La chanson des vieux amants; J'arrive; L'embellie; Mon fils chante

1983 – *Gréco 83* (Disques Meys – 528 24 2)
Lola la rengaine; Bleu sans cocaïne; Le pull-over; La place aux ormeaux; Maréchal... ; Les années d'autrefois; Y a que les

hommes pour s'épouser; Monsieur Faulkner; S'il pleuvait des larmes; La vie s'évite; Il est trop tard

CD

1989 – *Gréco 88: Hommage à Jacques Brel* (CD Philips – 4 988011 313998)
On n'oublie rien; Le prochain amour; Voir un ami pleurer; Bruxelles; Je suis bien; La chanson des vieux amants; J'arrive; Le tango funèbre; Regarde bien petit; La valse à mille temps; Ne me quitte pas

1992 – *Juliette Gréco à l'Olympia* (2 CD Philips – 512357-2)
Gréco Ouverture (Instrumental); Non monsieur je n'ai pas 20 ans; La chanson de Margaret; Jolie môme; Rivière; On n'oublie rien; La sieste; Un petit poisson, un petit oiseau; Doux oiseau de jeunesse; Bruxelles; Les années d'autrefois; Rêveuse et fragile; Le voyageur; Les pingouins; La folle; Chœur d'enfants; La javanaise; Accordéon; La chanson des vieux amants; J'arrive; Tango funèbre; Si tu t'imagines; Déshabillez-moi; Les feuilles mortes; L'embellie; Paris canaille; Rengaine à pleurer

1993 – *Vivre dans l'avenir* (CD Philips – 518361-2) 1994 – *Vivre dans l'avenir* (réédition du CD de 1993 + « Le Temps des cerises » Philips – 518869-2)
Vivre dans l'avenir; Comme un journal; Le cœur des anguilles; Si la bête a bu; Et là, t'y crois; Radio boum boum; Les femmes sont belles; Pyramide; Mickey travaille; Petit barbare; Rubans rouges et toiles noires; Qu'on me donne une chanson d'amour

1998 – *Un jour d'été et quelques nuits* (CD Gérard Meys MEY – 74 479-2)
Un jour d'été; C'était un train de nuit; Silence; Le contre-ecclésiaste; Érotique 1; Valse; La réponse du roi; La porte du jour; Planète; Passages; Tard; Comme une idée

1999 – *Juliette Gréco Odéon 1999* (2 CD Gérard Meys MEY – 74 482-2)

Disque 1

Prélude ; Vivre ; Jolie môme ; Les années d'autrefois ; Planète ; Mickey travaille ; On n'oublie rien ; Le contre-ecclésiaste ; Les femmes sont belles ; Un petit poisson, un petit oiseau ; La porte du jour ; Bruxelles ; Comme une idée

Disque 2

Accordéon ; La javanaise ; Un jour d'été ; La réponse du roi ; C'était un train de nuit ; La chanson des vieux amants ; J'arrive ; Les feuilles mortes ; Paris canaille ; Tard ; Présentation des musiciens ; Mon fils, chante ; Ne me quitte pas ; Le temps des cerises

2003 – *Aimez-vous les uns les autres ou bien disparaissez…* (CD Polydor – 981 288-1)

Je jouais sous un banc ; L'amour flou ; Pour vous aimer ; Il et elle ; Deux au monde ; Au temps où ; Un peu moins que tout à l'heure ; Couvre-feu ; Comme si de rien n'était ; Même ; Adieu bohème ; La rose et le réséda ; Déjeuner de soleil ; La mer se retire

Olympia 2004 (CD Polydor – 982 161 6)

771 (Ouverture) ; Je jouais sous un banc ; Jolie môme ; Pour vous aimer ; Un petit poisson, un petit oiseau ; C'était bien (Le p'tit bal perdu) ; Couvre-feu ; Les années d'autrefois ; Au temps où ; Le contre-ecclésiaste ; Trois petites notes de musique ; Bruxelles ; Deux au monde ; Accordéon ; La javanaise ; C'était un train de nuit ; La rose et le réséda ; Déshabillez-moi ; Un Jour d'été ; L'amour flou ; La chanson des vieux amants ; J'arrive ; Les feuilles mortes ; Paris canaille ; Tard ; Ne me quitte pas ; Le temps des cerises

2006 – *Le Temps d'une chanson* (CD Polydor – 984 496-9)

Utile ; Né quelque part ; Mathilde ; Syracuse ; La folle complainte ; Avec le temps ; Un jour tu verras ; Les amants d'un jour ; Volare ; Les mains d'or ; Over the rainbow ; La chanson de Prévert

2009 – *Je me souviens de tout* (CD Polydor – 531 625-9) 2012 – *Ça se traverse et c'est beau* (CD Deutsche Grammophon – 2785934)

Je me souviens de tout ; Madame Rosa ; Bérénice ; C'est le moment ; Dans ma chambre de dame ; Le solitaire ; Un petit matin de printemps ; Testament rose ; Tout ira bien ; Un art assez difficile ; L'ombre du vent ; Ha ! Le temps ; Je n'ai jamais été

2013 – *Gréco chante Brel* (CD Deutsche Grammophon – 3757389)
Ces gens-là
Les vieux ; Amsterdam ; Je suis un soir d'été ; Bruxelles ; Ne me quitte pas ; Le prochain amour ; J'arrive ; J'aimais ; Le tango funèbre ; Fils de… ; La chanson des vieux amants

Anthologies

1990 – *Je suis comme je suis* (1951-1977) (coffret 6 CD Phonogram/ Philips)
Volume 1 – 1951-1955 – *Je suis comme je suis*
Volume 2 – 1955-1959 – *Bonjour tristesse*
Volume 3 – 1959-1963 – *Jolie Môme*
Volume 4 – 1963-1964 – *Gréco chante Mac Orlan*
Volume 5 – 1965-1969 – *Déshabillez-moi*
Volume 6 – 1970-1977 – *La Chanson des vieux amants*

2003 – *L'Éternel féminin* (intégrale 1947-1997, inclut inédits radio/ Ina) (coffret 21 CD Mercury Records)

2015 – *L'Essentielle. Anthologie* (enregistrements studio 1951-2013, 309 titres)
(coffret 13 CD Deutsche Grammophon)
Volume 1 – 1951-1954 – *Je suis comme je suis*
Volume 2 – 1954-1956 – *Coin de rue*
Volume 3 – 1957-1958 – *Chandernagor*
Volume 4 – 1959 – *Si tu t'imagines*
Volume 5 – 1960-1962 – *Jolie Môme*
Volume 6 – 1962-1963 – *La Javanaise*
Volume 7 – 1963-1966 – *Parlez-moi d'amour*
Volume 8 – 1965-1966 – *Marions-les*
Volume 9 – 1966-1968 – *Déshabillez-moi*
Volume 10 – 1968-1969 – *La Panthère*
Volume 11 – 1970-1971 – *J'arrive*
Volume 12 – 1972-1974 – *L'Embellie*
Volume 13 – 1975-1977 – *Non Monsieur je n'ai plus vingt ans*
Volume 14 – 1982-1983 – *Les Années d'autrefois*
Volume 15 – 1993-1997 – *Vivre dans l'avenir*
Volume 16 – 1957-1974 – *Internationale* (anglais, allemand, italien, japonais)

Volume 17 – 1962 – *Le Bestiaire de Paris*
Volume 18 – 1966 – *Le Théâtre national populaire*
Volume 19 – En scène 1986-1991 – *Japon, Olympia*
Volume 20 – 1947-1980 – *Inédits Ina*
Volume 21 – 1950 – Premiers enregistrements (CD additionnel)

Album Gag

En 1966, Claude Dejacques, producteur chez Philips, a une idée amusante : sortir, pour le 1er avril, un album gag dans lequel les plus grands artistes maison échangent leurs tubes respectifs. Ainsi Gréco reprend « Le Folklore américain » de Sheila et « Le Jouet extraordinaire » de Claude François, France Gall reprend « Jolie Môme », Anne Sylvestre et Barbara « Les Zozos » de Pierre Perret, Claude Nougaro « La Javanaise » et « Si j'avais un marteau », Johnny Hallyday « Le Parapluie » et « Le Petit Cheval » de Brassens... Le disque ne sortira pas. Néanmoins, les deux enregistrements de Juliette Gréco seront inclus dans le volume 8 de *L'Éternel féminin* (2003).

Filmographie

1948 – *Les Frères Bouquinquant* de Louis Daquin : une religieuse
1949 – *Ulysse ou les mauvaises rencontres (Aller et retour),* court métrage d'Alexandre Astruc : Calypso
1949 – *Au royaume des cieux* de Julien Duvivier : Rachel
1950 – *Orphée* de Jean Cocteau : Aglaonice
1950 – *Sans laisser d'adresse* de Jean-Paul Le Chanois : la Chanteuse (elle chante « La Fiancée du prestidigitateur »)
1951 – *Boum sur Paris* de Maurice de Canonge : elle-même (« Je hais les dimanches »)
1952 – *Le Gantelet vert* (*The Green Glove*) de Rudolph Maté : la Chanteuse (elle chante « Romance » et « L'Amour est parti »)
1953 – *La Route du bonheur* (*Saluti e baci*) de Maurice Labro et Giorgio Simonelli : elle-même
1953 – *Quand tu liras cette lettre* de Jean-Pierre Melville : Thérèse Voise
1955 – *Elena et les hommes* de Jean Renoir : Miarka, la Bohémienne (elle chante « Miarka » et « Méfiez-vous de Paris »)
1956 – *La Châtelaine du Liban* (*La castellanna del Libano*) de Richard Pottier : Maroussia (elle chante « Mon cœur n'était pas fait pour ça »)

1956 – *L'Homme et l'Enfant* de Raoul André : Nicky Nistakos

1957 – *Œil pour œil* (*Occhio per occhio*) d'André Cayatte : Gréco (silhouette) chante « C'est le destin qui commande »

1957 – *Le Soleil se lève aussi* (*The Sun Also Rises*) d'Henry King : Georgette Aubin

1958 – *Bonjour tristesse* d'Otto Preminger : elle-même (elle chante « Bonjour tristesse »)

1958 – *Les Racines du ciel* (*The Roots of Heaven*) de John Huston : Minna

1958 – *La Rivière des alligators* (*The Naked Earth*) de Vincent Sherman : Maria (elle chante « Demain il fera jour »)

1959 – *La Lorelei brune* (*Whirpool*) de Lewis Allen : Lora (elle chante « Whirpool » et « Pieds nus dans mes sabots » – « Barefoot in My Logs »)

1960 – *Drame dans un miroir* (*Crack in the Mirror*) de Richard Fleischer : Eponine/Florence

1961 – *Le Grand Risque* (*The Big Gamble*) de Richard Fleischer : Marie

1962 – *Maléfices* d'Henri Decoin : Myriam Heller

1964 – *Cherchez l'idole* de Michel Boisrond : simple apparition

1965 – *L'Amour à la mer* de Guy Gilles : l'Actrice

1965 – *La Case de l'oncle Tom* (*Onkel Toms Hütte*) de Géza von Radványi : Dinah (elle chante « Tant pis, tant pis pour moi – « So Much the Worse for Me »)

1966 – *La Nuit des généraux* (*The Night of the Generals*) d'Anatole Litvak : Juliette (elle chante « L'Amour est plus jeune que la mort »)

1967 – *Le Désordre a vingt ans*, documentaire de Jacques Baratier : elle-même

1973 – *Le Far-West* de Jacques Brel : simple apparition

1975 – *Lily aime-moi* de Maurice Dugowson : Flo

1999 – *Lettre à mon frère Guy Gilles, cinéaste trop tôt disparu,* documentaire (moyen métrage) de Luc Bernard : elle-même

2001 – *Paris à tout prix,* télésuite documentaire d'Yves Jeuland : elle-même

2001 – *Belphégor, le fantôme du Louvre* de Jean-Paul Salomé : la Dame qui passe dans le cimetière

2002 – *La Dernière Fête de Jedermann* (*Jedermanns Fest*) de Fritz Lehner : Yvonne Becker

Théâtre

1946 – *Victor ou Les enfants au pouvoir* de Roger Vitrac – théâtre Agnès-Capri – Gaîté-Montparnasse
1955 – *Anastasia* de Marcelle Maurette, mise en scène de Jean Le Poulain – théâtre Antoine
1964 – *Bonheur, impair et passe* de Françoise Sagan, mise en scène Françoise Sagan, Claude Régy – théâtre Édouard-VII

Télévision

1965 – *Belphégor ou le fantôme du Louvre,* feuilleton télévisé de Claude Barma : Laurence/Stéphanie

Distinctions

1951 – prix Édith-Piaf d'interprétation au Festival de Deauville pour la chanson « Je hais les dimanches » (paroles de Charles Aznavour et musique de Florence Véran)
1952 – Grand Prix du disque pour la chanson « Romance » (paroles d'Henri Bassis et musique de Joseph Kosma)
1964 – Grand Prix de l'académie Charles-Cros pour l'album *Gréco chante Mac Orlan* (paroles de Pierre Mac Orlan et musique de Philippe-Gérard)
2007 – Victoire d'honneur pour l'ensemble de sa carrière aux Victoires de la musique
2009 – Médaille d'or de la Sacem pour ses soixante ans de carrière
2012 – Grande médaille de vermeil de la Ville de Paris
2016 – prix de l'Académie Lilas de la Closerie pour l'ensemble de sa carrière

Décorations

1984 – Chevalier de la Légion d'honneur
1999 – Officier de l'ordre national du Mérite
2002 – Officier de la Légion d'honneur
2006 – Commandeur de l'ordre national du Mérite

2012 – Commandeur de la Légion d'honneur
2015 – Grand officier de l'ordre national du Mérite
2016 – Commandeur de l'ordre des Arts et Lettres

Hommages

La « rose Juliette Gréco » lui est dédiée par Georges Delbard en 1999.

En 2003, la salle Juliette-Gréco, à Carros, dans les Alpes-Maritimes, est inaugurée par l'artiste.

À Auray (Morbihan), Sauvian (Hérault) et Pierrelaye (Val-d'Oise), il y a une rue Juliette-Gréco.

En septembre 2019, le théâtre du Châtelet rouvre ses portes après plusieurs années de travaux. Le salon des Glaces est rebaptisé salon Juliette-Gréco.

Publications

Mémoires

Jujube, Stock 1982 ; rééd. 1993
Je suis faite comme ça, Flammarion, 2012

Récits

Saint-Germain-des-Prés (iconographie de Yann Aubry), Éditions Michel Lafon, 2006

De Saint-Germain à Saint-Tropez (photographies de Georges Dudognon), Flammarion, 2013

À lire

Michel Grisolia et Françoise Mallet-Joris, *Juliette Gréco,* Seghers, 1975

Juliette Gréco (photographies d'Irmeli Jung, textes de Régine Deforges), Imprimerie nationale, 1990

Bruno Blanckeman et Françoise Piazza, *De Juliette à Gréco,* Éditions Christian de Bartillat, 1994

Juliette Gréco. Hommage photographique, préface de Josyane Savigneau, Actes Sud, 1998
Bertrand Dicale, *Gréco. Les vies d'une chanteuse,* J. C. Lattès, 2001
Michaël Delmar, *Sans vous aimer. Gréco et Sagan,* Scali, 2007
Bertrand Dicale, *Juliette Gréco. L'invention de la femme libre,* Textuel, 2009
Françoise Piazza, *Juliette Gréco, merci!,* Éditions Didier Carpentier, 2009
Bertrand Dicale, *Juliette Gréco. Une vie en liberté,* Perrin, 2011

Documentaires télévisés

1971 – *À bout portant* de Roger Sciandra
1987 – *Projection privée* de Jean-Daniel Verhaeghe
2004 – *Je m'appelle Gréco* de Jaci Judelson («Contre-courant»)
2009 – *Juliette Gréco, «Je suis comme je suis»,* de Brigitte Huault-Delannoy (France 5, «Empreintes»)
2012 – *Il est minuit, Paris s'éveille* d'Yves Jeulard
2015 – *Juliette Gréco l'insoumise,* d'Yves Riou et Philippe Pouchain (Arte, soirée Théma «Juliette, la Gréco»)

Table

Remerciements

Un baiser tendre à Juliette au-delà de l'espace et du temps.

Un merci tout particulier à Amélie Nothomb, Anne Delbée, Bruno Blanckeman et Egon Kragel.

Merci à mon éditeur et à son équipe – Pauline Lépinay, Jonathan Buhot de Launay et Julie Hautecourt –, à Gérard Piazza et à Frédéric Quinonero pour leur infaillible soutien.

Pour leurs vibrants témoignages, merci à Hélène Duc, Cora Vaucaire, Françoise Rauber, Sergio Tomassi, Étienne Fischer, Keiko Nakamura, Philippe Jadin et Charles Langhendries, Gilles Dreu, Christian Saint Gilles, Stéphanie Tesson, Elly Ekkart, Mine Barral-Vergez, Petula Clark, Josyane Savigneau, Clémentine Célarié, Armande Altaï, José Artur, Jean-Philippe Card, François Bellair, Claude Vega, Francesca Solleville, Yann Aubry et Tanya Constantine.

Cet ouvrage a été composé
par Atlant'Communication
au Bernard (Vendée)

Impression réalisée par

PRÉSENCE GRAPHIQUE

en décembre 2019
pour le compte des Éditions de l'Archipel
département éditorial de la S.A.S. Écriture-Communication

IMPRIM'VERT
Votre imprimeur agit pour l'environnement

PEFC
10-31-2677
Certifié PEFC
Ce produit est issu de forêts gérées durablement et de sources contrôlées.
pefc-france.org

Imprimé en France
N° d'impression : 121965137
Dépôt légal : janvier 2020